insel taschenbuch 5024
Isabelle Van Groeningen
Die sieben Jahreszeiten

ISABELLE VAN GROENINGEN

DIE SIEBEN JAHRES- ZEITEN

NEUE ANREGUNGEN FÜR DEN GARTEN RUND UMS JAHR

Mit Illustrationen von Kathy Allnutt

Insel Verlag

Klimaneutral
Druckprodukt
ClimatePartner.com/14438-2110-1001

Erste Auflage 2024
insel taschenbuch 5024
© Insel Verlag Anton Kippenberg GmbH & Co. KG, Berlin, 2022
Alle Rechte vorbehalten.
Wir behalten uns auch eine Nutzung des Werks
für Text und Data Mining im Sinne von § 44b UrhG vor.
Umschlaggestaltung: hißmann, heilmann, hamburg
Umschlagillustration: Kathy Allnutt, London
Satz: Greiner & Reichel, Köln
Druck: optimal media GmbH, Röbel/Müritz
Printed in Germany
ISBN 978-3-458-68324-7

www.insel-verlag.de

DIE SIEBEN JAHRESZEITEN

INHALT

Einleitung

Ich gehöre zu den wenigen Glücklichen, die schon in früher Kindheit die Freude am Gärtnern entdeckt haben und diese Leidenschaft zum Beruf machen konnten. Meine Arbeit fühlt sich nie wie Arbeit an, und die Grenze zwischen Arbeit und Freizeit ist fließend. Deshalb denke ich auch nie »Gott sei Dank, es ist schon Freitag« oder »Oh nein, morgen ist schon wieder Montag«. Das bringt wohl auch mit sich, dass ich mehr arbeite, als ich sollte, aber das hat mich noch nie gestört.

Doch die Freude am Gärtnern, meine Liebe zu Pflanzen, kommt nicht von ungefähr. Mehrere Menschen haben mich zu der Gartenenthusiastin gemacht, die ich bin. Mein Vater war ein begeisterter Pflanzenliebhaber. Wir hatten einen großen Waldgarten nördlich von Antwerpen, in dem wir unsere Wochenenden mit Pflanzen, Beschneiden, Jäten, Säen, Kompostanlegen und Rasenmähen verbrachten. Wir hatten alles: einen großen Gemüsegarten, Beerensträucher, ein Gewächshaus, das hauptsächlich mit einer *Cyclamen*-Sammlung gefüllt war, Staudenbeete und Rosen. Alles war eingebettet inmitten hoher Bäume, zwischen und unter denen eine ständig wachsende Sammlung besonderer Bäume, Sträucher und schattenliebender Stauden gedieh. Wir probierten alles aus; da wir auf Heideland gärtnerten, war das nicht selbstverständlich. Der saure, sehr sandige, hellgraue Boden hatte einen pH-Wert von etwa 4,9 und alles, was man tat, um ihn anzureichern, hielt nicht lange vor. So lernte ich schon früh, wie wichtig es ist, sich um seinen Boden zu kümmern. Wir brachten enorme Mengen an Kompost, Laubkompost und Mist auf. Hier begann auch meine große Liebe zu schattigen Waldgärten und den vielen schönen, zarten Pflanzen, die diese Räume bewohnen.

Als leidenschaftlicher Pflanzensammler war mein Vater ständig auf der Suche nach interessanten und neuen Gewächsen. Er bestellte bei spezialisierten Gärtnereien in ganz Europa. Ich erinnere mich noch an die große Aufregung, als zwei riesige Weidenkörbe gefüllt mit kleinen ballierten Rhododendren vom Rhododendron-Spezialisten Dietrich Hobby aus der Nähe von Hamburg eintrafen. Ich weiß noch, wie wir diese besonderen Pflanzen, die zu ihrem Schutz in eine große Abdeckung aus Jute eingenäht waren, im Zollhaus am Bahndepot abholten. Wie nachhaltig das war! Damals muss ich etwa fünf gewesen sein.

Wenige Jahre später haben wir einen ganz neuen Gartenbereich angelegt mit Bäumen und Sträuchern, die wir bei Hilliers Nursery in Hampshire bestellt hatten. Wir fuhren auch regelmäßig zu Pieter und Rinus Zwijnenburg in Boskoop, um seltene Sträucher zu erwerben. Schwertlilien kamen von Cayeux in Frankreich und jährliche Lieferungen von Blumenzwiebeln von Peter Nijssen in Holland. Unmengen von Samen aller möglichen obskuren Pflanzen trafen jedes Jahr von Chiltern Seeds ein, aber für besondere Gemüsesorten fuhr mein Vater zu Peter Bauwens von De Nieuwe Tuin in Belgien. Wir verbrachten unsere Ferien oft in Großbritannien, besuchten Gärten und Gärtnereien und kehrten glücklich und zufrieden mit einem Auto voller Pflanzen zurück.

Von meinem Vater habe ich nicht nur die Liebe zu Pflanzen und ihrer enormen Vielfalt geerbt, er hat mir auch schon sehr früh seine Leidenschaft für ihre Vermehrung vermittelt. Wir verbrachten viele Abende damit, Stecklinge zu nehmen, Samen zu säen, zu pikieren und einzutopfen. Frühling bedeutete bei uns immer Fensterbänke voller Saatschalen und Pflänzchen, die um Licht wetteiferten. Sie mussten regelmäßig gewendet werden, um ein gleichmäßiges Wachstum zu gewährleisten, und wenn möglich, wurden sie mit Spiegeln im Hintergrund unterstützt. Als Mitglied vieler Fachgesellschaften nahm mein Vater an deren jährlichen Samentauschaktionen teil. Von seinen umfangreichen *Cyclamen*-Sammlungen hat er Samen aufbewahrt, sie getrocknet, gereinigt und beschriftet, um sie dann an die *Scottish Rock Garden Society*, die *Alpine Garden Society* oder die *Cyclamen Society* zu schicken, im Austausch gegen Samen anderer Pflanzen.

Nur zehn Kilometer von zu Hause entfernt lag das Arboretum von Kalmthout. Während meiner Kindheit besuchten wir es oft und zu allen Jahreszeiten, und ich hatte das Glück, hier als Studentin zwei Praktika zu machen. Dieser bemerkenswerte Garten bietet zu jeder Jahreszeit ein neues Highlight. Die weltweit führende Sammlung von herrlich duftenden Hamamelis (Zaubernuss) bildet den Auftakt des Jahres, gefolgt von frühen Rhododendren, dann blühenden Wolken von japanischen Kirschen, Zieräpfeln, Wildrosen, Hortensien und vielen, vielen mehr. Die Besuche im Herbst waren so bunt wie die im Frühjahr, da die vielen Früchte und die leuchtenden Herbstfarben den

Garten für viele Monate erhellten. Aber es war nicht nur die Pflanzensammlung, die mir am Herzen lag, sondern auch das außergewöhnliche Trio von Menschen, das dahinter stand: die beiden Brüder Robert und Georges de Belder, die die verfallene Gärtnerei aus dem 19. Jahrhundert in den 1950er Jahren gekauft hatten, und Roberts Frau, Jelena de Belder-Kovačič, eine slowenische Botanikerin und Gärtnerin. Die drei machten sich daran, die alte Gärtnerei in ein 9 Hektar großes Arboretum umzuwandeln, und erwarben zusätzlich *Hemelrijk*, ein über hundert Hektar großes Anwesen im nahe gelegenen Essen (Belgien), wo sie ihre Sammlungen weiter ausbauten. Jelena war eine außergewöhnliche Frau mit einem phänomenalen Pflanzenwissen, die immer von einer Schar Menschen umgeben war, von Pflanzenkennern und Botanikern, Studenten oder Journalisten aus aller Welt. Das Haus und die einzigartige botanische Bibliothek standen allen offen. Sie redete schnell, begann einen Satz auf Slowenisch und wechselte auf halbem Weg ins Französische, Niederländische oder Englische, so dass man sich stark konzentrieren musste, um mitzukommen, und oft verstand man nur die Hälfte. Aber das war es wert. Sie war außergewöhnlich großzügig und gab ihr Wissen, ihr Saatgut und ihre Stecklinge gerne weiter. Sie wusste genau, welche Pflanzen für welche Standorte besonders geeignet waren, welche Gärtnerei man aufsuchen sollte, an welche Spezialisten man sich wenden konnte und wie man köstliche Gerichte aus den Gaben der Natur zubereitet. Sie war neugierig auf alles, was mit Pflanzen zu tun hat. Und dank Jelena hat mich mein Weg nach England geführt, zu einem Praktikumsjahr in Wisley, gefolgt von einem dreijährigen Studium an den Royal Botanic Gardens, Kew in London.

Die dritte Person, die mein Leben nachhaltig beeinflusst hat, ist der deutsche Staudengärtner und Pflanzenzüchter Karl Foerster. Schon während meiner Studienzeit in Kew stieß ich immer wieder auf seinen Namen. Als ich mein Masterstudium an der York University im Bereich der Erhaltung historischer Parks und Gärten begann, beschloss ich, meine Dissertation über diesen höchst einflussreichen Mann zu schreiben. Ein erster Besuch in seinem Archiv im Jahr 1991 und die Begegnung mit seiner Tochter Marianne Foerster führten nicht nur zu einer langjährigen Freundschaft bis zu ihrem Tod, sondern schließlich auch zur Gründung der Gartenakademie.

Ich bedaure, diesen großen Mann nie selbst kennengelernt zu haben, aber ich schätze so viele seiner Ideen und Prinzipien. Er konnte rücksichtslos mit seinen Pflanzen umgehen, indem er frühere Züchtungen wegwarf, wenn bessere ihnen nachfolgten. Daher sind viele der von ihm benannten Pflanzen nicht mehr erhältlich. Er war ein Verfechter höchster Qualität. Eine Pflanze sollte nicht nur schöne Blüten haben und gesund sein. Auch andere Eigenschaften – Langlebigkeit, die Optik der Blütenstände nach dem Verblühen, Winterhärte – spielten eine große Rolle in seinen Zucht- und Selektionsprogrammen. Besonders bekannt sind seine Züchtungen von Phlox und Rittersporn und sein Konzept des Staudengartens. Sein Wunsch war es, den Garten das ganze Jahr über schön und interessant zu gestalten.

Karl Foerster hat uns viele seiner Gedanken und sein Wissen in Artikeln und Büchern hinterlassen. Zwei seiner bekanntesten Konzepte sind »Es wird durchgeblüht« und »Der Garten der sieben Jahreszeiten«, die jedem Gärtner sofort einleuchten.

In meinem englischen Garten gab es wegen des dort milderen Klimas nicht einen Tag im Jahr, an dem nicht mindestens zwei oder drei Pflanzen blühten, und auch in meinem Garten in Belgien gab es über alle zwölf Monate hinweg Blütenfarben zu bestaunen.

Selbst in Berlin, wo der Winter meist ein echter Winter ist, mit langen Frostperioden und eisigen Temperaturen, ist es möglich, den Garten so zu bepflanzen, dass er auch zu dieser unfreundlichen Jahreszeit schön und interessant ist.

In meiner Pflanzplanung überlege ich immer als Erstes, welche Pflanzen auch in den schwierigen Wintermonaten ihren Reiz haben. Wenn ich nur Platz für zwei oder drei Gehölze habe, müssen diese etwas für den Zeitraum von November bis März zu bieten haben, wie Früchte, Struktur oder Farbe.

Foersters zweiter Grundgedanke, das Gartenjahr nicht nur in vier, sondern in sieben Jahreszeiten aufzuteilen, passt perfekt zum Rhythmus der Pflanzen. Ich bin eine Farbfetischistin, ich liebe es, mit Farben zu spielen, Kombinationen auszuprobieren, sowohl Farbharmonien als auch Farbkontraste passend für jede Saison zu schaffen. Ich freue mich an dem wechselnden Licht, den unterschiedlichen Farbtönen, die jeder Jahreszeit eigen sind. So folgt auch mein Gartenjahr Foersters Einteilung.

Mein Vater, Jelena und Karl Foerster haben ihre Spuren auf meiner Reise von meiner Kindheit in Belgien nach England 1983 und dann weiter nach Berlin 2008 hinterlassen, so dass ich das Glück hatte, gemeinsam mit meiner Lebenspartnerin und Seelenverwandten Gabriella Pape, die ich 1986 während unseres

Studiums in Kew kennenlernte, 2008 in Berlin die Königliche Gartenakademie zu gründen. Unser Ziel war es, ein Zentrum für Gartenkultur zu schaffen, wie wir sie uns vorstellten. Ein Ort, an dem die Pflanzen- und die Gartenkunst ganz oben auf der Tagesordnung stehen. Zwischen den bekannten Gesichtern von Flieder, Hortensien, Phlox, *Rudbeckia* und Rittersporn verstecke ich gerne weniger bekannte Pflanzen, die auch einen Platz in unseren Gärten verdienen: alles von der bescheidenen *Montia sibirica* oder der scheuen, aber stark duftenden *Sarcococca hookeriana* bis hin zu den spätblühenden Gehölzen *Heptacodium miconioides* oder den zuverlässigen, trockenheitsresistenten Baptisien. Das macht die Gärtnerei für Pflanzenliebhaber interessant, aber ich mag es auch, Gartenbesitzer aus ihrer Komfortzone zu locken und sich weiter in das unbekannte Territorium zu wagen, das unsere wunderbare Pflanzenwelt bietet.

Die Gartenakademie, die neben der Gärtnerei auch Kurse, Gartenberatung und -design anbietet, ist in erster Linie ein Ort des Lernens, der Freude und der Information. Von Jelena habe ich gelernt, Pflanzen ganzheitlich zu sehen, das breite Spektrum an Aspekten, die eine Pflanze zu bieten hat, in den Blick zu nehmen. Ihre botanischen und gärtnerischen Qualitäten, ihre Bedeutung für die Tier- und Insektenwelt und auch ihre kulinarischen Vorzüge. Ich habe auch gelernt, wie schön und befriedigend es ist, dieses Wissen weiterzugeben.

Ich fühle mich reich belohnt, wenn unsere Besucher, egal, ob sie an einem unserer Kurse teilgenommen haben, ihren Garten von uns gestalten lassen oder eine Pflanzberatung in Anspruch genommen haben, mit neuem Enthusiasmus nach Hause gehen und sich darauf freuen, das neu Gelernte in die Tat umzusetzen. Das ist der Sinn der Gartenakademie.

Ich bin so glücklich, dass ich jeden Tag an diesem magischen Ort sein kann, mit einem unglaublich engagierten und begeisterten Team von Menschen arbeiten darf und die Chance habe, so viel Schönheit mit so vielen Menschen zu teilen. Die Natur ist nicht nur eine kluge Designerin, sie ist auch eine gute Designerin und erschafft die erstaunlichsten Objekte. Ich entdecke jeden Tag neue Schönheiten. Seien es die Farben des austreibenden Blattwerks von Tulpen oder Pfingstrosen, die sich entfaltenden Blattknospen einer Kastanie, die Blütenknospen von *Inula hookeri*, seidige Mohnblumen, die türkisfarbenen Beeren von *Ampelopsis brevipedunculata*, die leuchtende Herbstfärbung von *Nyssa sylvatica* oder einfach die sinnliche, papierartige Rinde von Birkenbäumen. Diese tiefe Freude, meine langjährigen Erfahrungen und Kenntnisse, aber auch ganz konkrete Ratschläge will ich in diesem Buch teilen und weitergeben.

Einige der Texte entstanden ursprünglich für meinen wöchentlichen Blog, den ich seit fünf Jahren auf der Seite der Gartenakademie veröffentliche, andere habe ich eigens für dieses Buch verfasst. Ich greife überwiegend Themen auf, die in Gesprächen und Kursen immer wieder zur Sprache kommen und die viele Gartenliebhaber und Hobbygärtner umtreiben. Doch das Leben mit der Natur ist noch so viel mehr: Gartenkultur zu vermitteln, den Sinn für Farben, Formen und Düfte zu schulen, ist mir eine große Herzensangelegenheit und ich möchte allen die Möglichkeit geben, daran teilzuhaben.

I. VORFRÜHLING

Ende Februar bis Ende April

Heimliches Erwachen

Diese Jahreszeit ist ein Wechselbad der Gefühle. Mein Herzschlag fällt und steigt mit dem Wetter. Sinken die Temperaturen, mache ich mir Sorgen um die Pflanzen, die ich eigentlich nicht hätte kaufen sollen, denen ich aber nicht widerstehen konnte, obwohl ich wusstc, dass sie nur bedingt winterhart sind. Diese zarten Blatt- und Blütenknospen, die kurz vor dem Öffnen stehen, und die frühreifen Triebe, die nur allzu gerne ihr neues Leben beginnen wollen, können mir zu dieser Jahreszeit unruhige Nächte bescheren. Milde Perioden hingegen lassen mich zuversichtlich sein, dass der Frühling auf dem Weg ist – bis zur nächsten Frostwarnung, wo ich nachts hinauseile, kleine Papierhütchen über zarte Triebe und delikate Pflänzchen stülpe und die frühen Blüten mit einem feinen Wassernebel besprühe.

Nach Karl Foerster beginnt diese Jahreszeit Mitte, Ende Februar und geht bis Ende April. Recht hat er: Diese Zeit verdient es, als eigene Saison gezählt zu werden.

Meine ersten Winter in Berlin (2008/09 und 2009/10) waren hart. Ich hatte noch nie ein so unerbittlich kaltes Wetter erlebt, bei dem die Temperaturen viele Wochen lang weit unter dem Nullpunkt blieben. In den vergangenen Jahren waren unsere Winter milder und freundlicher, was mich wieder mutiger werden ließ, Pflanzen zu pflanzen, die mich an das Leben in einem milderen Klima erinnern. Das geht so lange gut, bis es doch mal wieder richtig frostig wird. Dann sind die Verluste groß. Oder doch nicht? Als Gärtnerin bin ich immer hoffnungsvoll, dass eine Pflanze, wenn sie die richtige Nische gefunden hat, damit vielleicht sogar zurechtkommt. Widerstandsfähigkeit ist nicht nur eine Frage der Temperatur. Sie hat auch mit dem Schutz vor kalten, austrocknenden Winden sowie der Drainage und der Bodenfeuchtigkeit zu tun. Ich habe wahrscheinlich mehr Pflanzen durch zu viel Feuchtigkeit verloren als durch zu viel Kälte. Es ist auch eine Frage der Maturität: Ältere Pflanzen haben in der Regel bessere Überlebenschancen als junge, frisch gepflanzte.

Der Vorfrühling beginnt klammheimlich. Für viele Pflanzen ist nicht so sehr die Temperatur entscheidend, sondern das Licht. Ende Januar werden die länger werdenden Tage gerade spürbar, aber erst weit im Februar merkt man den Unterschied. In den frühen Morgenstunden, lange bevor die Sonne aufgeht, höre ich den klaren Gesang der Amselmännchen, die auf der Suche nach einer Partnerin sind. Dieses fröhliche Lied, das zwischen den Häusern widerhallt, werde ich für immer mit dem Wohnen im Zentrum Berlins verbinden. Es macht das Aufstehen um vier Uhr morgens, um zum Blumenmarkt zu fahren, viel leichter, da man sich nie allein fühlt.

Was also ist das Besondere an dieser frühen Jahreszeit? Sie ist voller Spannung und Vorfreude, erfüllt von kleinen Details, die glücklich machen. Ich begrüße jedes Jahr treue alte Bekannte, die nach dem langen Winter wiederkehren. Da sind die herrlich weichen, pelzigen Knospen an den Magnolien, die ich im Vorbeigehen streicheln muss, weil sie eine atemberaubende Blütenpracht versprechen. Da sind auch die großen, dicken, klebrigen Nasen, die am Ende der Kastanienzweige ungeduldig darauf warten, ihre satten, grünen Blätter wie kleine Schirme zu entfalten. In Rekordzeit werden diese von ihren stattlichen Blütenkerzen gekrönt sein. An sonnigen Tagen ist die Luft erfüllt vom köstlich frischen Duft von Zaubernüssen und Schneeball, während am Boden die ersten Spitzen von unerschrockenen Zwiebeln aus der Erde ragen.

Diese früh blühenden Sträucher haben einen bescheidenen Charme, der mich erfreut. Sie sind unauffällig in ihrer Erscheinung, aber groß im Charakter. Ich bewundere immer ihren Mut, ihre zartesten Blüten zu entfalten, obwohl die Gefahr von schädlichem Frost immer präsent ist. Fast alle haben einen starken, köstlichen Duft, der früh suchende Insekten anlockt. Sie haben eine sehr lange Blütezeit (solange das Wetter es zulässt), verlieren vielleicht ein paar Blüten durch Frost, behalten aber immer einige Reserven für eine zweite Blütenrunde, wenn das Wetter wieder etwas milder wird.

Auch die frühen Zwiebelgewächse haben ihren Reiz. Schneeglöckchen führen ihr kicherndes Ballett auf, wenn sie ihre Blütenblätter in die wärmende Sonne spreizen. Kurz darauf folgen die leuchtend gelben Winterlinge. Dann kommen die fröhlichen Krokusse, die die Bienen mit wertvollem Pollen versorgen. Schüchtern sind die Frühlings-Alpenveilchen, deren freche kleine Knospen ihre Nasen über die schön gemusterten runden Blätter hervorschieben.

Die dominierenden Farben dieser Jahreszeit sind das Blau und Weiß des Himmels und das Gelb der Sonne. Das sind die Farben, die unsere Seele am

Ende der dunklen, kalten Wintermonate braucht. Das Gelb der Zaubernuss, des winterblühenden Jasmins, von *Chimonanthus praecox*, *Mahonia* und Kornelkirsche sowie von frühen Narzissen, Krokussen und Winterlingen. Blautöne finden sich bei den ersten Rhododendren sowie bei den zahlreichen kleinen Zwiebelblumen wie Anemonen, Puschkinien, Krokussen, Scillas und Traubenhyazinthen. Ein Hauch von Weiß kommt von *Lonicera x purpusii*, winterblühendem Heidekraut, Schneeglöckchen und weißen Formen anderer früher Zwiebeln. Es gibt nur wenige kühle Rosatöne, außer dem winterblühenden Schneeball und Lärchensporn, während Weinrot und kupferfarbene Orangetöne bei einigen Zaubernüssen zu finden sind.

Spätestens jetzt müssen Sie Ihre Saison vorausplanen. Wenn Sie es jetzt nicht tun, werden Sie nie aufholen, denn von nun an beschleunigt sich das gärtnerische Leben in einem berauschenden Tempo, wie eine Fahrt in einem offenen Auto durch eine wunderschöne Landschaft an einem sonnigen Frühsommertag.

Über Rückschnitt oder: das beruhigende Pendel der Natur

Jedes Mal, wenn ich in den Garten gehe, füllt sich mein Herz mit Freude. Bei jedem Rundgang entdecke ich etwas, das gerade wieder zum Leben erwacht. Viele Pflanzen sind wie alte Freunde, die ich seit dem letzten Jahr nicht mehr gesehen habe. Vor allem die Zwiebeln sind seit dem späten letzten Frühjahr verschollen, was schon lange her zu sein scheint. Ich liebe dieses beruhigende Wissen, dass, was auch immer in der großen weiten Welt geschieht, die Natur

Jahr für Jahr einfach weitermacht. Spaziergänge durch den Garten sind wohltuend, und ich weiß, dass ich nicht die Einzige bin, die die Gartenarbeit nicht nur entspannend findet, sondern dass sie dem Geist Zeit zum Nachdenken und zur Lösung von Problemen gibt. Nicht umsonst wird die Gartentherapie zunehmend als wichtige Unterstützung für Menschen mit psychischen Problemen anerkannt. Heutzutage ist es sogar möglich, sich an Fachschulen darin aus- oder weiterbilden zu lassen.

Elfenblumen

Zu dieser Zeit herrscht stets ein Gefühl der Eile. Es gibt immer eine Reihe von Gartenarbeiten, die ich noch nicht abgeschlossen habe, die aber wirklich bald erledigt werden müssen. Von meinem Fenster schaue ich auf den größeren Fleck rostroten *Epimedium rubrum*, der einen der schmalen Wege in meinem Garten säumt und der zu dieser Jahreszeit geschnitten werden muss. Es ist keine Katastrophe, wenn die Elfenblumen überhaupt nicht zurückgeschnitten werden, Blumen und neues Laub werden einen Weg zwischen den alten Blätter hindurch finden, aber ich genieße es, ihre zarten Blüten beim Entfalten zu beobachten, und ich muss zugeben, dass mir das klare Erscheinungsbild gefällt.

Lenzrosen

Normalerweise schneide ich zu Beginn der Saison auch die Blätter der Lenzrosen zurück, aber mitunter sehen sie immer noch überraschend frisch und grün aus. Sie rahmen die Blüten schön ein, und zweifellos helfen sie der Pflanze, Energie aus der kostbaren Frühlingssonne zu gewinnen, die gelegentlich zwischen stürmischen Wolken erscheint. Viele der Helleborus-Arten wie die Stinkende Nießwurz *Helleborus foetidus* haben ein markantes architektonisches Blattwerk, das auch in den Wintermonaten attraktiv bleibt. Die Lenzrosen oder *Helleborus orientalis*-Hybriden in meinem kleinen Garten haben einen weniger dramatischen Effekt, sind aber dennoch wunderschön.

Farne

Die getrockneten Wedel des Königsfarns, *Osmunda regalis*, sind ebenfalls noch da und werden aber bald beseitigt sein, da mir deren Chaos inzwischen wirklich ein Dorn im Auge ist, während die getrockneten Blütenstände der *Rodgersia* immer noch ein dekoratives Element haben und mich nicht stören. Auch wenn der Königsfarn nicht wie die anderen genannten Pflanzen zum Winterbild eines Gartens beiträgt, liebe ich seine imposante Statur während der Sommermonate und freue mich auf das alljährliche Drama seiner sich entrollenden Blätter.

Paulownia

In dieser Zeit steht auch der jährliche Rückschnitt der *Paulownia,* des Blauglockenbaums, an, bevor die neuen Triebe erscheinen. Obwohl sie das Potenzial haben, zu großen Bäumen zu werden, deren riesige Trauben blauer Blüten im frühen Frühjahr vor den Blättern erscheinen, pflanzten wir diesen Baum in dem Wissen, dass wir seine Blüten nie sehen würden, da wir ihn jeden Winter zurückschneiden. Sie werden sich fragen, warum. Wir schneiden ihn zurück, weil er massive neue Triebe (vier Meter lang!) mit imposanten großen Blättern produziert, die helfen, eine langweilige, hässliche Feuerwand zu verdecken, und uns das Gefühl geben, in einem tropischen Paradies gestrandet zu sein.

Was sollte noch dringend zurückgeschnitten werden?

Klematis – zumindest die sommerblühenden Hybriden und *Clematis viticella*-Typen, die auf neuem Holz blühen. Sie wachsen sehr früh sehr schnell. Falls Sie Ihre jetzt noch nicht geschnitten haben, sollte es das Allererste sein, was Sie tun, wenn Sie in den Garten gehen! Rosen natürlich auch, aber dazu später.

Über die Verjüngung von Gärten

Das Thema der Verjüngung von Gärten interessiert mich schon seit Langem, da so viele dringend einer Verjüngung bedürften. Jedes Mal, wenn ich durch die Nachbarschaft fahre, sehe ich solche Gärten. Haben Sie Ihren Garten in letzter Zeit mal etwas genauer unter die Lupe genommen, ihn einer objektiven, kritischen Analyse unterzogen? Oft bemerkt man nicht, wie stark die Sträucher vor dem Fenster gewachsen sind und dass so viel weniger Tageslicht ins Haus gelangt. Dass die Bäume und Sträucher entlang der Rasenkante zu einer nicht identifizierbaren Vegetationsmasse zusammengewachsen sind. Dass es unmöglich geworden ist, zu sehen, wo der Rasen endet und die Sträucher beginnen. Bestimmte Pflanzen, die einst als kleine Akzente gepflanzt wurden, um Form oder Farbe zu geben, sind im Lauf der Zeit überwältigend groß geworden und ziehen nun alle Aufmerksamkeit auf sich. Gärten haben einen Zyklus von zehn bis fünfzehn Jahren. Und es lohnt sich, diesen hinsichtlich folgender Aspekte im Blick zu behalten:

Kontraste und Linien

Es ist wichtig, Kontraste innerhalb eines Gartens zu schaffen. Dunkel und hell, offen und geschlossen, ruhig und belebt, große und kleine Blätter, geradlinige und runde Blätter. Linien helfen, Struktur zu geben und den Blick auf einen visuellen Spaziergang zu lenken. Linien können von gebauten Strukturen wie Wegen, Mauern und Pergolen ausgehen, aber auch mit Pflanzen geführt werden. Auch geschnittene Hecken und Formschnittgehölze, Sträucher mit klar definierten Umrissen und Baumstämme sind wertvolle Strukturelemente. Wenn man Rasenflächen eine saubere Kante gibt und sie regelmäßig schneidet, verändert sich der Garten sofort zum Positiven.

Sämlinge, Ausläufer, schwache, beschädigte oder kranke Pflanzen entfernen

Oftmals können sich Pflanzen aufgrund von Licht- und Platzmangel nicht richtig entwickeln. Sie wachsen schräg, unproportioniert oder haben auf einer Seite keine Belaubung. Wir hatten einmal die Genehmigung zum Fällen eines großen, erkrankten und sterbenden Goldregens erhalten. Der Baum war jedoch so beeindruckend, er wuchs an einem strategisch so wichtigen Ort und versperrte die Sicht auf das unansehnliche Nachbargebäude, dass wir ihn nur ungern verloren hätten. Schließlich beschlossen wir, ihm noch eine Chance zu geben und die Krone um zwei Drittel zurückzuschneiden, und warteten ab, was passierte. Der Baum erwies sich als sehr dankbar für diese zweite Chance: Er hat seitdem eine Masse gesunder neuer Triebe hervorgebracht und ist jeden Frühling von einem Schauer gelber Blüten bedeckt. Auch haben wir ihm mehr Raum gegeben. Zuvor war er von einer Masse junger Bäume umgeben, die sich selbst ausgesät hatten. Junge Eschen- und Ahornsämlinge drängten sich um Licht und Raum. Es ist wichtig, solche jungen Bäume zu entfernen, bevor sie zu groß werden, da je nach Bundesland kein Baum über einem bestimmten Stammumfang ohne Genehmigung gefällt werden darf.

Vergessen Sie nicht, dass Sie nur bis März Zeit haben, um Bäume zu fällen oder große Sträucher zu entfernen oder zu beschneiden, denn dann beginnt wieder die Brutzeit.

»Generationenwechsel« im Garten

Entfernen Sie nicht alles. Wenn ein großer Baum oder Strauch einmal abgeholzt wurde, kann er nicht wieder eingesetzt werden, und ein Ersatz wird lange brauchen, um zu wachsen. An unserer Grundstücksgrenze wächst eine große Eiche, doch inzwischen entwickelt sie sich rückwärts. Denn alle paar Jahre müssen Baumspezialisten kommen, um totes Holz aus ihrer Krone zu entfernen. Ich hoffe, dass dieser Baum noch einige Jahre halten wird. Eine junge Eiche, die etwas weiter unten auf dem Parkplatz wächst, hat sich zu einem starken Baum entwickelt und wird in einigen Jahren die »Skyline« durchbrechen und die dominante Position ihres großen alten Nachbarn übernehmen.

Für größere Umgestaltungen oder gar das Fällen eines Baumes sollten Sie sich professionelle Unterstützung gönnen: Ein Gärtner kann Sie mit geschultem Auge beraten und auch einige der schwereren Arbeiten übernehmen. Einen Profi einzubeziehen, kann einen großen Unterschied machen und Ihnen die Arbeit erleichtern.

Nachhaltigkeit

In England lebten wir damals sehr nachhaltig. Fünf Windmühlen einer lokalen Kooperative versorgten unser Dorf mit Strom, auf den Tisch kamen köstliche regionale und saisonale Produkte von Biobauern, und das Recyclingsystem der Gemeinde funktionierte reibungslos. Unsere Mitarbeiter wohnten in der Gegend und kamen auch fast alle zu Fuß zur Arbeit oder hatten nur eine kurze Anfahrt.

Als wir nach Berlin zogen und die Gartenakademie gründeten, standen wir nicht nur vor der Herausforderung, uns vom ruhigen Landleben auf das hektische Stadtleben umzustellen, sondern wir mussten uns auch an eine neue Infrastruktur gewöhnen in einer neuen Stadt, einem neuen Land. Unser ehemals kleiner Betrieb ist inzwischen ein recht großes, vielseitiges Unternehmen geworden. Das erschwert es uns oft, so »grün« zu sein, wie wir es gerne wären. Aber peu à peu schaffen wir es, immer grüner zu werden. Es gibt viele Bereiche – die Auswahl der Produkte, ihre Herkunft, Herstellung, Verpackung und ihr Transport –, in denen manches umweltfreundlicher werden konnte und kann, ohne dass man Kompromisse in der Qualität und der Vielfalt eingehen müsste. Und was für unsere Gärtnerei gilt, kann auch jeder Hobbygärtner umsetzen.

Beim Planen von Gärten ist es immer unser Ziel gewesen, Materialien zu verwenden, die uns kein schlechtes Gewissen verursachen. Kein Tropenholz, auch nicht von »Plantagen« (die Zertifizierung ist meistens unzuverlässig), sowie Pflastersteine aus Europa statt welchen, die von asiatischen Kindern gehauen wurden. Wo möglich, werden vorhandene Materialien wiederverwendet. Auch an der Gartenakademie haben wir wassergebundene Wegedecken sowie Wege aus unterschiedlichen Natursteinen, Klinkern und Betonsteinen, die bis auf zwei Ausnahmen – aus Belgien und Italien – alle deutscher Herkunft sind.

Obwohl wir mehrere lokale Lieferanten haben, kommen auch manche unserer Waren von weiter her, damit Auswahl und Qualität garantiert sind. Doch wo immer es möglich ist, beziehen wir alles von deutschen Betrieben. Für die Objekte im Accessoireladen »Das Glashaus« sind wir stets auf der Suche nach kleinen Manufakturen, die traditionelle Produkte herstellen.

Auch bei den Gärtnereien, die uns regelmäßig beliefern, achten wir möglichst auf Nachhaltigkeit. Toll ist es zu sehen, dass immer mehr unserer Zulieferer »grüner« werden. Dank natürlicher Pflanzenstärkungsmittel und guter Pflege sind die Pflanzen kräftig und gesund und es kommen weniger Pestizide zum Einsatz. Statt mit Herbiziden werden Unkräuter mit kochendem Wasser vernichtet (ja, dafür gibt es sogar Geräte!). Die Topferde enthält inzwischen immer weniger bis gar keinen Torf mehr und kaum noch mineralische Düngemittel.

Auch auf unserem Gelände wird ein Heißwassergerät gegen Unkraut eingesetzt und unsere Pflanzen werden mit Pflanzenstärkungsmitteln und Nützlingen behandelt, so dass wir nur noch in Ausnahmefällen Pestizide einsetzen müssen. Dank Mykorhizen hat der Rasen auch einen heißen Sommer trotz starker Strapazierung durch die vielen Besucherfüße und das trockene Wetter erstaunlich gut überstanden. Die Buchshecken sind, trotz drohenden Pilzbefalls und Zünslerattacken, gut durch den Sommer gekommen. Das Staudenbeet wurde ohnehin noch nie mit irgendwelchen Pflanzenschutzmitteln behandelt.

Seit einigen Jahren geben wir keine Plastiktüten mehr aus. Wir versuchen unsere Verpackungs- und Transporthilfen so umzustellen, dass immer weniger Plastikmüll entsteht. So werden zum Beispiel die Zwiebeln in Kartons geliefert statt in Plastikkisten und die Pflanzen auf Wagen, die man einfach wieder zurückgeben kann, wenn sie leergeräumt sind. Wir sind froh, dass immer mehr Gärtnereien inzwischen auf Töpfe aus recyceltem Plastik umstellen oder zumindest Kunststoff verwenden, der nicht schwarz ist, da diese Farbe von den meisten Müllsortiermaschinen nicht erkannt wird und also schwer recycelt werden kann.

Im Café gibt es nur noch gläserne Strohhalme, Take-away-Becher aus recycelter Pappe, und die Küche kauft saisonales Obst und Gemüse direkt vom Großmarkt, wodurch kaum Transportwege anfallen und wesentlich weniger Verpackungsmüll entsteht.

Es gibt noch vieles mehr, was wir alle tun können und unbedingt auch sollten:

Sieben Regeln für nachhaltiges Gärtnern:

Regel 1: Kaufen Sie saisonal

Einige Punkte gelten für den Kauf von Pflanzen genauso wie für Lebensmittel und Schnittblumen: Kaufen Sie saisonal. Ich ärgere mich immer, wenn ich im Frühjahr Hortensien in voller Blüte oder einen Blumenstrauß mit Chrysanthemen sehe. Mit moderner Gewächshaustechnik ist es möglich, diese Pflanzen zu jeder Jahreszeit zur Blüte zu bringen, so wie man auch Gurken und Tomaten ohne jeden Geschmack das ganze Jahr über anbauen kann. Aber welche Freude habe ich im Winter, wenn ich die ersten Schneeglöckchen sehe, wissend, dass ihnen bald Narzissen und dann Tulpen folgen werden! Und der Gedanke an die köstlichen Spargelgerichte, die ich kochen werde, wenn die Spargelsaison anfängt, oder an die von der Sonne geküssten, saftigen Erdbeeren, die an der Pflanze reifen dürfen. Das Problem vieler Menschen ist, dass sie nicht genau wissen, was gerade Saison hat. Zu welcher Jahreszeit können Sie noch mit Äpfeln rechnen, die in Ihrem Land angebaut und gelagert wurden, und ab wann kommen sie aus der südlichen Hemisphäre? Achten Sie auf das Herkunftsland. Die EU hat ein neues Kennzeichnungssystem eingeführt, das die Herkunft einer Pflanze angibt. Fragen Sie in Ihrer Gärtnerei oder Ihrem Gartencenter, woher die Pflanze stammt, beziehungsweise Ihren Gemüsehändler, wo der Rosenkohl, den er anbietet, angebaut wurde.

Regel 2: Kaufen Sie lokal

Es ist nicht immer möglich, lokal zu kaufen, da leider viele kleine Gärtnereien im Laufe der Jahre geschlossen haben und nicht alle Regionen mit einer großen Anzahl von Züchtern gesegnet sind. Lokal heist auch nicht immer automatisch nachhaltig. Ich erinnere mich an ein Gespräch mit einem Einkäufer der COOP-Supermärkte in England, die eine Vorreiterrolle bei der Förderung lokaler Produkte und der Reduzierung ihres CO_2-Fußabdrucks einnehmen. Sie hatten berechnet, dass ihre Schnittblumenrosen einen kleineren CO_2-Fußabdruck haben, wenn sie aus Kenia kommen, als wenn sie aus Nordeuropa stammen. Obwohl die kenianischen Rosen einen langen Flug hinter sich haben, um in unsere Vasen zu gelangen, wurden sie im Freien ohne zusätzliche Wärme oder Licht gezogen, während die nordeuropäischen Rosen, besonders zu dieser Jahreszeit, beheizte Gewächshäuser und zusätzliche Beleuchtung benötigen, um zur Blüte zu gelangen. Achten Sie auf Saisonalität!

Regel 3: Abfallreduktion

Es wird viel geforscht, um taugliche biologisch abbaubare Töpfe zu entwickeln. Einige der kompostierbaren Materialien brauchen bestimmte Temperaturen und müssen daher in die Biotonne, da nur industrielle Kompostieranlagen die erforderliche Wärme erzeugen. Töpfe aus gepresstem Torf sind schon seit Jahrzehnten auf dem Markt, aber Torf ist kein nachwachsender Rohstoff und sollte vermieden werden. Inzwischen sind mehrere alternative Produkte auf Pflanzenabfallbasis auf den Markt gekommen, von denen einige sich gut zersetzen, so dass Sie Pflanze und Erdballen samt Topf in die Erde geben können. Seit Kurzem verwenden wir in unserer eigenen Anzucht Töpfe aus Sonnenblumenschalen und Maisstärke, die zwar ähnlich aussehen wie Kunststoff und ebenso stabil sind, die aber biologisch abgebaut werden und die man daher mit einpflanzen kann.

Am besten ist es natürlich, wenn Sie Ihren Gärtnereibetrieb fragen, ob er die

Töpfe zurücknimmt und sie wiederverwendet. Manche tun das, aber nicht alle. Für uns ist das leider nicht praktikabel, da wir nur einen kleinen Teil der Pflanzen, die wir verkaufen, selbst anbauen und den Rest von vielen verschiedenen Züchtern beziehen.

Regel 4: Emissionen reduzieren
Überlegen Sie, wo elektrische Geräte überhaupt notwendig sind. Manche Dinge, wie z. B. das Schneiden von Rasenkanten mit einer Kantenschere, sind mit der Hand genauso schnell erledigt wie mit einem Freischneider. Und nicht nur das: Es ist herrlich leise! Kleinere Rasenflächen können schnell mit einem manuellen Spindelmäher gemäht werden. Das ist gut für die Umwelt und für Ihre Kondition. Hecken und Formschnittgehölze lassen sich am schönsten von Hand mit der Heckenschere schneiden.

Sie können Ihre lauten, stinkenden alten Benzingeräte gegen akkubetriebene Werkzeuge austauschen. Die Herstellung und Entsorgung der Akkus ist natürlich nicht komplett unbedenklich, aber immer mehr Strom wird mit Wind und Sonne erzeugt, und es kommt nicht zu kleinflächigen Verschmutzungen, wie sie beim Nachfüllen von Öl und Benzin schwer vermeidbar sind. Heutzutage hat sich die Leistung von akkubetriebenen Maschinen stark verbessert. Die Betriebszeit hat sich erhöht und die Ladezeit ist kürzer geworden. Halten Sie Ausschau nach Herstellern, die alle ihre Geräte mit den gleichen Akkupacks betreiben. Dann reichen ein Ladegerät und zwei Akkus, so dass Sie mit dem einen Akku weiterarbeiten können, während der andere geladen wird.

Regel 5: Keine Chemikalien
Schon als Kind hatte ich eine starke Abneigung gegen Chemikalien. Was Unkräuter, Schädlinge und Krankheiten abtöten kann, wird sicher auch andere Organismen beeinträchtigen, das dachte ich mir schon damals. Das war in den 1970er Jahren, als noch viel mehr Pestizide und Fungizide auf dem Markt waren, deren Langzeitnebenwirkungen auf das Wohlbefinden von Menschen und Umwelt noch unbekannt waren. Inzwischen sind weit weniger Pestizide für den Einsatz sowohl in Privatgärten als auch in Gärtnereien zugelassen. Bei der »integrierten Schädlingsbekämpfung« wurden enorme Fortschritte gemacht, und die Liste der zur Bekämpfung von Schädlingen eingesetzten Nützlingen wird von Jahr zu Jahr länger.

In den vergangenen Jahren wurde auch vermehrt zum Thema Bodengesundheit und der wichtigen Koexistenz zwischen Pflanzen und Bodenorganismen wie Pilzen und Bakterien geforscht. Ein sorgfältiges Bodenmanagement trägt sehr viel zur Pflanzengesundheit bei.

Regel 6: Die richtige Pflanzenauswahl treffen

Die Bereitstellung einer guten Wachstumsumgebung für eine Pflanze ist der beste Weg, um sicherzustellen, dass sie üppig und gesund wachsen kann. Wenn Sie eine Pflanze an einen für sie ungünstigen Standort setzen, wird sie geschwächt sein und kämpfen, was sie wiederum anfälliger für Schädlings- und Krankheitsbefall macht. Sie können eine sonnenliebende Bart-Iris nicht darauf trainieren, im tiefen Schatten zu gedeihen. Ihr fehlt einfach die nötige Sonne, um die Energie für die Blüte der nächsten Saison aufzubauen. Das Gleiche gilt für Rosen. Sie nehmen einen Teil ihrer Nährstoffe über ihr Wurzelsystem auf, aber genauso wichtig ist die Energie, die sie durch Photosynthese gewinnen. Wenn die Blätter keine volle Sonne abbekommen, hat die Pflanze nicht genügend Energie, um eine zweite Blüte zu produzieren, und es ist viel wahrscheinlicher, dass sie einem Befall mit Blattläusen oder einer Pilzkrankheit erliegt.

Wenn Sie Zweifel haben, lassen Sie sich in der Gärtnerei oder einem guten Gartencenter beraten, was in Ihrem Garten am besten gedeihen kann – das erleichtert Ihnen das nachhaltige Gärtnern enorm.

Regel 7: Praktizieren und fördern Sie »grüne« Gartenarbeitstechniken

Auch durch die Art und Weise, wie Sie gärtnern, können Sie einen positiven Beitrag für die Umwelt leisten. Hier die wichtigsten Tipps: Seien Sie nicht zu besessen von der Sauberkeit in Ihrem Garten. Wenn Sie nicht widerstehen können, ihn makellos zu pflegen, dann bestimmen Sie zumindest einige Randbereiche, wo ein wenig »natürliche Unordnung« herrschen darf. Vielleicht möchten Sie sogar eine Wildblumenwiese säen? Idealerweise mit Pflanzen, die in Ihrer Region auch natürlicherweise vorkommen und den dort heimischen Insekten die beste Nahrung bieten.

Zur Pflege Ihres Bodens gehört auch, dass Sie ihm zurückgeben, was die Pflanze ihm entzogen hat: Während der Saison werden viele der Nährstoffe, die die Pflanze aufgenommen hat, im Blatt fixiert, das im Herbst dem Boden wieder zugeführt wird. Es kann ein paar Jahre dauern, bis es sich zersetzt, aber die Organismen sind da, um diesen Prozess zu übernehmen. Wenn Sie mit dem Anblick von verwelkten Pflanzenteilen und Laub in den Beeten und Rabatten nicht leben können, dann sammeln Sie es ein, kompostieren Sie es, statt es zu entsorgen, und bringen Sie den Kompost in den Wintermonaten zurück in die Beete. (Denken Sie daran, dass Amseln gerne im Laub wühlen, auf der Suche nach Insekten – es kann gut sein, dass sie es auf Ihre Feinde abgesehen haben.) Eine schützende Mulchschicht unterstützt die wichtigen Bodenorganismen, verhindert das Austrocknen des Bodens und verbessert die Bodenstruktur. Nichts übertrifft den Kompost, den Sie selbst aus Ihren Pflanzenresten gewonnen haben.

Lassen Sie Stauden und Gräser nach der Blüte stehen. Die meisten sehen gerade im Winter, mit Reif überzogen, ganz wunderbar aus und verleihen Ihren Beeten Struktur. Zudem bieten sie Vögeln Nahrung und Insekten ein Winterquartier.

Nachhaltiges Gärtnern heißt auch: Schaffen Sie verschiedene Lebensräume für unterschiedlichste Lebewesen. Ein kleines Wasserspiel bietet eine unterhaltsame Trink- und Badestelle für Vögel, aber auch andere Gartenbesucher wie Insekten und Igel kommen zum Trinken, sofern Sie darauf achten, dass die Wasserstelle für sie gut zugänglich ist beziehungsweise einen »Landeplatz« bietet. Ein Holzstapel kann ein wertvolles Zuhause für eine Vielzahl von Nützlingen wie Solitärbienen, Käfer und Kröten bieten, und vielleicht mögen Sie Ihren Baumschnitt ja, statt ihn zu häckseln, in einer Ecke Ihres Gartens zu einer »Benjeshecke« aufschichten?

Ein kleines Brennnesselbeet bietet einen wichtigen Lebensraum für viele unserer heimischen Insekten, eine efeubewachsene Mauer ist ein sicherer Hafen für Spatzen, eine späte Futterstelle für Bienen und eine Nahrungsquelle für Vögel am Ende des Winters. Aber auch Exoten wie Duftnessel und Lavendel können von großem Wert sein. Nicht alle Insekten sind so wählerisch, welche Pflanze sie als Nahrung und zur Fortpflanzung benötigen, und werden sich an einer breiten Palette von Blumen erfreuen. Treffen Sie also eine gute Auswahl und achten Sie auf eine möglichst lange Blütezeit. Aber Vorsicht: Vermeiden Sie gefüllte Blüten, die haben meist wenig oder nichts zu bieten.

Wenn jeder Gartenbesitzer einen kleinen Beitrag leistet, wird die Welt eine bessere sein!

Ein Jahreskalender mit duftenden Gehölzen

Während Freunde aus milderen Ecken Europas berichten, dass sie von Mimosenblüten in ihren Hecken umgeben sind, genieße ich deren besonderes Parfum in einem Blumenstrauß und mache das Beste aus den frühen Sonnenstrahlen, die versuchen, die Berliner Luft über null Grad zu halten. Ein Rundgang im Garten bei schönstem, sonnigem Wetter, begleitet von aufgeregtem Vogelgezwitscher, ist eine wahre Freude. Man spürt, wie die Natur sofort anfängt aufzuwachen, wenn die Temperaturen etwas steigen. Begierig sucht das Auge nach neuen Lebenszeichen. Dicke Knospen, filigrane Triebe, die allerersten Blüten, in die man die Nase reinstecken kann, um ihren Duft tief einzuatmen. Nichts ist schöner, als das ganze Jahr hindurch etwas zum Schnuppern zu finden. Hier mein Duftkalender:

Januar

Bei den Gehölzen ist schon einiges zu sehen und zum Glück duften die meisten der frühen Blüher ganz wunderbar. Die ersten Zaubernüsse haben sich schon entfaltet: *Hamamelis* 'Diane' hat besonders leuchtende, rote Blüten mit der besten Fernwirkung von allen roten Zaubernusssorten. Im Kupferbereich ist 'Jelena' meine Favoritin. Die gelbe 'Arnold Promise' hat ihre Äste schon früh im Jahr dicht mit Blütenknospen bekleidet, hält sich aber noch schüchtern zurück. Diese Sorte kommt immer ein wenig später, aber ihre Blütenmenge wird meine Geduld bald belohnen.

Februar

Die ersten bescheidenen, stark duftenden Blüten der winterblühenden Heckenkirche *Lonicera x purpusii* sind da. Sie werden über mehrere Monate unsere Kunden begrüßen, wenn sie über den Parkplatz der Gartenakademie laufen. Es ist mein Lieblingsduft in dieser Jahreszeit: frisch und zitronig.

März

Seit Wochen freue ich mich schon auf die Knospen von *Magnolia stellata*, der Sternmagnolie. Ihre kuschligen, pelzigen Knospen haben mir bereits viel Vorfreude beschert und auf die schöne reinweiße Blüte freue ich mich jetzt schon. Diese Pflanze ist eine perfekte Kandidatin für den Vorgarten, wo man täglich auf dem Weg vom oder ins Haus an ihren weißen Blüten vorbeikommt und besonders abends von dem feinen Duft begrüßt wird.

Noch eine wunderbare Kandidatin für eine solche Position ist *Sarcococca hookeriana* var. *humilis*. Diese Schleimbeere oder Fleischbeere zu pflanzen, lohnt sich immer. Sie ist zwar nicht besonders attraktiv, aber wintergrün, fünfzig bis sechzig Zentimeter hoch, schattentolerant und sehr stark duftend. Die ideale Unterpflanzung für höhere Sträucher.

April

Ein unerwarteter Balsamduft hängt zu dieser Jahreszeit öfter in der Luft, wenn *Populus balsamifera* gerade austreibt. Die gelb-orangen, jungen Triebe produzieren einen herrlichen Duft, der besonders abends köstlich ist.

Viele Schneebälle duften. Der wohlriechende Schneeball steht ganz oben auf der Liste: *Viburnum carlesii* »Aurora«. Die Blütenknospen sehen aus wie ein halbrundes rosa Nadelkissen und öffnen sich fast weiß.

Mai

Mai ist Fliederzeit. Mit offenem Fenster von einer Duftwolke zur nächsten durch die Stadt zu fahren, ist einfach herrlich. Nie würde ich Flieder jedoch in meinen Garten pflanzen. Er ist mir den Rest des Jahres zu langweilig und meistens gibt es irgendwo einen Fliederstrauch in meiner Nachbarschaft, den ich während der zwei oder drei Wochen, in denen er blüht, genießen kann. (Bevor Sie mir nun böse Briefe schreiben: Hätte ich einen Park, würde er schon ein Plätzchen finden!)

Die weiß blühenden Glyzinien-Bögen in der Gartenakademie produzieren wunderbar duftende Blüten. Ein weiterer von mir geliebter, frühjahrsblühender Duftkletterer ist *Clematis Montana* 'Fragrant Spring' – eine der größeren Waldreben, die ordentlich Platz brauchen, sich dafür aber an schattigeren Standorten wohlfühlen.

Juni

Dieser wunderbare Monat hat so viel zu bieten. Schon allein die ganzen Rosen! Mein Liebling unter den Duftgehölzen ist der Bauernjasmin *Philadelphus coronarius* und die vielen Hybriden, die hauptsächlich in Frankreich im späten 19. Jahrhundert entstanden sind, wie z. B. 'Belle Étoile'. Die meisten der Bauern- oder Duftjasmine sind stark duftend. Achten Sie auch auf die Größe: Sie können zwischen 1 m und 3 m oder mehr variieren, mit einfachen oder gefüllten Blüten, reinweiß oder mit rotem Hals.

Juli

Stundenlang habe ich während der heißen Sommermonate im Garten den Schmetterlingsverkehr auf dem Sommerflieder *Buddleja davidii* beobachtet. Der süßliche Duft zieht auch nachts viele Falter an. Nur die weißen Sorten finde ich weniger attraktiv, da sie nicht so ansehnlich verblühen. Für kleinere Gärten ist die »Nanho«-Sortenreihe besser geeignet, aber alle duften gleichermaßen wunderbar.

August

Wie viele Duftpflanzen weckt auch das Geißblatt bei mir Erinnerungen an Kindheitsurlaube in Frankreich und England. *Lonicera periclymenum* wächst jetzt in unserem Schattengärtchen bis zum Balkon im ersten Stock. Ich freue mich schon auf die duftenden Abende in der Wohnung.

September

Spätsommer ist Hortensienzeit. Obwohl sie nicht für ihren Duft bekannt sind, haben einige einen subtilen, süßen Honigduft, wie die Eichblatthortensie und mehrere der Rispenhortensien. *Hydrangea paniculata* 'Unique' ist eine meiner Favoritinnen.

Oktober

Im späten September fängt der letzte der Sträucher an: Mit seiner späten Blüte und dem bezaubernden Namen ist 'Sieben Söhne des Himmels' oder *Heptacodium miconioides* an sich schon etwas Besonderes. Als großer Strauch oder kleiner Baum zeigen sich seine Blüten zunächst weiß. Beim Verblühen wandeln sie sich in zart rosa-grünliche Saatkapseln, die noch lange attraktiv sind.

November

Obwohl dieser Monat wenig Blütenpracht zu bieten hat, kann der November doch immerhin mit leuchtender Herbstfärbung und buntem Beerenschmuck aufwarten. *Cercidiphyllum japonicum* beziehungsweise 'Katsurabaum' oder auch 'Lebkuchenbaum' beglückt die Nase. Die leuchtenden, buttergelben Blätter verbreiten einen köstlichen Karamellduft, der einem das Wasser im Mund zusammenlaufen lässt.

Dezember

Viburnum x bodnantense 'Dawn' und 'Charles Lamont' sind Zauberer. Sie warten auf die ersten kühlen Nächte, bevor sie ihre ersten Blüten zeigen. Kommt heftiger Frost, frieren sie ab, halten aber immer noch einige Knospen für eine zweite Show in Reserve. Ihre Blütenpracht ist vielleicht eher bescheiden, aber sie riechen gut und haben das Potenzial, über einen recht langen Zeitraum schön zu sein: von Ende November bis in den April!

Dies soll nur eine kleine Auswahl meiner »Lieblinge« sein. Sie können diese Liste bestimmt erweitern. Aber vielleicht kennen Sie nicht alle und finden noch einen Platz für den ein oder anderen Strauch in Ihrem grünen Paradies.

Frühblüher und erste Stauden

Die Staffelübergabe von Winter zu Vorfrühling

Ich bin immer beunruhigt, wenn die Temperatur zu dieser Jahreszeit noch einmal merklich sinkt. Die zauberhaften, wagemutigen Bäume und Sträucher, die seit weit vor Weihnachten ununterbrochen blühen, stehen nun auf dem Höhepunkt ihrer Blüte. Der Kirschbaum *Prunus subhirtella* 'Autumnalis' ist eine Wolke aus weißen Schneeflocken, *Jasminum nudiflorum* ein Knallgelb, der *Viburnum* x *bodnantense* 'Dawn' und *Lonicera* x *purpusii* eine herrliche Duftwolke. Während sich Zaubernüsse und Schneeglöckchen langsam dem Ende ihrer Blüte nähern, zeigen die ersten frühen Sträucher zaghaft ihr Verlangen, ihre Knospen zu öffnen. Sobald der Kälteeinbruch vorbei ist, wird *Magnolia stellata* ihre weichen, pelzigen Kelchblätter abwerfen, damit die weißen Blütenblätter ihren zarten Duft in der Abendluft verbreiten können. Auch der Scheinhasel *Corylopsis pauciflora* will die neue Jahreszeit einleiten und hat sanft seine ersten glockenförmigen Blüten geöffnet, und die mit Spannung erwartete Kornelkirsche mit ihren erfrischend gelben Blütchen ist erschienen. Selbst die unspektakulären, aber himmlisch duftenden Blüten der *Sarcococca* begleiten uns bereits.

Die ersten Blüten sind schon wieder verblüht, es geht in die nächste Runde. Die frühen Zwiebelblumen, aber besonders die Schneeglöckchen verzaubern mich jedes Jahr aufs Neue. Bisher war es immer so, dass ich sie ganz nett und reizend fand, aber nicht dazu bereit war, für diese kleinen Zwiebelchen tief in die Tasche zu greifen. Auch wenn sich ihre drei weißen Blütenblätter hübsch wie der Propeller eines kleinen Helikopters spreizen, waren sie mir bisher das Geld nicht wert. Doch vom Kurzem habe ich unter anderem *Galanthus* 'Eisbär' für mich entdeckt. Der Kopf nickt nicht ganz so tief wie bei den meisten Sorten und die recht dicken Blütenblätter strecken sich bis weit hinter die Ohren, wenn sie aufblühen. Die anderen Frühblüher, die mich immer mehr entzücken, sind die Krokusse. Die frühen, kleineren Sorten, wie die goldgelben *Crocus chrysanthus* 'Fuscotinctus' mit rot-braun gefiederten Markierungen und die blaue C. *tommasinianus*, waren prächtig. Die Bienen zu beobachten, wie sie sich in die noch nicht ganz geöffneten Blüten reinkämpfen, um dort den Pollen abzuernten, war ein schöner Anblick. Krokusse sind die ersten, wichtigen Pollenspender für unsere Bienen, die nach dem Winter dringend auf Nahrungssuche gehen müssen.

Lungenkraut

Scillas und die ersten Narzissen legen jetzt los. Sogar einige Tulpen zeigen sich schon, begleitet von den ersten frühen Stauden. Viele dieser Frühblüher sind Schattenpflanzen, die diese helle Zeit ausnutzen, bevor die Blätter der Bäume über ihrem Kopf wieder austreiben. Hummeln und Bienen lieben zu dieser Zeit das Lungenkraut. *Pulmonaria* ist ein schöner Bodendecker für schattige Ecken. In Weiß, Rosarot oder unterschiedlichen Blautönen ist die Pflanze oft eher für ihr Laub bekannt als für die Blüte. Oft sind ihre Blätter silbern gepunktet oder sogar gänzlich mit Silber überzogen wie bei *Pulmonaria* 'Majesté'. Die Sorte 'Sissinghurst White' hat eine sehr frische Wirkung mit reinweißen Blüten. Eine ganz zartblaue, stark gepunktete Sorte, die ich besonders gerne mag, ist 'Occupol'. Es ist empfehlenswert, die Pflanzen direkt nach der Blüte komplett zurückzuschneiden, damit sie neue Blätter bildet, die nicht so schnell von Mehltau befallen werden, und sie sich nicht aussäen können (die Sämlinge sind meistens bunt gemischt).

Das Großblättrige Scheinschaumkraut

Ein wenig bekannter Frühblüher ist das Großblättrige Scheinschaumkraut *Pachyphragma macrophylla*. Es ist eine tolle Schattenstaude, die, nachdem die Schneeglöckchen verblüht sind, mühelos die Saison weiterführt. Kleine, reinweiße Blüten wachsen bis zu vierzig Zentimeter hoch über das Laub, das in milden Wintern grün bleibt. *Pachyphragma macrophylla* liebt Schatten, kommt im Sommer mit wenig Wasser zurecht und ist eine langlebige Staude, deren Blätter auch im Spätsommer noch schön sind. Probieren Sie es mal in Ihrer dunklen Frühlingsecke damit.

Helleborus

Helleborus sollte in keinem Garten fehlen. Diese äußerst vielfältige Gattung verdient ein eigenes Kapitel. Sowohl die Christrose (*Helleborus niger*) und die neuen Hybriden, die den Charakter von Lenzrosen haben, aber wesentlich früher blühen, als auch *H. foetidus* oder *H. Corsicus* müssen unbedingt erwähnt werden. Sie blühen allerdings schon im Januar / Februar, daher widme ich mich ihnen in Kapitel sieben.

Duftveilchen

Viola odorata ist eine süße Pflanze, die jeder liebt, aber zu pflanzen vergisst. Klein, unscheinbar, aber mit enorm viel Charme, ist dieses Veilchen ein zauberhafter Frühblüher, den ich gerne am Fuß von laubabwerfenden Gehölzen pflanze. Im Sommer sieht man die Veilchen kaum noch, aber um die frühe Jahreszeit, wenn Hortensien und Rosen noch wenig zu bieten haben, bilden sie bunte, duftende Farbtupfer. Es gab einmal eine Zeit, in der sie in der Schnittblumenindustrie noch eine größere Rolle gespielt haben und es viele verschiedene Sorten gab. Heutzutage werden meist nur noch ein paar weiße, violette oder blaue Varianten angeboten. Sie sind bekannt und beliebt für ihren besonderen Duft, allerdings riechen sie für mich, seit mich jemand darauf aufmerksam gemacht hat, nur noch nach Pferdemist.

Primeln

Einige Primeln sind nicht winterhart, andere sind anspruchsvoll, aber viele sind wunderbare, unkomplizierte Gartenschätze. Ich mag sowohl die wilden zartgelben Stängellosen Schlüsselblumen (*Primula vulgaris*) als auch die Echten Schlüsselblumen (*Primula veris*) mit ihren kleinen warmgelben Blüten, die von den kurzen Blütenstielen herunterhängen. In unserem Garten in Coleshill hatten wir viele der kleinen *P. veris*. Sie lassen sich gut gleich nach der Blüte durch Teilung vermehren, bevor sie für den Sommer einziehen und pausieren. Sie gedeihen am Fuß von alten Hecken, aber auch im Staudenbeet können sie zwischen höhere Stauden verstreut eingesetzt werden. Die Echte Schlüsselblume bevorzugt etwas mehr Sonne und taucht oft in Wiesen auf. Ein etwas kalkhaltiger Boden bekommt ihr zudem gut. Im Garten meiner Kindheit in der Nähe von Antwerpen hatten wir *Primula juliana* im Staudenbeet. Dieser unanspruchsvolle Frühblüher breitet sich gut aus und formt mit der Zeit kleine, blühende Teppiche. *Primula juliana* gibt es in verschiedenen Tönen wie Violett und Flieder, und es stört sie nicht, wenn sie im Hochsommer völlig verschattet zwischen den Stauden sitzen.

Nachtfrost

Das Frühlingswetter stellt uns oft auf die Probe. Die sonnigen Tage mit strahlend blauem Himmel heben unsere Stimmung, aber darauf folgen gerne mal kalte, frostige Nächte. Wir scheinen in Berlin im Frühjahr oft mehr Nachtfrost zu erleben als den ganzen Winter hindurch. Selbst in meinem sehr geschützten kleinen Hofgärtchen im Zentrum Berlins hat es dann nachts oft Minusgrade – eine emotionale Achterbahnfahrt für uns Gärtner: Auf die Euphorie der Frühlingssonne am Tag folgt die Angst um das Wohlbefinden der geliebten Pflanzen. Sträucher mit zarten Trieben wie Hortensien oder die lang erwartete frühe Blüte der Magnolien und die frühen zarten Kirschblüten können in einer Nacht vernichtet werden.

Wie können Sie Ihre Pflanzen
vor Nachtfrost schützen?

• Mit einer »Abdeckung« aus Wasser: An frostigen Abenden besprühen die Obstbauern die Blüten ihrer Bäume mit einem feinen Wassernebel. Die winzigen Tröpfchen bilden eine Schutzhülle um die zarten Blütenblätter. Manche Gärtner stellen Kerzen unter die Bäume. Die alte Tradition des Weißmachens von Baumstämmen mit einer schützenden Schicht aus Kalkwäsche bietet zudem Schutz vor Schädlingen und Krankheiten, hilft aber auch, den Baum im Wachstum zu bremsen, da der frühe Sonnenschein den Stamm nicht so rasch erwärmt. Wenn unsere Magnolienblüten oder Zierkirschenblüten durch Frost beschädigt werden, ist das ärgerlich, denn es setzt der Blütenpracht ein Ende. Für die kommerziellen Züchter jedoch kann es massive Umsatzeinbußen bedeuten.

• Abdeckung aus Gewebe: Wenn die Pflanze nicht zu groß ist, werfen Sie einfach ein leichtes Vlies über sie. Auf dem Markt gibt es einen speziellen fein gesponnenen Stoff, den Sie nachts über die Pflanzen legen können. Dieses Vlies ist extrem leicht, so dass es die zarten Triebe nicht bricht. Alternativ können Sie ein altes Bettlaken verwenden. Ich habe auch schon kleine Zelte aus alten Zeitungsseiten gebastelt, die mit Wäscheklammern befestigt werden, um kleinere Pflanzen zu schützen. In diesen frostigen Nächten ist es meist windstill, so dass es nicht nötig ist, den Stoff beziehungsweise das Papier fest zu verankern.

- Pflanzen ins Haus bringen: Vor einigen Jahren hat ein einziger starker Nachtfrost unsere komplette neue Lieferung von Klematis zerstört. Seitdem gehen wir in der Gartenakademie kein Risiko mehr ein: Wir bringen die meisten anfälligen Pflanzen in frostigen Nächten ins Haus. Die Klematis und die Pfingstrosen, die zahlreichen Kirschen und Magnolien sowie die Hortensien werden in sämtlichen verfügbaren Räumen untergebracht. »Gefrostete« Spitzen töten eine Pflanze nicht ab, aber sie verursachen ein verkrüppeltes Wachstum und können die Blühleistung beeinträchtigen.

Abhärtung der Pflanzen gegen Nachtfrost

Die anfälligsten Pflanzen sind diejenigen, die in einer geschützten Umgebung wie einem Gewächshaus, einem Frühbeet oder auch nur in einem offenen Folienhaus überwintert haben. Auch Sämlinge, die auf Ihrer Fensterbank aufgezogen werden, brauchen einen sanften Übergang ins Freie. Härten Sie sie langsam ab, indem Sie sie während milder Perioden nach draußen bringen, zunächst an bedeckten Tagen. Oder stellen Sie sie in eine schattige Ecke des Gartens. Das direkte Sonnenlicht kann an den ersten Tagen im Freien die zarten Blätter verbrennen. Achten Sie darauf, die Pflanzen abzudecken, wenn die Nächte kalt sind. Nach einer Woche bis zehn Tagen sollten sie sich an ihre neue Umgebung angepasst haben.

Nicht alles ist gefährdet!

Die meisten Pflanzen, die in Ihrem Garten überwintert haben, sind vollkommen winterfest und zu dieser Jahreszeit noch auf der Hut. Ein milder Winter kann jedoch dazu führen, dass einige Pflanzen früher als üblich zum Leben erwachen. Ich beobachte häufig, wie manche Pflanzen euphorisch auf steigende Temperaturen zu reagieren scheinen und beim ersten milden Wetter aufwachen. Andere halten sich klugerweise verlässlich an den Kalender, orientieren sich an der Tageslänge und rühren sich erst, wenn die Zeit dafür reif ist. Keine Panik, wenn Sie morgens Ihre zarten Pfingstrosentriebe schlaff herunterhängen sehen. Warten Sie, bis sich die Luft erwärmt und der Frost verschwindet. Es kann gut sein, dass Sie die Pflanze so vorfinden, als sei nichts passiert.

Denken Sie ans Gießen!

Bitte prüfen Sie auch im Winter die Feuchtigkeit in Ihrem Boden: Sie müssen eventuell gießen. Vor allem immergrüne Pflanzen wie Rhododendren und Bambus brauchen Wasser, solange es keinen Frost gibt. Auch nach einem nassen Winter können sehr trockene und sonnige Wochen mit reichlich Wind folgen. Dies ist die Zeit des Jahres, in der die Bäume anfangen, riesige Mengen an Wasser aus dem Boden zu pumpen. Lauschen Sie am Stamm der Birken: Sie können es hören!

Magnolia: der Klassiker der Vorfrühlingszeit

Die wärmenden Temperaturen sorgen dafür, dass Bäume und Sträucher endlich kräftig austreiben und man die braunen erfrorenen Triebe nicht mehr so deutlich sieht. Die nächsten Pflanzen treten jetzt in den Vordergrund. Für den Saisonanfang sind drei Gattungen unentberlich. Die Magnolie ist eine davon, und ich habe sie erst in den vergangenen Jahren für mich entdeckt. Nicht, dass ich sie vorher nicht gekannt hätte, aber in England und Belgien hatten wir immer wieder mit späten Nachtfrösten zu tun und mussten ständig bangen, dass die Blüten wieder abfrieren, so dass ich immer fand, dass Magnolien diesen Stress nicht wert sind. Dabei leiten sie im großen Stil die Frühlingsshow ein.

Meist geht es Anfang März los: Die Sternmagnolien *M. stellata* blühen traumhaft duftend – ich freue mich immer schon den ganzen Winter auf die Entfaltung ihrer wunderbar kuschligen Blütenknospen.

Zudem blühen Klassiker wie *Magnolia liliiflora* 'Ricky'. Sie hat schmale Blütenblätter, außen rosa, innen fast weiß, mit einem sehr frischen, angenehmen Duft. In den vergangenen Jahren sind mehrere neue gelbe Züchtungen dazugekommen. *M.* 'Honey Tulip' hat große, zarte, cremegelbe Blüten mit feinem, edlem Duft. *M.* 'Blue Opal' blüht gelb auf, aber die Außenseite der Blütenblätter in der Knospe sind wie mit einem bläulichen Wachs überzogen, so dass es zunächst so scheint, als würden sie blau erblühen. Erst beim Öffnen wechselt die Farbe dann ins zarte Gelb. Wer seine Auswahl richtig trifft, schafft es, blühende Magnolien vom frühsten Frühlingsanfang bis zum Hochsommer im Garten zu haben. Nicht nur die etwas frostempfindliche *Magnolia grandiflora* blüht im Sommer, sondern auch der Baum *Magnolia wilsonii*, dessen große weiße Blüten mit ihrer roten Mitte herunterhängen wie Glocken, blüht erst später.

Aufmunternde Narzissen

Ostern wird durch Hasen, Küken und Eier ebenso symbolisiert wie durch Narzissen. Ihre fröhlichen gelben Trompeten kündigen den Frühling an. Obwohl sie bei weitem nicht die frühesten Zwiebelblumen im Jahr sind, sind sie zusammen mit den Kaiserkronen aber doch die ersten großen Blumen der Saison, die unsere Gärten mit einem Blütenteppich bedecken.

Anfang März erscheinen die ersten gelben Farbtupfer in den Straßen Berlins. 'February Gold' hat es fast geschafft, ihrem Namen gerecht zu werden, und beginnt meist kurz nach Ende Februar zu blühen. Meine Sorge, dass sie bis Ostern schon wieder mit der Blüte fertig sind, erweist sich meistens als unbegründet. Die späteren Sorten sorgen für eine lange Saison.

Ich habe einen großen Topf 'Dutch Master' auf meiner Terrasse. Es sind die typischen Narzissen, wie ein Kind sie zeichnen würde. Sie sind frech und leuchten gelb und verbreiten strahlenden Sonnenschein in meinem Garten. Ich freue mich jedes Mal an ihnen, wenn ich hinausschaue. Aufgrund ihres großen, kühnen Charakters eignen sie sich auch für die Bepflanzung in großen Drifts in einem Bereich, der aus größerer Entfernung gesehen wird. Früher blühend, bescheidener in der Größe, aber noch intensiver in der Farbe ist 'Orange Queen'. Der Name ist irreführend, denn diese Narzisse blüht nicht orange, sondern in einem satten Tiefgelb.

Herkunft

Viele Arten stammen aus Südeuropa und Nordafrika. Sie blühen normalerweise zu Beginn des Frühlings, zwischen Ende Februar und Ende April, obwohl einige seltene Arten im Herbst blühen. Es ist überwältigend, auf der Iberischen Halbinsel Wiesen mit großen Driften von Reifrock-Narzissen (*Narcissus bulbocodium*) blühen zu sehen, aber der Anblick von unserer wilden Narzisse *N. pseudonarcissus* ssp. *lobularis*, die oft im lichten Schatten wächst, ist ebenso atemberaubend. William Wordsworth fasste die Schönheit dieser wilden Narzissen nach einem Spaziergang im Lake District im Jahr 1802 in seinem berühmten Gedicht zusammen:

»I wandered lonely as a cloud
That floats on high o'er vales and hills,
When all at once I saw a crowd,
A host of golden daffodils;
Beside the lake, beneath the trees,
Fluttering and dancing in the breeze.«

Kultivierung

Die meisten unserer Narcissus-Sorten ziehen es vor, in voller Sonne bis Halbschatten zu stehen, und mögen einen gut durchlässigen Boden. Wenn Sie auf schwerem Lehm gärtnern, fügen Sie der Erde zusätzlichen Kies oder groben Sand hinzu, um die Drainage zu verbessern.

Wie bei fast allen Blumenzwiebeln sollten Sie darauf achten, dass sie tief genug gepflanzt werden. Die meisten höheren Sorten sollten fünfzehn Zentimeter oder tiefer in die Erde gesetzt werden. Pflanzen Sie sie gleich nach dem Kauf. Je früher sie im Herbst in die noch warme Erde gelangen, desto schneller können sie neue Wurzeln schlagen und sich in ihrem neuen Zuhause etablieren. Besonders auf nährstoffarmen Sandböden profitieren sie von einer jährlichen organischen Düngung in Form von Kompost oder Laubmulch, den Sie idealerweise aufbringen, wenn die Zwiebeln austreiben, damit sie genug Energie für die Blütenbildung haben.

Alkaloide

Narzissenzwiebeln enthalten Alkaloide wie Lycorin, das für den Menschen giftig ist. Sie produzieren auch Galantamin, das den Weg in die moderne Medizin gefunden hat und als Medikament zur Behandlung bei Alzheimer eingesetzt wird. Ein wenig Respekt schadet nie, aber Sie sollten sich nicht davon abhalten lassen, Narzissen zu pflanzen. Allerdings sind sie nicht mit anderen Schnittblumen kompatibel, daher sollten Sie darauf achten, sie in der Vase nicht zu mischen.

Historische Sorten

Narzissen gewannen im 16. Jahrhundert an Popularität und sind in den frühesten Blumenbüchern abgebildet. Die gewöhnlichen, wilden Arten waren eine beliebte Schnittblume, Pflanzen mit ungewöhnlichen Blütenformen hingegen, wie die doppelten, waren bei Sammlern sehr gefragt. Die duftende, gefüllte *Narcissus x odorus* 'Double Campernelle' ist eine dieser alten Sorten, ebenso wie die einfache Version *N. odorus* 'Single Camperenelle'. Ihre Beliebtheit hielt an. Die gefüllte kurze Sorte 'Rip van Winkle' ist 1884 entstanden. Inzwischen gibt es etwa 24 000 verschiedene Narzissensorten mit einer großen Bandbreite an Formen und Farben.

Weiße Narzissen

Es gibt auch viele weiße, cremefarbene oder zitronenfarbene Sorten. Die Narzissen 'Thalia' und 'Curlew' sind zwei meiner Lieblingssorten, die ich gerne dann empfehle oder bei einer Gartenplanung einsetze, wenn Gelb wirklich nicht gewünscht ist. In größerer Zahl inmitten früher Stauden wie den luftigen, blauen Kaukasus-Vergissmeinnicht gepflanzt, sehen sie wirklich hinreißend aus. 'Elka' ist eine entzückende Sorte mit nur einem Hauch von Zitronengelb in ihren mehrköpfigen Blüten.

Beliebte Klassiker sind natürlich die Dichter- oder Poeticus-Typen, die erst gegen Ende der Narzissensaison loslegen. Ihre eleganten weißen Tepalen mit nur einer kleinen Blumenkrone, die wie ein Mund geformt sind, der ein überraschtes »Oh!« bildet, das meist dunkler orangerot ist, werden deshalb oft als »Fasanenauge« bezeichnet. Die elegante 'Polar Ice' ist reinweiß und passt gut zu zart rosafarbenen Tulpen wie 'Lavender Dream'.

Cyclamineus-Narzissen

Diese spezielle Gruppe von Narzissen liebe ich besonders wegen ihrer Blütenform: Ihre Perigonblätter sind nach hinten geklappt, ihre Nebenkrone zeigt sehnsüchtig nach vorne. 'Jetfire' ist eine niedliche kleine Narzisse, deren Nebenkrone in klarem, fröhlichem Orange gehalten ist, mit kurzen, nach hinten gefalteten Ohren, als ob sie einem starken Wind ausgesetzt wäre. In ähnlicher Weise kämpft 'Peeping Tom' mit seiner langen Schnute, die so aussieht, als würde sie Sie begrüßen, wenn Sie den Garten betreten.

Narzissen in Kübeln

Zu der oben genannten Gruppe gehörend, ist 'Tête-à-Tête' wahrscheinlich eine der beliebtesten in Blumenläden zu dieser Jahreszeit. Aus einer Knolle entspringen mehrere kurze Blütenstiele, die jeweils zwei oder drei perfekte Mini-Narzissenblüten tragen. Sie ist ebenso geeignet für den Garten. Für diejenigen, die das Ausgefallene schätzen, gibt es 'Tête Bouclé' mit leicht gerüschten, gefüllten Blüten.

Die Petticoat-Narzisse *N. bulbocodium* 'Julia Jane' ist entzückend in Kombination mit anderen zarten frühen Zwiebelblühern. Auch 'Cocopelli' gehört in einen Topf in der Nähe des Sitzplatzes: ihr Duft ist himmlisch!

Genießen Sie diese prächtige Blumenzwiebelsaison und notieren Sie sich die Sorten, von denen Sie im Herbst noch mehr in Ihren Garten setzen möchten.

II. FRÜHLING

Ende April bis Anfang Juni

Es wird grün – und bunt!

Täglich fängt der morgendliche Chor früher an. Die Vögel singen ohrenbetäubend. Es wird eifrig nach Material für den Nestbau gesucht, und die ersten Blattläuse, Raupen und andere unerwünschte Gartengäste werden schon eingesammelt, um die junge Brut zu ernähren. Amseln kämpfen damit, Würmer aus der Erde zu ziehen. Kaum hat der Zaunkönig das Nest für seine erste Partnerin fertig, ist er auch schon auf der Suche nach einem anderen schönen Nistplatz für die nächste Gattin. Die einzigen Vogelstimmen, die man immer etwas später vernimmt, sind der leicht zu erkennende Ruf des Kuckucks und der bezaubernde Gesang der Nachtigallen, die sich bei uns rund um die Gartenakademie niederlassen. Spätestens zur Fliederzeit hört man sie singen.

Aber nicht nur in der Vogelwelt tut sich viel, auch in der Welt der Pflanzen ist es eine geschäftige Zeit. Ich finde es jedes Jahr immer wieder aufregend und beglückend, das Wachsen und Blühen zu erleben.

Die Mehrheit der kleinen Zwiebelblumen bereitet sich schon auf ihre Sommerpause vor. Die frühen Narzissen wie 'Peeping Tom' und 'Elka' sind leider schon verblüht, doch die späteren wie 'Petrel', 'Thalia' oder *N. poeticus* 'Recurvus' und die Hyazinthen stehen noch in voller Blüte, während die Tulpen mit großer Fanfare im Anmarsch sind.

Auch bei den Gehölzen beginnt eine neue Phase. Die Saison der Frühblüher neigt sich dem Ende zu und macht die Bühne frei für die riesige, vielseitige Gattung der Rhododendren.

Die frühen Sorten wie die kleinen, kompakten, blau blühenden Impeditum-Varietäten und die japanischen Azaleen sind schon seit einigen Wochen übersät von kleinen Blüten, während R. 'Cunningham's White' der erste große Rhododendron ist, der jetzt mit seiner Blütenpracht loslegt.

Diese Jahreszeit ist auch die Hochzeit der Schattengärten. Ab Anfang Mai wächst die Laubdecke über dem Kopf langsam zu, aber noch bekommen die schattenliebenden Stauden genügend Licht und Feuchtigkeit, um knackig wachsen und blühen zu können, denn ganz ohne Licht geht es auch bei ihnen nicht. Diese Wochen sind immer besonders schön in unserem Gärtchen im Innenhof. Sattes, leuchtendes, frischgrünes Laub, täglich anschwellende Knospen und charmante, zarte Blüten, wohin man auch blickt.

Die filigranen Köpfe der Elfenblumen zieren die Beete in Weiß, Gelb, Orange und in Rottönen. Die Frühlings-Platterbse blüht zartrosa oder violett, und ich liebe die traumhaft blauen Wölkchen des Kaukasusvergissmeinnicht. Cremefarbene Teppiche von Beinwell bekleiden sogar die trockenen düsteren Stellen unter den Kastanienbäumen, und unter der Buche breitet sich ein Teppich der kleinen gelben erdbeerähnlichen Blüten der Golderdbeeren aus. Lücken werden von selbstaussäenden Opportunisten wie *Papaver cambricum*, *Montia sibirica* und *Smyrnium perfoliatum* gefüllt.

Ende April, Anfang Mai findet der saisonale Farbwechsel statt. Dort, wo der Beginn der Saison von Weiß, Gelb und Blau geprägt war, wird es jetzt sehr bunt. Es ist die farbintensivste Zeit des Jahres, und das tut der Seele gut. Tulpen und Rhododendren leuchten in fast allen Farben, im warmen Farbspektrum findet man sämtliche Schattierungen – von Creme und Gelb über Orange, Terrakotta und Rot bis hin zu Braunrot. Wenn Sie lieber kühle Farben mögen, gibt es auch klassisches Weiß und dann natürlich noch alle Farbtöne von zartem Rosa bis zu kräftigem Pink, Lila, Violett und sämtliche Blautöne. Sie sind nicht gezwungen, jeden Farbton durch die Gartentür reinzulassen, aber sie sollten es sich trotzdem farbenfroh machen. Besonders mit den Zwiebeln kann man gut spielen und experimentieren, und ich liebe es, auch mal leuchtende Kombinationen auszuprobieren, die richtig knallen. Da Tulpen meist nicht so langlebig sind wie ein Rhododendron, kann man auch mit ihnen mal ein kleines Risiko eingehen. Im schlimmsten Fall schneidet man den »Störenfried« einfach ab und stellt ihn in die Vase oder entsorgt ihn gleich auf dem Kompost.

Grün ist die Farbe des Frühlings

Das Erwachen der Natur hat immer große Freude in mein Leben gebracht. Auch wenn ich den Herbst mit seinen herrlichen Farben zu lieben gelernt habe, ist es diese Zeit des Jahres, die mich am meisten begeistert. Der erste zauberhafte Ansturm von kleinen, zarten Zwiebelblumen und frühen, meist schattenliebenden Stauden ist vorbei. An seine Stelle ist nun das berauschende Auftauchen von Bäumen und Sträuchern getreten. Einige sind Frühaufsteher, andere lassen sich Zeit. Das Aufbrechen der Blätter hängt nicht nur von den ursprünglichen klimatischen Bedingungen ab, die den natürlichen Lebensraum der Pflanze dominieren, sondern auch von den jahreszeitlichen Temperaturen und dem lokalen Mikroklima. Städtische Gärten grünen schneller als Gärten in weniger geschützten ländlichen Gebieten. Selbst wenn die Tagestemperaturen hoch sind, machen die kalten Nachttemperaturen die Pflanzen vorsichtig und verlangsamen das Wachstum.

Ich denke immer, dass in diesen kostbaren Wochen jede Pflanzenart ihren ganz eigenen Grünton hat. Mit dem Fortschreiten der Wochen und der Stärkung der zarten, feinen Blätter für den langen heißen Sommer, der vor uns liegt, wird das Grün einheitlicher und verliert seinen einzigartigen Charakter. Ich bewundere die Kontraste des frischgrünen Laubes von Kirschen, Birken und Viburnums, das sich jetzt vor dem strengen, dunkelgrünen Hintergrund von immergrünen Rhododendren und Nadelbäumen zeigt.

Frühe Grüntöne

Euonymus alatus, berühmt für seine leuchtende Färbung zu Beginn des Herbstes, hat längst Blätter bekommen, ebenso die japanische Kirsche. Sie blühen früh, und wenn sie verwelken, kommen ihre Blätter zum Vorschein. *Viburnum plicatum* 'Mariesii' hat sich in den vergangenen Wochen gut behauptet und trägt nun seine zartgrünen Blätter mit einem leicht kupferfarbenen Schimmer. Wirklich kupferfarben ist das neue Laub der Felsenbirne, deren Blütenknospen zum Vorschein kommen, während die Wildbirne *Pyrus salicifolia* 'Pendula' ihre weißen Blüten und ihre olivenähnlichen, schmalen, silbernen Blätter zeigt. Die Kletterrosen, insbesondere jene, die nicht beschnitten wurden, oder einst blühende Ramblerrosen, die im Spätsommer nach der Blüte beschnitten wurden, sind bereits mit frischen grünen Blättern bedeckt, die auch die ersten Blattläuse locken.

In den Hecken öffnen sich die silbrig grünen neuen Blätter der Eberesche wie eine Hand, die ihre Finger streckt, und die Weißdorne haben zartes, glänzend grünes Laub gebildet. Über ihnen hängen die sanft schwingenden Zweige von Silberbirken, die mit blassen, fast gelbgrünen Laubblättchen bekleidet sind. Aus den geschwollenen Knospen der Eichen erscheinen etwas unbeholfen frische, grüne Eichenblätter in kleinen Bündeln.

Das Beste sind jedoch die Rotbuchen. Nachdem ich in meinem Kindheitsgarten mit großen, majestätischen Buchen aufgewachsen bin, warte ich jedes Jahr sehnsüchtig auf die fast leuchtend grünen Wölkchen, die sich durch die Buchenwälder ziehen, wenn einige Bäume etwas früher grün werden als andere oder einzelne Äste nicht mehr warten können und ihre Blätter vor den anderen entfalten. Aus diesem Grund pflanze ich die Buche lieber als Heckenpflanze und nicht als Hainbuche. Letztere treiben früher Blätter aus, haben aber nicht diese leuchtende Frische.

Ahorn im Frühling

Die Gattung *Acer* enthält eine Fülle interessanter Arten mit enormem Gartenwert, die von majestätischen hohen Bäumen wie *Acer rubrum* über Bäume mit auffallender Rinde wie *Acer davidii* bis hin zu den viel kompakteren japanischen Ahornen *Acer palmatum* reichen. Einige von ihnen haben rotes Laub, das den ganzen Sommer über erhalten bleibt. Viele sind im Sommer grün, beginnen aber die Saison im Frühling gelb, gelbgrün oder ockerfarben. Die korallenrote Rinde von *Acer palmatum* 'Sangokaku', den wir im vergangenen Herbst in unserem Garten gepflanzt haben, hat mich den ganzen Winter über aufgemuntert. In den vergangenen Wochen tauchten winzige fächerförmige Blätter auf und brachten uns viel Freude. Da es Hunderte von verschiedenen Sorten mit unterschiedlichen Blattformen und -farben sowie unterschiedlicher Rinde gibt, lohnt es sich gut zu überlegen und eine auszuwählen, die Ihren Anforderungen und Ihrem Geschmack entspricht. *Acer palmatum* 'Orange Dream' hat zu Beginn der Saison im Frühling gelbliche, an den Spitzen rötliche Blätter. Für sehr kleine Gärten sind die langsam wachsenden Dissektum-Sorten ideal. Sie bleiben kompakt wie ein Kissen. Selbst nach Jahrzehnten haben sie meist kaum einen Meter in der Höhe erreicht, aber vielleicht 1,5 bis 2 Meter Durchmesser. Sie sind dennoch sehr charaktervoll und beeindruckend. Ihre Blätter sind fein geschnitten und wirken federig, sowohl in grüner als auch in rotblättriger Form.

Schauen Sie sich die entstehenden Knospen genau an, wenn Sie in den kommenden Tagen durch Ihren Garten oder die Landschaft gehen. Nehmen Sie sich Zeit, sie genau zu studieren. Die komplexen Details, der Reichtum an Farbe, Textur und Form ist einzigartig. Ihre Geduld wird ganz sicher belohnt werden!

Bunte Tulpenpracht

Seit ich in Berlin lebe, habe ich Tulpen für mich »entdeckt«. Nicht, dass ich sie vorher nicht gekannt hätte – aber sie scheinen sich hier besonders wohlzufühlen. Die kalten Winter machen ihnen nichts aus und die heißen, trockenen Sommer kommen ihrer Ruhephase sehr entgegen. Durch die rasche Erwärmung im Frühjahr ergibt sich ein nahtloser Übergang vom Frühling in den Sommer. Wenn die letzten Tulpen blühen, legen die ersten Stauden wie Akelei und Katzenminze los. Ich liebe es, hunderte von Tulpen inmitten der Stauden zu sehen. Sie setzen einen markanten Farbtupfer und ich weiß, dass das Beet von diesem Zeitpunkt an bis Ende November nicht mehr aufhören wird zu blühen, bis die letzte Aster 'Lady in Black' verblüht ist. Die Tulpenpracht ist eine Sensation, auf die ich mich jedes Jahr freue.

Die Tulpenhybriden spielen seit Jahrhunderten eine wichtige Rolle in unseren Gärten. In Konstantinopel wurden Tulpen seit dem 11. Jahrhundert kultiviert, aber erst im 16. Jahrhundert wurden sie in europäische Gärten eingeführt. Der Wiener Botschafter berichtete bereits im Jahr 1551 von den Blüten, die er in der Türkei gesehen hatte, aber erst 1562 kamen die ersten Tulpenzwiebeln in Antwerpen an, von wo aus sie die europäischen Gärten eroberten. Zunächst waren sie so kostbar wie heute Meisterwerke von Monet oder Rubens, inzwischen werden sie als Massenware verkauft.

Sie wurden so veredelt und gezüchtet, dass es heute fast unmöglich ist zu sagen, aus welcher Wildsorte unsere Tulpen entstanden sind, obwohl *Tulipa gesneriana* einen großen Einfluss hatte. Botaniker haben diese riesige Pflanzengattung auf Basis ihrer Eigenschaften eingeteilt.

Die sogenannten Triumph-Tulpen werden besonders für die Schnittblumenindustrie gepriesen, aber mit ihren kräftigen Stielen sind sie auch für den Garten sehr begehrt. Die nahezu schwarze 'Havran' und rote 'Lasting Love' sind traumhaft. Die Darwinhybriden sind große, imposante Zwiebeln: 'Ivory Floradale', 'Light and Dreamy', 'Apricot Impression' und 'Apeldoorn' sind Klassiker. Die einfachen späten Sorten sind besonders empfehlenswert. Sie blühen im Mai, sind fünfzig bis siebzig Zentimeter hoch, was gut passt, da bis dahin die Stauden loslegen und die Blüten gerade über dem aufwachsenden Laub herausschauen. Es sind in der Regel langlebige Sorten. 'Queen of Night' gedeiht auch ohne jegliche Pflege viele Jahre. Lilienblütige Tulpen schätze ich besonders wegen ihrer schlanken, eleganten kelchförmigen Blüten, die sehr stark an die frühen Abbildungen der Osmanen erinnern. Sie sind begehrt als Beettulpen, wo sie mit ihren etwas zarteren Blütenstielen geschützt zwischen höheren Stauden sehr gut zurechtkommen. Ich habe auch gute Erfahrung mit Viridiflora-Tulpen gemacht (teilweise grünblütig, da sie mit breiten grünen Streifen gezeichnet sind). Ich könnte ein ganzes Buch über die unterschiedlichsten Tulpen schreiben, aber letztendlich empfehle ich immer, seinem Herzen zu folgen und sich die Farben auszusuchen, die einem gefallen. Einige frühe Sorten wie 'Orange Emperor' oder 'Purissima' werden die Saison einläuten und dann die Staffel an spätere Sorten wie 'Pieter de Leur', 'White Triumphator', 'Ballerina' und 'Burgundy' weitergeben.

Wildtulpen

2021 hat meine Tulpenliebe eine neue Dimension erreicht: Ich konnte viele von ihnen aus nächster Nähe genauer unter die Lupe nehmen. Wir haben in der Gartenakademie ein dreistöckiges Podest aufgebaut, auf dem eine große Auswahl unserer Frühlingszwiebeln in voller Blüte in Töpfen ausgestellt wurde. Wir haben einige der ca. fünfundsiebzig Wildsorten und deren Kulturvarietäten in unser Sortiment aufgenommen. Ich besuchte diese Inszenierung jeden Tag, und jeden Tag entdeckte ich neue Details. Mir ist klar geworden, wie viele Feinheiten ich übersehe, wenn die Tulpen im Beet inmitten von anderen Pflanzen stehen.

Die genaue Herkunft vieler dieser Wildtulpen-Hybriden ist nicht bekannt. Seit Hunderten von Jahren werden sie in Gärten kultiviert und haben sich untereinander gekreuzt. So sehr, dass einige ganz aus der natürlichen Landschaft verschwunden sind, während andere über die Gartenmauer entwichen und Teil der natürlichen Landschaft wurden. Wo auch immer sie herkommen: alle sind bezaubernd und bringen in dieser frühen Jahreszeit große Freude. Notieren Sie sich, im nächsten Herbst einige dieser Schätze wie *Tulipa polychroma*, *T. sylvestris* oder *T. tarda* in Ihren Garten oder in Ihre Töpfe zu pflanzen.

Attraktives Blattwerk von Tulpen

Bis zu meiner eingehenderen Betrachtung der Tulpen dachte ich immer, dass sie einfach ein breites Blatt mit einer matten Textur in einer blassen, leicht graugrünen Farbe haben. Die meisten Sorten haben tatsächlich solche Blätter, aber gerade die Wildtulpen tragen ein weitaus vielfältigeres Laub. Viele neigen dazu, schmalere, oft eher graue, zarte Blätter zu entwickeln. Sehr elegant und zart wirkt die bezaubernde Damentulpe, *Tulipa clusiana*, mit schlanken, kaum einen Zentimeter breiten Blättern. 'Honky Tonk', eine faszinierende, seidig blass zitronengelbe Sorte mit leichtem rosafarbenem Rücken, hat ähnlich schmale, gräuliche Blätter. *Tulipa polychroma* ist grau, passend zu den zarten Blüten, während die duftende, rosa-mauve *Tulipa saxatilis* dichtes, glänzendes, viel aufrechteres, mittelgrünes Laub hat, das sehr früh erscheint.

Rot gemusterte Blätter

Die aus Kasachstan stammenden Greigii-Tulpen sowie die Kaufmanniana-Typen sind auf ihrem breiten Laub oft markant braunrot gezeichnet, was einer Pflanzung eine dekorative Note verleiht. Sie blühen früh, sind meist zwanzig bis dreißig Zentimeter hoch und öffnen ihre Blüten wie 'Red Riding Hood' und 'Show Winner' weit, sobald die Sonne scheint. Sie sind ideal für Steingärten und Kübel, wo sie das rote Laub von *Heuchera* 'Palace Purple' oder rotblättrigem Günzel gut ergänzen.

Buntes Laub

Einige Sorten wie die blassrosa Viridiflora-Tulpe 'China Town' haben eine cremefarbene, dünne Linie am Blattrand. Ich persönlich bin kein großer Fan von panaschiertem Laub, da es in einem Beet oft für Unruhe sorgt, aber im Topf, für sich allein, ist es ein zusätzlicher Bonus.

Tulpen haben interessante »Nasen«

Ich liebe Pflanzen mit einer guten »Nase«. Wenn sie aus dem Erdboden kommen, begrüße ich das erste Zeichen jeder Pflanze mit Freude. Wenn diese Nase dekorativen Wert hat, macht das diese erste Begegnung der Saison noch erfreulicher. Einige der Tulpensorten haben in den ersten Wochen eine ausgeprägte rötliche Färbung. 'Orange Princess', eine gefüllte späte Sorte mit grüner Färbung auf der Rückseite der Blütenblätter, kommt mit pinkfarbenem Laub daher.

Pflegetipps

Tulpen kommen meist aus warmen, trockenen Regionen in Südeuropa, Nordafrika und aus Asien. Es ist wichtig, sie tief genug zu pflanzen (üblicherweise fünfzehn bis siebzehn Zentimeter), damit sie eine konstante kühle Temperatur genießen können. Wenn sie zu flach gesetzt sind, werden sie ihre Energie darin investieren, sich tiefer in die Erde zu orientieren statt Blütenknospen zu bilden.

Da sie aus Regionen stammen, wo der Sommer heiß und trocken ist, hassen sie feuchte Füße, besonders im Sommer. Wenn sie eine Bewässerungsanlage haben, ist es besser, ihre Beete nur ein paarmal in der Woche zu bewässern, statt täglich den Boden konstant feucht zu halten.

Auf mageren Böden ist es hilfreich, sie im Frühjahr, beim Austrieb, mit einem kalireichen Zwiebeldünger zu düngen, und achten Sie darauf, dass das Laub und die Blütenstiele stehenbleiben, bis sie braun sind. Erst dann dürfen Sie sie entfernen. Sie können den Samenansatz nach der Blüte einfach abbrechen, um zu verhindern, dass sie unnötige Energie in die Saatproduktion stecken.

Sie können die Tulpen nach der Blüte ausgraben und bis zum Herbst einlagern, zwingend erforderlich ist es aber nicht. Wir lassen unsere im Beet, da wir einfach nicht die Zeit dafür haben. Jeden Hebst pflanzen wir ca. zehn Prozent der Zwiebeln nach, um Verluste – durch Wühlmäuse, Staunässe etc. – auszugleichen.

Mohn

Inzwischen hat auch die herrliche Zierlauch-Saison begonnen, und mit diesen tanzenden Trommelstöcken erscheinen auch die ersten Stauden in den Beeten. In meinem eigenen üppig bewachsenen grünen Garten sprießen mehrere Opportunisten, die sich jedes Jahr an anderen Stellen selbst aussäen, wie zartrosa Sternchen der *Montia sibirica*, Akeleien und die herrlich zartorangenen Blüten der *Papaver cambricum*.

Kambrischer Wald-Scheinmohn –
Papaver cambricum

Im Gegensatz zu den meisten Mohnpflanzen, die Sonnenanbeter sind, ist dieser nahe Verwandte eine großartige Pflanze für den schattigeren Garten. Sie blüht viele Wochen lang und sät sich selbst aus. Ich habe vor einigen Jahren einen Mohn in meinem Garten gepflanzt, und in diesem Jahr habe ich ein Dutzend verstreute Sämlinge entdeckt. Wie viele dieser Opportunisten lassen sie sich dort, wo sie unerwünscht sind, leicht entfernen. Die am häufigsten vorkommenden Formen sind entweder gelb oder orange, aber es gibt auch eine seltenere rote Form, die *Papaver cambrica* 'Frances Perry'. Diese auf den Britischen Inseln und in Nordspanien beheimatete Pflanze hat sich in Deutschland etabliert. Sie ist die einzige europäische Verwandte des sehr begehrten (aber sehr launischen) blauen Himalaya-Scheinmohns *Meconopsis betonicifolia*.

Türken- und persische Mohnblumen –
Papaver orientale *und* P. bracteatum

Die Mohnfamilie, *Papaveracea,* ist meine Lieblingspflanzenfamilie mit vielen wunderbaren, charaktervollen Gartenpflanzen. Während der oben erwähnte Kambrische Wald-Scheinmohn eine bescheidene, aber entzückende Pflanze ist, ist sein großer Vetter, der »Türkenmohn« oder *Papaver orientale*, groß und laut und wird jede Rabatte dominieren. Diese Pflanze stammt ursprünglich aus dem Iran, der Osttürkei und dem Kaukasus und ist heiße, trockene Sommer gewöhnt. Ihre sehr tiefen Wurzeln machen sich auf die Suche nach Grundwasser, und sie schützen sich, indem sie im Hochsommer ihre Ruhezeit einlegen.

Bedauerlicherweise traten in den vergangenen Jahren zunehmend Krankheiten an dieser Mohnart auf. Wenn Sie also gute, kräftige Pflanzen von Orientalischem Mohn in ihrem Garten haben, ist es am besten, keine neuen Pflanzen zu kaufen, um sie nicht zu kontaminieren. Versuchen Sie alternativ den scheinbar resistenten *Papaver bracteatum*, den Iranischen, Persischen oder auch Arznei-Mohn. Dies ist ein sehr ähnlicher, naher Verwandter, der aus dem

Iran, Aserbaidschan, der Türkei und Armenien stammt. Er ist etwas größer und hat große schwarze Flecken an der Basis der Blütenblätter und sieht *Papaver* 'Beauty of Livermere' sehr ähnlich.

Islandmohn – Papaver nudicaule

Diese Pflanze wächst an vulkanischen Hängen im subpolaren Europa, Asien und Nordamerika, oft auf kiesigem, gut dräniertem Boden, und mag keine heißen Sommer oder Staunässe. Sie ist eine mehrjährige Pflanze, verhält sich aber in unserem Klima meist wie eine zweijährige Pflanze. Sie hat eine eher lockere Wuchsform und erreicht eine Höhe von bis zu dreißig Zentimetern. Im Garten findet man selten die langen Blütenstiele, die wir aus den Blumenläden kennen, wo sie als beliebte Schnittblumen verkauft werden. Es gibt sie in fröhlich leuchtenden Farben, die von Weiß über Gelb, Orange, Rot und Rosa reichen. Wenn Sie Mohn in eine Vase stellen möchten, sollten Sie den Stielansatz immer mit kochendem Wasser abbrühen oder ihn kurz in die Flamme einer Kerze halten. Durch die Wärme werden die Stiele, die einen latexähnlichen Saft produzieren, versiegelt.

Einjährige Mohnblumen – Papaver rhoeas, P. commutatum, P. somniferum und Eschscholzia californica

Auch Nichtgärtner sind mit Mohn vertraut: *Papaver rhoeas* ist unser wilder roter Klatschmohn, den wir im Frühsommer oft an Straßenrändern in kürzlich bearbeiteten Böden oder auf Feldern sehen, auf denen der Bauer tiefer gepflügt hat als sonst. Seine fröhliche, leuchtend rote Farbe, kombiniert mit der hauchdünnen, zarten Textur seiner vier Blütenblätter, lässt ihn kraftvoll und fragil zugleich erscheinen. Im Laufe der Jahre haben verschiedene Gärtner nach und nach eine wunderbare Gruppe gezüchtet, die unter dem Namen »Shirley Poppies« bekannt wurde, benannt nach dem Dorf, in dem Reverend William Wilks 1880 mit der Auslese begann. Statt der üblichen Rotvarianten zeigen diese wunderbar weiße, rosa, fast graue Töne.

Ähnlich in Farbe und Textur, doch meist etwas kleiner als der Klatschmohn, ist der Marienkäfer-Mohn: *Papaver commutatum*. Der große schwarze Punkt an der Basis jedes leuchtend roten Blütenblattes erinnert an die Flügelfärbung von Marienkäfern. Auch diese Mohnsorte stammt aus dem Iran, der Türkei und der Kaukasus-Region.

Größer und daher gut geeignet für eine Rabatte ist *Papaver somniferum*. Die Samenkapseln der von Drogenbaronen angebauten Schlafmohnpflanzen haben wenig Ähnlichkeit mit den viel kleineren Samenköpfen der Mohnpflanzen, die in nordeuropäischen Gärten wachsen. Ihre Opiumaufnahme wird höher sein, wenn Sie zum Frühstück Mohnbrötchen gegessen haben, als wenn Sie Mohnkapseln aus Ihrem eigenen Garten ernten und verzehren. Deutschland ist eines der wenigen Länder, wo der Anbau dieser Pflanzen verboten ist. Wir mussten hunderte von Sämlingen aus unserer Rabatte entfernen, die sich dort selbst ausgesät hatten.

Ein weiterer Verwandter der Mohnfamilie, der gerne auf offenem Boden in sonnigen Gegenden wächst, ist schließlich die kalifornische Mohnsorte *Eschscholzia californica*. 2019 war ein Rekordjahr für diese fröhlich orangenen bis gelben, fünfzehn bis zwanzig Zentimeter großen Mohnvettern. Die Wetterbedingungen in ihrer kalifornischen Heimat waren für sie perfekt, so dass die Berghänge mit ihren feurig orangenen Blüten übersät waren. Wenn die Sonne untergeht, schließen sie ihre Blüten, was ihnen auf Deutsch und Niederländisch ihren volkstümlichen Namen »Schlafmützchen« eingebracht hat.

Ich hoffe, Sie finden ein wenig Platz für wenigstens eine dieser entzückenden Blumen, die einfach gute Laune machen. Sie halten vielleicht nicht sehr lange, aber in den wenigen Tagen, an denen sie blühen, muntern sie mich immer wieder auf. Die Vorfreude darauf, die großen, dicken, behaarten Knospen des Türkenmohns dabei zu beobachten, wie sie sich öffnen, oder die attraktiven, runden Samenköpfe, während sie ausreifen, wird dieses Vergnügen verlängern. Aber denken Sie daran: Wenn Sie in einem Garten verlockende Samenköpfe sehen, fragen Sie immer, bevor Sie einen abbrechen – es ist so ärgerlich, die geköpften Stängel in der eigenen Rabatte zu sehen, weil jemand die Samenkapseln gestohlen hat. Vor allem, wenn man weiß, dass sie niemals keimen werden, da sie zu dem Zeitpunkt noch gar nicht ausgereift waren.

Ferien im eigenen Paradies

Für viele Gartenbesitzer und Balkongärtner ist im Sommer die größte Sorge, wer sich während des eigenen Urlaubs um die Pflanzen kümmern soll. Nach dem Hamster zu sehen oder die Goldfische zu füttern, ist nicht sonderlich anspruchsvoll, das kriegt fast jeder Nachbar hin, dem man erklärt, womit und wie oft sie gefüttert werden sollen. Pflanzen jedoch haben alle einen unterschiedlichen Wasserbedarf. Diejenigen, die aus wüstenähnlichen Regionen stammen, bevorzugen trockenere Verhältnisse, während diejenigen, die in der Natur unter feuchten Bedingungen – zum Beispiel entlang eines Flussufers – wachsen, mehr Wasser benötigen. Die Verdunstungsrate hängt zudem von Temperatur, Feuchtigkeit, Sonnenlicht und Wind ab. Je größer sie wird, desto mehr Wasser benötigt eine Pflanze. Wie erklärt man einem Pflanzenunkundigen, dass eine Pflanze mehr Wasser benötigt, wenn es heiß und sonnig ist, aber dass sie bei kühlem und regnerischem Wetter weniger gegossen werden sollte oder dass der kleine Koriander im Topf schneller welkt als der Rosmarin? Pflanzen können ebenso leicht durch übermäßiges Gießen eingehen wie durch zu wenig Wasser.

Aber vielleicht müssen Sie Ihre Nachbarn ja auch gar nicht mehr einspannen – weil es Ihnen in Ihrem Garten so gut gefällt, dass Sie gerne den Sommer dort verbringen möchten. Jetzt, da das Wetter wärmer wird, ist es Zeit, die Bepflanzung auf Ihrem Balkon oder Ihrer Terrasse zu planen. Und damit Sie sich dort auch richtig wohlfühlen, sollten Sie an imaginären Orten schwelgen, um herauszufinden, in welcher Umgebung Sie sich besonders wohlfühlen. Denken Sie sehnsuchtsvoll an eine Mittelmeerreise oder gar eine Reise auf die Bahamas? Sehnen Sie sich nach einer Gourmet-Tour durch Frankreich, einer Gartentour durch die Cotswolds oder haben Sie eher Lust auf einen Yoga-Retreat? Was auch immer es sein soll: Jetzt ist es an der Zeit, sich Gedanken darüber zu machen, mit welchen Pflanzen und Farben Sie Ihren Lieblingsort direkt bei sich daheim schaffen können. Dabei sind Ihrer Fantasie keine Grenzen gesetzt.

Mediterranes Flair

Kommen Ihnen Pflanzen in den Sinn, die Sie mit Urlauben in Italien, Frankreich, Spanien oder Griechenland in Verbindung bringen? Sofort fallen einem Landschaften mit Olivenhainen, Weinbergen, Zitrusbäumen und Lavendelfeldern ein. Häuser, an deren Fassaden bunte Bougainvilleen und Oleander wachsen, große Töpfe mit Agapanthus, die entlang der Terrasse verteilt sind. Ein paar leckere Tomaten, Basilikum, Oregano und Rosmarin werden Ihr eiskaltes Glas Rosé perfekt begleiten! Wenn der Platz es erlaubt, pflanzen Sie einige Artischocken oder Karden. Diese haben ein attraktives Blattwerk und werden wegen ihrer intensiv violetten Blüten von Bienen sehr geliebt.

Ferien im Cottage-Garten

England-Fans, die die malerischen alten Dörfer und charmanten Cottages lieben, können sich an einer Kombination aus typischen Cottage-Gartenpflanzen mit Formschnittgehölzen und einem Meer aus Blumen wie Kosmeen, Dahlien, Katzenminze, Frauenmantel, Spanisches Gänseblümchen, Glockenblumen und herrlich duftenden Nelken und natürlich Rosen und Clematis erfreuen. Achten Sie beim 'Afternoon Tea' darauf, dass Sie frische Erdbeeren für Ihre Scones bereithalten. Walderdbeeren eignen sich gut als Unterpflanzung für einen kleinen Apfelbaum.

Eine ruhige Meditationsecke

Wenn Sie einen schattigen Platz haben, nutzen Sie diesen, um sich Ihre eigene Wellnessoase zu schaffen, inmitten von üppigem Grün. Interessante Blattpflanzen wie Funkien und Farne bilden einen guten Kontrast zu den bandförmigen Blättern von Gräsern.

Ein kleines Wasserspiel oder einfach nur eine flache Wasserschale bietet eine reflektierende Oberfläche und ist ein wertvoller Trink- und Badeplatz für Vögel und Insekten.

Heiße Tropen

Verstecken Sie sich in einem Dschungel aus hohen, großblättrigen Pflanzen und umgeben Sie sich mit kräftigen, leuchtenden Farben. Palmen und Bananen sorgen für großartige Struktur und Höhe. Eine Bougainvillea sorgt für atemberaubende Farben, Cannas sowie die vergleichsweise bescheidene Dahlie können einen lebhaften, farbenfrohen Akzent setzen. Wählen Sie die größeren Sorten mit kräftigen Farben. Widerstandsfähige, mehrjährige Pflanzen, die diesen exotischen Effekt noch verstärken, sind Taglilien, der hohe Sonnenhut und hohe Gräser wie Chinaschilf. Achten Sie darauf, dass Ihnen für Ihre abendlichen Cocktails die Minze nicht ausgeht!

Das Gourmet-Paradies

Frische Kräuter sind für den passionierten Koch oder die passionierte Köchin unentbehrlich. Vor allem frischer Basilikum, Koriander, Kerbel, Dill, Petersilie, Estragon, Liebstöckel, Rosmarin und Thymian sind herrlich zu verarbeiten. Etwas geschützt vor Regen, sogar mit Tomatenhaus oder Regendach, ist es auch schön, spezielle Tomatensorten wie die winzigen gelben oder roten johannisbeerähnlichen Sorten anzubauen. Auberginen und Paprika in Kübeln oder kleinen Hochbeeten bringen Farbe und Abwechslung auf die Terrasse, aber auch in ein Gericht. Ich liebe den Anblick von farbenfrohem Mangold und violetten oder gelben Bohnen. Beides sind Gemüsesorten, die für eine lange Erntesaison sorgen. Verschiedene Salate, die sie alle zwei, drei Wochen in kleinen Mengen nach und nach aussäen, halten Sie den ganzen Sommer über versorgt. Ähnlich verhält es sich mit Radieschen: Sie wachsen schnell und sind ein leckerer, knackiger Snack.

Fritillarien

Kein Frühjahrsblüher ist beeindruckender als die Kaiserkrone: *Fritillaria imperialis*. Lange Zeit in orientalischen Gärten beheimatet, ist sie bereits seit dem 16. Jahrhundert ein Blickfang in westeuropäischen Frühlingsgärten. Damals wurde sie erstmals aus der Türkei nach Wien eingeführt. Die Kaiserkrone entwickelte sich schnell zu einer der beliebtesten Gartenpflanzen in ganz Europa, die in etwa dreißig verschiedenen Formen auftritt, von denen die meisten heute jedoch nicht mehr kultiviert werden. Ihr natürliches Verbreitungsgebiet erstreckt sich von der Türkei ostwärts über den Iran und Irak, Afghanistan und Pakistan bis nach Kaschmir. Sie ist vielleicht das auffälligste, aber bei weitem nicht das einzige gartenwürdige Mitglied ihrer Gattung.

Die Kaiserkrone gehört zu einer faszinierenden Gattung von etwa hundert verschiedenen Zwiebelgewächsen, die mich schon immer fasziniert haben, da sie trotz ihrer »Eckigkeit« wunderschön sind. Viele sind anspruchsvolle, pflegeintensive Kandidaten, einige jedoch sind sehr gartenfreundlich. Sie haben oft einen etwas kantigen Wuchs und gedeckte Farben von Graugrün über Bräunlich bis hin zu dunklen Pflaumentönen. Es gibt kurze, plumpe Exemplare wie *F. michailovskyi* oder hohe, schlanke wie *F. acmopetala*.

Fritillaria meleagris

Die wohl bekannteste Art ist die Schachbrettblume *F. meleagris*. Sie ist in weiten Teilen Nordeuropas beheimatet. Ihr Verbreitungsgebiet erstreckt sich von Großbritannien über Nordfrankreich, Südbelgien, Deutschland und noch weiter bis nach Osteuropa. Sie bevorzugt feuchte Wiesen und gedeiht im Grasland. In der Gegend Englands, wo wir früher lebten, gibt es einige Schachbrettblumenwiesen. Oft ging man daüber und sah keine einzige Blume, bis einem plötzlich eine ins Auge fiel. Dann noch eine, und dann bemerkte man plötzlich Hunderte. Sie sind Meister der Tarnung, ihr schmales Laub ist nicht viel breiter als ein Grashalm. Die eckigen, kastanienbraunen oder weißen Blüten haben ein einzigartiges Schachbrettmuster, ähnlich den Eiern des Kiebitzes, weshalb sie auch »Kiebitzei« genannt werden. Sie wachsen auch im

Halbschatten in einem Beet oder im Rasen, solange dieser im Sommer nicht zu trocken ist.

Fritillaria persica

Fritillaria persica ist eine der elegantesten aller Arten, die einen bis zu etwa einem Meter hohen Stängel ausbildet, der mit bläulichem Laub bekleidet ist und zahlreiche glockenförmige Blüten von fast schwarzvioletter Farbe trägt, die von einer silbrig blauen Schicht überzogen sind. 'Ivory Bells' ist eine elegante, grünlich weiße Variante. Sie wächst in höheren Lagen auf fruchtbarem Boden wild an felsigen Hängen in Zypern, der Türkei, dem Iran und Syrien. Sie ist recht winterhart, mag aber keine übermäßige Nässe.

Fritillaria imperialis

Die Kaiserkronen erscheinen im Frühling mit viel Tamtam. Viel größer als alle anderen Frühjahrsblüher sorgen sie dafür, dass niemand ihre leuchtenden Farben in Gelb-, Orange- oder Orangerottönen übersieht, die in keinem Garten fehlen dürfen. Meist werden sie bis zu einem oder sogar zwei Meter hoch, gelegentlich auch mehr. Aus einer großen, runden Zwiebel entspringt ein dicker Stiel, der bis zu etwa zwei Dritteln mit glänzend hellgrünen Blättern bedeckt ist. Der obere Teil bleibt frei von Blättern. Von der Spitze hängen bis zu sechs große Glocken herab, über denen eine weitere Krone aus glänzenden Blättern wie bei einer Ananas erscheint.

Die normale Wildform ist orange, aber es gibt Varianten mit dunklen Stielen, doppelten Blütenreihen, in Gelb, Orange oder rötlichem Orange, zwischen neunzig und hundertzwanzig Zentimetern hoch. Es gibt auch panaschierte Sorten mit gelben Rändern im Laub, die jedoch selten zum Verkauf angeboten werden und schwerer zu züchten sind.

Fritillaria raddeana

Die Kaiserkronen sind nicht die Einzigen, die zu dieser Jahreszeit allen anderen Pflanzen die Show stehlen: *Fritillaria raddeana* hat sich ihren Weg in mein Leben gebahnt. Für diejenigen, die leuchtende Farben scheuen, ist diese Kaiserkrone eine Alternative. Etwas kleiner und kompakter, blüht diese Pflanze früh mit hellgelblich grünen, glockenförmigen Blüten, mit dunkelbronzefarbenem Stiel und Laub. Ihr fehlt der typisch starke Fuchsgeruch der Kaiserkronen. Sie ist eine anspruchslose Gartenpflanze, die einen Platz im Beet zwischen anderen Frühlingszwiebeln wie z. B. Tulpen durchaus verdient.

Neue Hybriden der Kaiserkrone

In den vergangenen Jahren ist eine Reihe interessanter Hybriden auf den Markt gekommen. Sie scheinen Eigenschaften der imposanten Kaiserkrone mit der früheren Blüte von *F. raddeana* und ihren attraktiven Details wie den dunklen Stielen und dem bronzefarbenen Laub zu vereinen. *Fritillaria* 'Early Sensation' hat ein warmes, kupferfarbenes Grün, mit sehr attraktivem, dunklem Laub, das früh ein echter Hingucker im Beet ist. Eine nahe Verwandte, die ich vor einigen Jahren erstmals als Schnittblume entdeckte, ist die zart orangefarbene 'Early Fantasy'.

Kultivierung der Kaiserkrone

Die großen Zwiebeln werden im Herbst am besten auf der Seite liegend gepflanzt: Der Blütentrieb der Kaiserkrone hinterlässt nämlich beim Absterben eine hohle Röhre in der Zwiebel. Wenn man sie beim Pflanzen auf die Seite legt, verhindert man, dass sich in dem Hohlraum Wasser sammelt, was zu Fäulnis in der Zwiebel führen könnte. Sie muss mindestens zwanzig Zentimeter tief gepflanzt werden, in einen gut durchlässigen Boden.

Fritillarien werden kaum von Schädlingen befallen. Da sie zur Familie der Liliengewächse gehören, sind sie jedoch leider anfällig für den leuchtend roten Lilienkäfer, der innerhalb weniger Tage sämtliche Blätter abfressen kann.

Halten Sie also die Augen offen und sammeln Sie die Käfer ab, sobald Sie welche entdecken. Der penetrante fuchsartige Geruch der Fritillarien, den manche nicht mögen, andere aber schätzen, soll Wühlmäuse und Maulwürfe auf Abstand halten. Ich kann nicht behaupten, dass ich einen derartigen Effekt bemerkt hätte.

Ich genieße den Beginn der Fritillaria-Saison und ihre große Vielfalt. Im Laufe der Jahre habe ich gelernt, dass es sich lohnt, ein wenig mehr zu investieren und mehr als nur eine Zwiebel zu kaufen, da eine Gruppe von ihnen oder eine Einstreuung zwischen Tulpen einen einprägsamen, beeindruckenden Effekt erzeugt.

Halten Sie Ausschau nach ihnen!

Funkien

Der botanische Name der Funkie ist *Hosta*. Die Gattung besteht aus über vierzig Wildsorten, die alle aus dem ostasiatischen Raum stammen. Viele kommen aus Japan, einige aber auch aus Korea, China und Russland. Einen größeren Teil dieser Gartenschönheiten haben wir Philipp Franz von Siebold zu verdanken, der Mitte des 19. Jahrhunderts viele Sorten aus Japan nach Europa geschickt hat. Inzwischen sind über sechstausend Züchtungen entstanden und jedes Jahr kommen mehr dazu.

Standort

Obwohl sie oft in schattigen Wäldern zu finden sind, gibt es auch Sorten, die auf offenem Grasland in der Nähe eines Flussbettes, wo sie genügend Feuchtigkeit haben, vorkommen. Diese Vielseitigkeit macht sie zu einer gut einsetzbaren Gartenpflanze, die tolle Laubakzente kreiert. Wo der Schatten zu tief ist, wird sie mit ihren Blüten eher zurückhaltend sein. An helleren Standorten sind die langen, eleganten Blütenstiele mit zarten weißen oder lila-blauen, schlanken Glöckchen ein Bonus für die Sommermonate. Als Waldpflanze braucht sie Humus. Streuen Sie daher gerne während der Herbst- oder Wintermonate eine dünne Schicht Gartenkompost oder kompostiertes Laub auf ihren Wurzelbereich. Hostas wachsen relativ langsam. Wer also ungeduldig ist, sollte tiefer in die Tasche greifen und schon etwas größere, ältere Pflanzen kaufen. Doch von Jahr zu Jahr schieben sich ab April immer mehr Nasen aus der Erde, um sich dann langsam zu entrollen.

Funkien in der Sonne

An sonnigeren Standorten kann eine Funkie sich dann wohlfühlen, wenn – besonders während der Etablierungsphase – genügend Feuchtigkeit im Boden ist. Im Foerster-Senkgarten in Potsdam haben die Funkien mich immer wieder erstaunt, da sie teilweise an sehr warmen, sonnigen Standorten gediehen. Sorten mit zäheren, dicken Blättern sind besser für solche Standorte geeignet, und auch die duftenden Sorten scheinen resistenter zu sein. Probieren Sie mal 'Francee', 'June' und 'Guacamole'.

Duftende Blüten

Obwohl nicht die aufregendste aller Funkien, ist *Hosta plantaginea* eine Sorte, die ich besonders gerne mag. Ihr Laub ist mittelgroß und mittelgrün. Ihre relativ große, weiße Blüte kommt erst im Spätsommer und hat einen göttlichen Duft. *Hosta plantaginea* 'Grandiflora' hat dann gleich extra große, weiße Glocken, die besonders stark die Luft parfümieren. Die Sorte 'Guacamole' riecht auch köstlich. Obwohl alle Hostablüten essbar sind, sind es natürlich die duftenden, die am interessantesten sind. In Japan werden die Blütentriebe in Tempurateig frittiert. Das Parfum gibt den Geschmack, wie bei Rosen und Holunder.

Gestalten mit Funkien

Die englische Pflanzenkennerin Beth Chatto hat die Verwendung von Funkien stark beeinflusst. Sie hat jahrelang auf der Chelsea Flower Show ihre erfolgreichen Pflanzendisplays mit vielen Blattstauden aufgebaut und gezeigt, wie wichtig diese unterschiedlichen Texturen bei der Gartengestaltung sind. Auch in ihrem eigenen Garten hat sie sie oft eingesetzt. Für eine dunkle Ecke oder einen düsteren Hintergrund sind die helleren Blattsorten am interessantesten, da sie dank ihrer Leuchtkraft Licht ins Beet bringen. *Hosta* 'Albopicta' hat große leuchtende cremegelbe Blattoberflächen, wohingegen *H. fortunei* 'Patriot' einen schmalen weißen Rand hat. In unserem Garten auf der Chelsea Flower Show in 2007 haben wir H. 'Sum and Substance' im Halbschatten eingesetzt, wegen der Leuchtkraft ihrer eher chartreusegrün wirkenden Blätter. Noch eine Sorte mit wunderbar großen Blattflächen ist H. 'Big Daddy'. Ganz im Unterschied dazu und ideal für einen kleinen Kübel steht 'Blue Mouse Ears', eine Miniatursorte mit kleinen gerundeten Blättern.

Frühling und Herbst mit Funkien

Es ist etwas ärgerlich, dass sie so spät austreiben, wodurch monatelang nur ein leeres Beet zu sehen ist. Die Herbstzeit macht es wieder einigermaßen wett, da viele Hostas eine tolle, buttergelbe Herbstfärbung haben. H. 'Harry van Trier' beispielsweise hat eine besonders starke Leuchtkraft. Das schmale, schlanke Laub ist relativ dunkelgrün im Sommer, aber diese Sorte weist dafür eine bemerkenswert große Menge an Blütenstielen auf. Die freie Fläche, die im Winter entsteht, kann gut genutzt werden, um viele kleine frühe Zwiebeln zu pflanzen. Schneeglöckchen, Winterlinge, Krokus und Blausternchen können teppichweise gepflanzt werden, sie ziehen sich zurück, bis die Funkien ihr

Laub entfaltet haben. Sonst sind spätere Tulpen oder auch Zierlauch ganz elegant, wenn sie am Rand der Gruppen gepflanzt werden.

Funkien-Feinde

Für die meisten Gartenbesitzer stellt die Nacktschnecke generell das größte Problem dar. Leider ist die Funkie für sie eine Delikatesse und sie steht mit ganz oben auf ihrem Speiseplan. Die Sorten mit gelben, cremefarbenen oder weißen Markierungen sind stärker gefährdet. Diese Blatteile sind zart und saftig und lassen sich leichter fressen als die dickeren, gröberen Blätter der bläulichen Sorten wie *Hosta sieboldiana* 'Elegans' – wie feine Filets im Vergleich zu Gulaschfleisch. Es gab früher einen bezaubernden Garten in Südengland: Hadspen. Hier wuchs die Nationalsammlung von Funkien. Die schattige doppelte Rabatte nur mit Funkien war makellos. Die Besitzer Nori und Sandra Pope legten alle drei Tage Schneckenkorn unter Tonziegeln aus. War es nach drei Tagen noch da, war alles gut. Wenn nicht, wurde sofort nachgelegt.

Die saftig fleischigen Wurzeln der Funkien haben leider auch eine magische Anziehungskraft für einen weiteren Feind des Gärtners: den Dickmaulrüssler. Dickmaulrüsslerlarven lieben saftige, fleischige Wurzeln von Pflanzen wie Primeln und Purpurglöckchen. Gegen Dickmaulrüssler gibt es über das Internet bestellbare Nematoden, nützliche Fadenwürmer, die zum richtigen Zeitpunkt mit einer Gießkanne ausgebracht werden.

Wenn es im Garten nicht klappt, versuchen Sie es mit Funkien im Kübel. Dort haben die Schnecken es schwer, höchstens ein Dickmaulrüssler könnte Ihnen das Leben schwermachen. Doch dieses Risiko lohnt sich sehr – sie sind eine der besten, attraktivsten Blattstauden, die es überhaupt gibt, und der Pflegeaufwand ist gering!

Die Chelsea Flower Show

Das wohl spektakulärste Ereignis für alle Pflanzenliebhaber und Gartenprofis ist die jährliche Chelsea Flower Show. Sie ist zwar in England beheimatet, ihr Einfluss geht aber weit über Großbritannien hinaus und reicht bis in alle Ecken des Globus.

Die Flower Show findet traditionell in der letzten Maiwoche statt, in Londons edelstem Stadtteil Chelsea. Für viele Gärtner ist sie seit langem der Höhepunkt des Jahres, jährlich kommen rund 200 000 Besucher. Ein Tagesticket kostet bis zu 110 Euro und die Eintrittskarten werden im Netz gehandelt wie Tickets für ein Champions-League-Match. Diejenigen, denen es nicht gelungen ist, eine dieser heißbegehrten Eintrittskarten zu ergattern, können das Ganze im Fernsehen oder online verfolgen. Die BBC strahlt täglich mehrere Radio- und Fernsehberichte live von der Chelsea Flower Show aus, sogar abends zur Primetime gleich nach den Nachrichten.

Eine alte Tradition

Die allererste große Frühjahrsschau fand 1862 in den Gärten der Royal Horticultural Society in Chiswick im Westen Londons statt, aber 1888 wurde sie in die Stadt verlegt, in den Inner Temple an der Themse. Im Jahr 1913 zog sie in die Royal Hospital Grounds in Chelsea entlang des Flussufers um. Nur während des Ersten und Zweiten Weltkriegs und während der Coronapandemie 2020 und 2021 wurden die jährlichen Ausstellungen abgesagt beziehungsweise verlegt. Bis heute wird die Schau von der Royal Horticultural Society ausgerichtet und bietet auf viereinhalb Hektar spektakuläre Baumschul- und Gärtnerei-Ausstellungen, perfekte Blüten und makellose Schaugärten, die vom Who's who des Gartendesigns gestaltet wurden. Die Schaugärten sehen immer so aus, als wären sie schon seit Jahren dort, während das gesamte Gelände in Wirklichkeit drei Wochen zuvor nur ein Londoner Park mit saftig grünem Rasen und hohen Bäumen war. Eine Woche nachdem dieser Zirkus vorbei ist, sieht es dort auch wieder aus, als wäre nichts gewesen.

Die Chelsea Flower Show ist *der* Ort, an dem Züchter neue Pflanzen vorstellen, die über Jahre hinweg mühsam entwickelt wurden, und Unternehmen neues Gartenzubehör auf den Markt bringen. Es ist *der* Ort, an dem die neuesten Trends in Sachen Design und Bepflanzung zu sehen sind, der Ort, an dem man sich mit Freunden und Kollegen trifft und Neuigkeiten und Ideen austauscht.

Die Chelsea Flower Show ist natürlich auch für mich ein fester Bestandteil meines Gartenjahrs, unvorstellbar, einmal nicht dort zu sein! Zum ersten Mal war ich 1984 dort, als ich noch Praktikantin in Wisley war, einem Garten der Royal Horticultural Society. Alle Praktikanten sollten bei den Vorbereitungen der Flower Show und an den verschiedenen Ständen aushelfen. In den frühen 1990ern haben meine Partnerin Gabriella und ich einen Landschaftsarchitekten bei der Planung und Bepflanzung eines Schaugartens unterstützt, und 2007 haben wir dann selbst einen der großen Showgärten gestaltet und wurden zu unserer großen Freude dafür mit der Silver-Gilt-Medaille ausgezeichnet. Es war ein 250 Quadratmeter großer Garten, inspiriert von Karl Foersters Senkgarten in Potsdam.

In den folgenden Jahren war ich auch oft als Journalistin dort (u. a. für die *Gartenpraxis*), was ein besonderes Privileg ist. Denn die Presse darf kurz vor der Eröffnung schon auf das Gelände, wenn die Aussteller letzte Hand anlegen und die Jury ihre Runden dreht. Ich fühle mich sehr geehrt, dieses besondere Event schon auf beiden Seiten miterlebt haben zu dürfen.

Und jedes Jahr gibt es Neues zu entdecken. Im Laufe der Jahre habe ich wechselnde Trends, aufkommende Moden und wiederkehrende Themen beobachtet. In manchen Jahren gibt es Gärten oder Gärtnereien, die sehr inspirierend sind und einen einfach umhauen, während man sich in anderen Jahren fragt, was das alles eigentlich soll.

Die drei Bereiche
der Chelsea Flower Show

Es gibt dort »The Great Marquee«, das große Zelt, in dem auf fast 12 000 Quadratmetern die Gärtnereien ihre Pflanzen perfekt in Szene setzen. Hier kann man sich umsehen und vorbestellen, vielleicht auch Samen kaufen, aber es gibt keine Pflanzen zum Mitnehmen (es wäre auf dieser verhältnismäßig kleinen Fläche und mit den Menschenmassen schlichtweg unmöglich, auch noch Pflanzen zu verkaufen). Um das Zelt herum werden kleine und größere Gärten angelegt. Oft werden die Gartendesigner von Sponsoren unterstützt – meist von Tageszeitungen, Finanz- und Versicherungsinstituten oder bekannten Marken. Dann gibt es noch die »Main Avenue«, eine Einkaufsmeile mit lauter kleinen Zelten, wo man alles, was mit Garten zu tun hat, kaufen kann, von Geräten und Werkzeugen über Fachbücher, Gummistiefel und Saatgut bis hin zu Kunstobjekten und vieles mehr. Im umliegenden Park gibt es Gastronomie, eine Band und Sitzgelegenheiten, damit man seinen müden Füßen ein Päuschen gönnen kann.

Im Laufe der Jahre habe ich die manchmal exzentrischen Exponate (und Aussteller) im großen Festzelt kennen- und lieben gelernt. Traditionell herrschten dort feste Regeln. Erst als die bekannte Gartenexpertin und Autorin Beth Chatto es in den 1980er Jahren wagte, Blattstauden statt Blumen auszustellen, wurde mit einer alten Tradition gebrochen. Trotzdem fühlt es sich manchmal so an, als wäre zumindest hier die Zeit stehengeblieben. Einige Aussteller zeigen seit Jahrzehnten praktisch die gleichen prächtigen Exponate. Die Gärtnerei Blackmore & Langdon ist seit 1901 dabei und hat im Laufe der Jahre über achtzig Medaillen für ihre Züchtungen gewonnen. Immer noch präsentieren sie ihr ungewöhnliches Sortiment aus großblumigen Begonien und imposantem Rittersporn. Die Baumschule Hillier karrt jedes Jahr gigantische blühende Bäumen und Sträucher an, um einen Garten in voller Blüte zu kreieren. In riesigen Kühlzellen werden die frühblühenden Bäume vorab wochenlang davon zurückgehalten, ihre Knospen zu öffnen, damit sie Ende Mai in voller Blüte stehen. 2019 hat Hillier für seine prächtigen Bäume und Sträucher die vierundsiebzigste Goldmedaille erhalten.

Raymond Evison, der führende Klematis-Züchter aus Guernsey, zeigt immer die schönsten Klematis für Garten und Balkon. Viele seiner kompakten Züchtungen ranken auf den Terrassen unserer Kunden. Den wunderbaren Fingerhüten von The Botanic Nursery kann ich nie widerstehen. Ich kaufe dort immer Saatgut, so dass wir diese Schönheiten unseren Kunden im nächsten Frühjahr selbst anbieten können. Eines meiner persönlichen Highlights ist zudem die zarte, aber farbenfrohe Ausstellung von Primeln und Meconopsis, zusammengestellt von Kevock Garden Plants. Es sind beliebte Schattenschätze. Ich fühle mich wie ein Kind im Süßwarenladen, wenn ich das helle, echte Blau des Scheinmohns zusammen mit dem Orange und Gelb der Kandelaber-Primeln sehe. Auch die Aurikelzüchter besuche ich jedes Jahr. Diese traditionsreichen Gärtner stehen immer elegant gekleidet mit Bowler-Hut – wie sich das früher gehörte – stolz neben ihren malerischen Primeln. Ich habe sie einmal beim Aufbau ihres Standes beobachtet: Ein Mann, gebaut wie ein Möbelpacker, hielt ein Terrakottatöpfchen mit Primeln in seiner weiß behandschuhten Hand, in der anderen hatte er einen dicken pinken Schminkpinsel und staubte liebevoll das Töpfchen, die Blätter und den Stiel ab. Dann wurde die kleine Primel vorsichtig auf der Etagere platziert; nochmal gedreht, nochmal ein wenig nach links, ein bisschen weiter nach vorne geschoben. Dann war das nächste Töpfchen dran. Und das alles mit einer solchen Ruhe und Konzentration, als wäre er allein auf der Welt. In Wirklichkeit herrschte ein Gedränge und Geschiebe, als würde die Welt untergehen.

Ein Ort für Innovation

Inzwischen sind auch Gärtnereien, die auf Gräser spezialisiert sind, fester Bestandteil der Flower Show, auch wenn das in den 1980er Jahren noch utopisch erschien. Erst seit wenigen Jahren zeigen die Züchter von Gemüse und Kräutersaatgut nicht mehr wie auf einer Bauernkirmes die dicksten Zwiebeln und Tomaten, den längsten Lauch oder den größten Kohlkopf. Stattdessen haben sie die Vielfalt und die Schönheit von Gemüse entdeckt.

Auch neue Züchtungen werden hier vorgestellt. Der legendäre Rosenzüchter David Austin bzw. seit seinem Tod sein Sohn präsentiert jedes Jahr fünf, sechs neue Rosen. Die Baumschule Hillier hat auch immer neue Züchtungen dabei, sowie Hardy's Plants, die jedes Mal neue Stauden zeigen. Egal ob große oder kleine Gärtnerei – jeder kann hier etwas Neues präsentieren.

Die Showgärten

Bei den Showgärten habe ich den Eindruck, dass sich die Konzepte immer abwechseln: ein Jahr bunt und üppig, das Jahr darauf eher kühl und zurückhaltend. Es ist eine Kunst, so viel auf eine so kleine Fläche zu packen, dass es gut aussieht und auch noch originell wirkt. Es soll alles perfekt sein. Sämtliche Pflanzen in vollem Wachstum, die Stauden zudem in voller Blüte. Früher verlor man begehrte Jury-Punkte, wenn eine Pflanze noch nicht blühte oder schon zu weit aufgeblüht war. Ein anderes ökologisches Verständnis und veränderte Sichtweisen haben inzwischen dafür gesorgt, dass auch eine verblühte Staude als schön gilt und ihre Berechtigung im Garten hat – zum Beispiel als Akzent im Winter oder als Nahrungsquelle für Vögel. Bei den Showgärten darf nach wie vor kein Topfrand oder Pflanzenschild sichtbar sein, der Garten soll aussehen, als wäre er natürlich über Jahre hinweg gewachsen. Nicht-ganz-fertiggeworden gibt es einfach nicht. Zur Not wird Tag und Nacht durchgearbeitet, um zur Eröffnung alles parat zu haben. Der Erfolg steckt in der Planung. Die Gärten werden gleich einer geheimen Militäroperation mindestens ein Jahr im Voraus – wenn nicht sogar länger – bis ins kleinste Detail durchgeplant.

»Chelsea in Bloom«

In den letzten Jahren ist die »Chelsea in Bloom«-Kampagne immer größer geworden. In der Nachbarschaft rund um den Sloane Square werden in und vor den edlen Geschäften imposante florale Exponate ausgestellt. Von den besten Floristen kreiert, sind sie oft atemberaubend. Sie sorgen für Andrang vor den Schaufenstern und bringen Passanten miteinander ins Gespräch. Wenn Sie kein Ticket für die Show bekommen haben, sollten Sie sich einfach eine Shoppingtour in der Nachbarschaft gönnen. Flanieren Sie über die eleganten Bürgersteige von Chelsea und genießen sie diese Kunstwerke, aber vergessen Sie Ihre Kreditkarte nicht. Ohne sie kommt man dort nicht sehr weit ...

Pfingstrosen

Ob als Staude, Gehölz oder gar als Kreuzung zwischen beidem – sie gehören in jeden Garten: die Pfingstrosen. Die oft üppigen, großen Blüten sind ein echter Blickfang. Sie sind sehr langlebig und blühen über Jahrzehnte immer wieder. Es gibt sie mit dezenten, eher bescheidenen, einfachen oder mit großen, opulent gefüllten Blüten. Für jeden ist etwas dabei. Pfingstrosen unterscheidet man in zwei Gruppen: Staudenpfingstrosen und Strauchpfingstrosen. Bei der Staudenpfingstrose ziehen sich die oberirdischen Teile der Pflanze im Winter komplett in den Boden zurück, während die Strauchpfingstrose ihre Blätter fallen lässt und jedes Jahr weiterwächst.

Staudenpfingstrosen

Eines der Hauptsymbole des Frühsommers ist die Staudenpfingstrose. Im Frühjahr beobachte ich das attraktive Blattwerk, wenn die Pflanzen langsam in Schattierungen von Kupfer, Bronze und Rot austreiben, was wunderbar zu Tulpen passt. Machen Sie sich jetzt Gedanken darüber, welche Tulpen Sie im Herbst in ihrer Nähe pflanzen. Das dunkelrote Laub passt gut zu *Tulipa praestans* 'Fusilier', gefolgt von 'Lasting Love' oder 'Pieter de Leur', während Kupferbronzefarben gut zu *Tulipa praestans* 'Shogun' oder 'Orange Emperor' passen, gefolgt von 'Ballerina' und 'Cairo'. Viele Arten zeigen auch eine attraktive Herbstfärbung.

Pflanzung und Pflege von Staudenpfingstrosen

Ich platziere sie gerne in der zweiten Reihe eines Beetes, umgeben von Phlox, Astern und späten Gräsern, die anschließend die Aufmerksamkeit auf sich ziehen und den Raum in Besitz nehmen.

Pfingstrosen sind im Allgemeinen pflegeleicht. Sie mögen einen tiefen, fruchtbaren Boden, in dem ihre dicken, fleischigen Wurzeln sich tief nach Wasser strecken können. Solange die Pflanzen glücklich aussehen und gut blühen, besteht keine Notwendigkeit, sie auszugraben oder zu teilen. Ansonsten ist der Frühherbst der beste Zeitpunkt für sie, sich einzuleben, bevor der Winter kommt. Pflanzen Sie sie mit reichlich Kompost oder gut verrottetem Stallmist ein, besonders, wenn Sie auf nährstoffarmen Sandböden gärtnern, und achten Sie darauf, dass Sie die Pflanze nur genauso tief in den Boden setzen, wie sie im Topf stand. Bei einer zu tiefen Pflanzung kann die Blüte ausbleiben.

Das Fehlen von Blüten kann auch durch Pilzprobleme verursacht werden. Wenn Sie kleine Blütenknospen bemerken, die sich nicht entwickeln, sollten Sie im Winter einen Kragen aus Splitt um die Basis der Pflanze streuen, so dass bei Regen der im Boden befindliche Pilz nicht auf die neuen Triebe spritzen kann, wenn diese heranwachsen.

Je stärker die Blüte gefüllt ist, desto schwerer wird sie und desto mehr Wasser kann sich zwischen den Blütenblättern sammeln. Daher müssen die gefüllten Sorten meist gestützt werden. Sie profitieren von einfachen Stützen wie beispielsweise einem simplen Drahtgitter.

Pfingstrosen-Spezies

Der Charme der Wildsorten verführt mich immer wieder aufs Neue. Die erste, die bei uns blüht, *Paeonia tenuifolia* (Netzblatt-Pfingstrose), ist den Gärtnern seit über vierhundert Jahren bekannt und stammt ursprünglich aus dem Kaukasus. Trockenheitstolerant, ist sie eine der wenigen, die sich langsam über unterirdische Knollen ausbreitet. Leuchtend rote Blüten sitzen auf fein gefiedertem, hellgrünem Laub. Die klassische Bauernpfingstrose *Paeonia officinalis* ist ebenso seit vielen Jahrhunderten ein Teil unserer Gärten. Die Art hat einfache tiefrote Blüten, aber es gibt auch gefüllte und weiße Formen.

Mein absoluter Favorit, *Paeonia mlokosewitschii* (Kaukasus-Pfingstrose), ist unglaublich schön. Die Blüten sind meist zart, fast transparent blassgelb, und ergänzen das attraktive Laub perfekt. Im zeitigen Frühjahr erscheinen die hübschen Triebe, die sich in einem wunderbar rötlichen Farbton entfalten. Im Herbst ziehen die Samenkapseln noch einmal die Aufmerksamkeit auf sich, mit ihren farbenfrohen Hüllblättern und den leuchtend roten Samen, die im Inneren der Samenkapseln stecken.

Hybriden

Die Mutter der meisten Gartenhybriden kommt in Nordchina bis nach Sibirien und westlich von Tibet bis nach Zentralasien vor. Die Einzelblüten von *Paeonia lactiflora* (Chinesische Pfingstrose) mit einem dicken Bündel goldgelber Staubgefäße variieren von Weiß- bis zu Rosatönen und erscheinen im Juni.

Da Pfingstrosen schon immer so begehrt waren, reicht die Geschichte ihrer Hybridisierung weit zurück: In Europa gibt es mehrere alteingesessene Gärtnereien, die zahlreiche neue Züchtungen hervorgebracht haben. In Frankreich ist Pivoines Rivière seit 1849 aktiv, in Großbritannien wurde Kelways 1851 gegründet, in Deutschland war es die Gräfin von Zeppelin, die 1926 begann. Obwohl ständig neue Sorten hinzukommen, sind es einige der Klassiker, die unseren Kunden am besten gefallen.

Früher dachte ich immer, die großen, gefüllten, blühenden Typen seien eher altmodisch und würden nur von älteren Damen bewundert. Heutzutage ertappe ich mich dabei, wie ich einige dieser großen, gefüllten Sorten anschaue und denke, wie schön sie doch sind! Das sagt vermutlich etwas über mein Alter aus, fürchte ich. Diejenige, die mich bekehrt hat, war 'Duchesse de Nemours' mit ihren großen weißen Blüten, die mit einem Schwung fluffiger Schlagsahne gefüllt zu sein scheinen. Sie sind wunderbare Schnittblumen und duften herrlich.

Hier eine kleine Auswahl:
Weiße und cremefarbene ungefüllte Blüten: 'Jan Van Leeuwen' mit aufrechtem Wuchs, zarter Herbstfärbung, offener, weißer Einzelblüte und einem riesigen Bündel an Staubgefäßen. Ähnlich robust ist die cremefarbene 'Claire de Lune'. An windigen Standorten sollten Sie die kleinere 'Shorty' ausprobieren.

Rosa und rote ungefüllte Blüten: 'Mai Fleuri' ist eine sehr frühe Hybride mit blasslachsfarbenen Blütenblättern, während 'Holbein' eine schöne schalenförmige Blüte hat. 'Flame' blüht in einem warmen Lachsrosa. Die hohe rote 'Scarlet O'Hara' verblasst mit zunehmender Reife zu tiefem Rosa.

Halbgefüllte Blüten: Die halbgefüllten sind nur halb so schwer und deshalb stabiler als die gefüllten. Besonders schön sind 'Bowl of Beauty', 'Lemon Chiffon' und 'Bunker Hill', die spät blüht, mit duftenden Blüten in intensivem Rosa.

Gefüllte Blüten in Weiß und Creme: 'Kelways Glorious' hat einen köstlichem Rosenduft, und ebenso herrlich ist die frühblühende weiße 'Shirley Temple'.

Gefüllte Blüten in Rosa und in Rottönen: 'Lady Alexandra Duff' hat zartrosa duftende Blüten, sowie 'Sarah Bernhardt'. Etwas dunkler ist 'Monsieur Jules Elie', während 'Karl Rosenfeld' tiefrosa blüht und die späte 'Inspecteur Lavergne' eine dramatisch tief dunkelrote Sorte ist.

Die intersektionellen und Itoh-Hybriden

Dem Japaner Toichi Itoh gelang es in den 1950er Jahren, eine Staudenpfingstrose (*P. lactiflora*) mit der strauchigen *P. lutea* zu kreuzen. Die aus diesen Kreuzungen hervorgegangenen Sorten sind unter dem Namen »Itoh-Päonien« bekannt. Die Sorten, die seitdem von anderen Pflanzenzüchtern weitergezüchtet wurden, werden gewöhnlich als »intersektionelle Hybriden« bezeichnet.

Diese F1-Hybriden scheinen robuster und wüchsiger als ihre Eltern zu sein und einen kompakteren Wuchs zu haben. Sie wachsen zu einer strauchartigen Pflanze heran, die im Winter nur teilweise abstirbt. Sie brauchen mehrere Jahre, um zur Blüte zu gelangen, und sind immer noch relativ teuer, da die Nachfrage hoch und das Angebot gering ist, aber sie sind die Investition und das Warten auf jeden Fall wert.

Es gibt sie in einer Vielzahl von Farben, und oft haben sie ein äußerst attraktives Laub im Frühjahr, wenn die Blätter austreiben. Die blassgelb blühende 'Bratzella' hat schöne bronzerote Blätter, während die dramatisch rot gefärbte 'Scarlet Heaven' glänzendes bronzebraunes neues Laub hat. Sie sind auch recht anspruchslos, was den Standort angeht – meine hat sich zu einem hübschen kleinen Strauch entwickelt, der gut blüht, obwohl er auf ärmstem Boden im Halbschatten wächst.

Strauchpfingstrosen

Strauchpfingstrosen bringen einen echten »Wow«-Faktor in den Garten und zwingen jeden Besucher, stehen zu bleiben und zu staunen. Im Gegensatz zu den Staudenpfingstrosen bilden sie Triebe aus, die verholzen. Es sind beeindruckende Frühjahrs- und Frühsommerblüher, die sich neben den prächtigen Gehölzen der Saison wie Rhododendren nicht verstecken müssen und gut winterhart sind. Die Blüten sind so spektakulär, dass man nicht auf sie verzichten möchte. Es gibt sie in fast jeder Farbe außer Blau. Blüten groß wie Suppenteller, einfach, halb gefüllt oder gefüllt. Der Frühjahrsaustrieb ist oft bronze-, kupferfarben oder auch rot gefärbt.

Der geeignete Standort

Strauchpfingstrosen passen sowohl in den Hintergrund des Staudenbeetes als auch ins Gehölzbeet, wo ihr interessantes Laub im Laufe der Saison attraktiv bleibt. Oft haben sie eine etwas ungelenke Wuchsform. Falls Sie das stört, sollten Sie sie besser zwischen andere Gehölze pflanzen, damit ihre steife Form im Winter nicht so auffällt.

Pflanz- und Pflegetipps

Sie sind erstaunlich pflegeleicht. Sie gedeihen in der Sonne und auch in schattigeren Bereichen, blühen allerdings am besten (und längsten), wenn sie im Halbschatten stehen. An einer heißen, sonnigen Stelle kann die Blütezeit oft auf ein paar Wochen reduziert sein. Wenn Sie Ihre Sortenauswahl richtig treffen, können Sie die Blüte der Strauchpfingstrose zwischen April und Juni genießen. Etwas Kompost auf den Füßen und besonders bei mageren Böden ein wenig gut abgelagerter Mist oder Rinderdungpellets gewährleisten eine üppige Blüte.

Falls sie zu langbeinig geworden sind, können Sie die Triebe im Frühjahr stark zurückschneiden und düngen (allerdings werden Sie dann ein Jahr auf die wunderbaren Blüten verzichten müssen).

Wildsorten

Meine Liebe zu diesen Pflanzen begann, kurz nachdem wir unseren ersten kleinen (leeren) Garten in England übernommen hatten. Eine bezaubernde ältere Nachbarin namens Rose schenkte uns, die wir dankbar für jede Pflanze waren, einige Sämlinge ihrer Strauchpfingstrose. Es war die Wildsorte *Paeonia delavayi* mit relativ kleinen, glänzenden, dunkelroten und wunderbar duftenden Blüten. Die Rückseiten der Blütenblätter sahen aus, als wären sie mit Goldstaub bepudert.

Stolz wurden die knapp fünfzehn Zentimeter großen Sämlinge gepflanzt. Als wir fünf Jahre später in einen größeren Garten umziehen konnten, kamen die inzwischen erwachsenen Pflanzen mit, zusammen mit den ersten Sämlingen, die ich wiederum meinem Vater schenkte. Den Umzug nach Deutschland haben sie nicht mitgemacht, aber eine Enkelin meiner damaligen Pflanze, ein Sämling aus dem Garten meines Vaters, steht jetzt in unserem Berliner Garten. Diese Pflanze hat allerdings einen wunderbaren Kupferorangeton entwickelt.

Mein Vater hatte es tatsächlich geschafft, Sämlinge von *Paeonia rockii* zu produzieren. Die erste Strauchpfingstrose lernte ich während meines Studiums in Kew kennen. Eines ihrer Kinder gedeiht jetzt an der Gartenakademie. Aber sie ist noch weit entfernt von Kews Prachtmodel.

Chinesische Herkunft
Alle Strauchpfingstrosen stammen aus China, wo sie seit vielen Jahrhunderten angebaut werden. Sie werden meist allgemein als *Paeonia suffruticosa* klassifiziert, da es inzwischen unmöglich ist, ihre genaue Herkunft abzuleiten.

Vor rund fünfundzwanzig Jahren bestellte ich mir eine dunkelrote und eine weiße Sorte aus China. Als sie kamen, war die Aufregung groß. Und sie war noch größer, als im nächsten Jahr die vermeintlich dunkelrote Pfingstrose weiß mit schwarzer Mitte blühte und die angeblich reinweiße Sorte leuchtend rosafarbene, riesige, halbgefüllte Blüten produzierte, deren Üppigkeit in unserem Cottagegarten geradezu obszön wirkte. Die Weiße allerdings ist sehr schön und durfte mit nach Berlin umziehen. Die Obszöne blieb und machte eine Nachbarin sehr glücklich.

Heutzutage ist der Export aus China zuverlässiger geworden. Dort werden sie immer noch nach uralter Tradition gezüchtet, und es gibt einige Firmen in Europa, die sie von dort importieren.

Tanzende Akelei

Wie Sie mittlerweile wissen, habe ich eine Vorliebe für Opportunisten – für Pflanzen, die in meinem Garten ein Zuhause gefunden haben und sich dort Jahr für Jahr einen neuen Platz suchen, an dem sie wachsen und gedeihen können. Ich liebe die Dynamik, die das in meinen Garten bringt. Er wird nie zwei Jahre hintereinander gleich aussehen.

Akeleien sind dafür unverzichtbar, und im Laufe der Jahre sind sie zu einer Art Markenzeichen von mir geworden. Selten verlässt ein Pflanzplan meinen Schreibtisch, in dem nicht die eine oder andere Akelei vorgesehen ist. Sie bringen früh Farbe in die Beete und überbrücken die Lücke zwischen der Blumenzwiebelsaison im Frühjahr und der Staudenshow im Frühsommer. Es ist keine Pflanze, die Passanten zum Innehalten zwingt, aber ihr bescheidener Charme macht sie sehr liebenswert. Ich liebe besonders die größeren, langspornigen Sorten wie *Aquilegia chrysantha* 'Yellow Queen', da sie hoch über den dann noch kleinen Stauden schweben und viel Bewegung und Lebendigkeit in ein Beet bringen. Sie erinnern mich immer an Schwalben, die zum Wasser hinabtauchen.

Deshalb bin ich entsetzt, dass ein Pilz, genannt »Falscher Mehltau«, nun auch das europäische Festland erreicht hat und in einem Garten in Niedersachsen festgestellt wurde. Er stammt wahrscheinlich aus Asien und zerstört das Blattwerk der Pflanzen. Touchwood Plants, die britische Gärtnerei, die die Nationale Akeleiensammlung beherbergte, musste 2018 schließen und alle Pflanzen vernichten, da diese Pilzkrankheit ihren kompletten Bestand zerstört hatte.

Verbreitung

Es gibt mehr als fünfzig Arten, die über die gesamte nördliche Hemisphäre verteilt sind, wo sie auf Wiesen und in halbschattigen Waldgebieten wachsen; einige kommen auch in höheren Lagen vor. Akeleien sind seit vielen Jahrhunderten in unseren Gärten beheimatet und schon auf Jan van Eycks berühmtem Genter Altar abgebildet, der 1432 eingeweiht wurde. Sie sind echte Bauerngartenpflanzen.

Aussehen

Akeleien haben im Frühjahr attraktives gelapptes Laub, meist graugrün, manchmal mit einem Hauch von Violett. Aus der Blattmasse schieben sich dünne Blütenstiele in die Höhe, die zahlreiche Blüten tragen, die je nach Art meist von oben herabhängen und im Wind flattern. Die Blüten bestehen aus fünf Kelchblättern, die Insekten anlocken sollen, und umschließen fünf Kronblätter. Diese haben einen länglichen, röhrenförmigen Sporn, in dem der Nektar sitzt, was diese Pflanze bei Bienen so beliebt macht. In Europa sind es vor allem Hummeln, die an diesen Nektar gelangen können, da sie in der Regel einen Rüssel haben, der lang genug ist, um bis in den Boden der Sporne zu reichen. Diejenigen, die das nicht können, schummeln manchmal und knabbern ein Loch an der Seite hinein, um an den Nektar zu gelangen. Die nordamerikanischen Arten *A. longissima* und *A. chrysantha* haben besonders lange, elegante Sporne, die von Schwärmern bestäubt werden, daher die gelbe Farbe. Kolibris bevorzugen rote Blüten und bestäuben *A. schocklei*, während in Europa die Farbpalette von *A. alpina* und *A. vulgaris* in Blau- und Violetttönen gehalten ist, die für Hummeln attraktiv sind. Viele der Hybriden, die es heute im Handel gibt, haben gefüllte, pomponartige Blüten, die nur sehr kurze oder gar keine Sporne haben.

Pflege

Akeleien sind einfach zu pflegen. Die meisten Sorten wachsen im lichten Schatten. Versteckt zwischen höheren Stauden werden sie im Sommer kühl gehalten, so dass sie sich auch in einem sehr sonnigen Beet wohlfühlen. Trockenere Sommer stören sie in der Regel nicht, da sie ihre Show bereits recht früh im Jahr hingelegt haben.

Nach der Blüte, sobald sie Samen angesetzt haben, verlieren diese frühen, kurzlebigen Stauden ihren Reiz. Meist schneide ich meine nach der Blüte zurück, um die Pflanze an der Selbstaussaat zu hindern, es sei denn, ich möchte sie vermehren. Sie neigen dazu, ziemlich promiskuitiv zu sein, und werden leicht mit jeder anderen Akelei in der Nachbarschaft hybridisieren, was zu gemischten Nachkommen führt. Ich habe festgestellt, dass meine Barlows nach einigen Jahren mehrheitlich blassrosa werden und die interessanteren dunkleren Farben verlorengehen. Wenn Sie eine bestimmte Art haben, die Sie »rein« halten wollen, stellen Sie sicher, dass sie nicht in der Nähe von anderen Akeleien steht.

Ihre physische Präsenz schwindet im Laufe des Sommers, weshalb ich sie lieber zwischen anderen, später blühenden Stauden einstreue, als sie in größeren Gruppen zu pflanzen. Sie vertragen sich gut mit spätsommerlichen beziehungsweise herbstlichen Begleitern wie Astern und Gräsern, die dann ihren Platz einnehmen.

Einige meiner Favoriten:
Die einheimische *Aquilegia vulgaris* (Gewöhnliche Akelei) hat meist violettblaue, nickende Blüten, gelegentlich auch rosafarbene oder weiße. Viele der bekannten Gartenhybriden sind aus dieser Pflanze hervorgegangen.

'William Guiness' hat einzigartige, fast schwarze und reinweiße Blüten, ähnlich wie ein Glas des berühmten irischen Gebräus. Sie lassen sich perfekt mit *Geranium phaeum* 'Samobar' kombinieren, das ähnliche Farben hat. Die dicht gefüllten spornlosen Pomponblüten von *Aquilegia vulgaris* var. *stellata* sind besonders beliebt. 'Nora Barlow' blüht rosa mit weißen Spitzen. 'Blue Barlow' ist dunkelblau, 'Black Barlow' sehr dunkel rötlich-schwarz, 'Ruby Port' sehr dunkelrot und 'Green Apples' reinweiß.

Weitere begehrenswerte Hybriden sind 'Mrs. M. Nicholls' in bezauberndem hellen Blau und Weiß sowie 'Crimson Star' in Rot und Weiß; 'Kristall' ist reinweiß.

Warmes Orange und Gelb ist in der Kanadischen Akelei (*Aquilegia canadensis*) 'Little Lanterns' zu finden, die recht kompakte orangerote und gelbe Blüten ausbildet.

Frisches Schwefelgelb bietet die Gold-Akelei (*Aquilegia chrysantha*), deren Sporne bis zu sieben Zentimeter lang werden können, was ihr im Beet eine schöne Silhouette verleiht. 'Yellow Queen' ist noch größer und länger blühend. Leider nur selten angeboten wird die weiße Variante 'Silver Queen'.

Aus Asien stammt die hellblaue Zwerg-Fächer-Akelei (*Aquilegia flabellata* var *pumila*); die Sorte 'Ministar' ist recht kompakt und daher für Steingärten oder Kübelpflanzungen gut geeignet.

Aquilegia viridiflora 'Chocolate Soldiers' hat besonders zierliche grüne und braune Blüten und fein geschnittenes Laub.

III. FRÜHSOMMER

Anfang bis Ende Juni

Zeit für klare, frische Farben

Rein meteorologisch fängt am 1. Juni der Sommer an. Kalendarisch und traditionell beginnt der Sommer am Tag der Sommersonnenwende, an dem die Sonne am höchsten Punkt steht. Normalerweise ist das am 20. oder 21. Juni der Fall. Bis dahin werden die Tage länger, nach der Sommersonnenwende werden sie allmählich kürzer.

Der Sommeranfang ist ein wichtiger Zeitpunkt im Gartenkalender. Denn die Pflanzen nehmen wahr, dass ab Ende Juni langsam das Licht abnimmt, es Richtung Winter geht. Sie beginnen sich in den kommenden Monaten auf die kältere Saison vorzubereiten. Die Hauptwuchszeit ist vorbei. Daher sollten im Staudenbeet bestimmte Rückschnittaktionen – wie zum Beispiel bei der Katzenminze – zu diesem Zeitpunkt stattfinden, damit sich die Pflanzen erholen können und ab August ein zweites Mal blühen.

Egal, ob man den 1. oder den 21. Juni als Sommeranfang betrachtet, die Vegetation zeigt sich jetzt noch ganz anders als dann im Juli/August. Anfang Juni findet im Garten wieder ein wichtiger Farbwechsel statt. Der Juni hat seine eigene Farbpalette, die sich sowohl von den bunten, lauten Frühlingsfarben unterscheidet als auch von den satten, warmen Farben des Hochsommers. Die Pflanzen haben sich in den Wintermonaten gut erholt und präsentieren sich ganz vital und frisch. Es ist die Zeit der klaren, kühlen Farben. Man denke nur an alle blauen Schattierungen von Karl Foersters Liebling, dem Rittersporn. Noch mehr Blautöne sind bei den Schwertlilien zu finden und natürlich auch bei Salbei, Katzenminze und Storchschnabel, obwohl bei diesen die Farbe öfter schon ins Lilaviolett rutscht. Und vergessen sie nicht die Weiß-, Rosa- und Rottöne der Pfingstrosen und des Mohns.

Diese Jahreszeit hat so viel mehr zu bieten, zum Beispiel Lupinen, Baptisien und Zierlauch – um nur einige zu nennen. Dazu kommen blühende Gehölze wie Schneebälle, Deutzien und Hartriegel; aber die wichtigsten Protagonisten dieser Saison sind wohl die Rosen. Die beeindruckende Blütenpracht im Juni verdient wahrlich, als eigene Jahreszeit genannt zu werden.

Bei einer so üppigen Palette kann ein Garten im Juni nur schön sein. Überall blüht es, der Rasen ist leuchtend grün, die Wiesen sind saftig und üppig, die Beete überbordend. Die Sommermüdigkeit hat sich noch nicht über Garten und Gärtner gelegt, Hitze und Trockenheit setzen den Pflanzen noch nicht zu, und die Frühsommerblüher haben sich verabschiedet. Der Boden hat meist noch genügend Feuchtigkeit und die Temperaturen fangen erst an zu steigen.

Der Frühsommer ist die Zeit der Diven im Garten – Pflanzen, die einen beeindruckenden Auftritt hinlegen, bei denen jeder bewundernd stehen bleibt, die allerdings auch nicht ohne Unterstützung gedeihen. Oder sie blühen so kurz, dass man sich fragt, ob es sich lohnt, so viel Platz dafür zu opfern.

Genannt sei der allseits beliebte Mohn. Schon allein die Aufregung angesichts seiner dicken, haarigen Knospen kurz vor der Blüte, gefolgt vom traurigen Drama, wenn die delikaten Blütenblätter schon bald wieder zur Erde flattern. Ähnlich imposant sind die Pfingstrosen, die teilweise fast so kurz blühen wie der Mohn. Aber ohne sie möchte man auch nicht leben, egal, ob es die bezaubernden einfachblühenden Wildtypen sind oder die dichtgefüllten Sorten. Dann gibt es natürlich auch noch die Schwertlilie, auch bekannt als Bartiris. Sie hat mit ihren flatterigen hauchdünnen Blütenblättern und aufrechten Blütenstielen in allen Farben des Regenbogens einen recht barocken Auftritt im Beet.

Der majestätische Rittersporn, der stolz im Beet steht, ist wohl eine der begehrtesten Pflanzen, die es gibt, und wohl auch die schwierigste. Ich frage immer all meine Kursteilnehmer, wer von ihnen mit Rittersporn Erfolg hatte – es sind die wenigsten. Wenn es fünf Prozent von ihnen sind, ist es viel. Er ist wohl die größte aller Gartendiven. Wenn man Glück hat und die Pflanzen die ersten Schneckenattacken überlebt haben (oft werden sie bereits beim oder sogar bereits vor dem Austreiben von ihnen vernichtet), blühen sie eine Saison lang, um dann meistens nie wieder gesehen zu werden. Wenn es nicht die Schnecken sind, ist es der Mehltau. Sie mögen es nicht, zu eng beieinanderzustehen, und wenn es windig ist, knicken sie leicht ab. Sie brauchen einen nährstoffreichen, tiefen Boden, gerne lehmig, und reichlich Wasser. Suchen Sie für den Rittersporn eine windgeschützte, sonnige Stelle aus, arbeiten Sie beim Pflanzen Pferdemist oder Kompost im Wurzelbereich ein, und pflanzen Sie den Wurzelballen bodeneben ein. Eine Ladung Kompostmulch wird den Wurzelbereich schön kühl und feucht halten. Nach der Blüte sollten Sie die Pflanze auf zwanzig Zentimeter zurückschneiden, damit sie ein zweites Mal austreibt und eine Spätsommerblüte produziert.

In dieser Jahreszeit sollten Sie sich unbedingt die Zeit nehmen, um Ihren Garten auch mal zu genießen. So oft höre ich die Klagen von Gartenbesitzern, dass sie nie Zeit haben, sich einfach mal in Ruhe hinzusetzen und zu entspannen. Das darf nicht sein, gerade jetzt nicht, da alles so besonders schön grünt und sprießt. Gönnen Sie sich ein paar Stunden: Ob Sie beim Frühstück die ersten wärmenden Sonnenstrahlen genießen, Ihr Mittag- oder Abendessen unter blühenden Rosen einnehmen, eine Kaffeepause im Sommerhaus machen oder sich einen Aperitif auf der Gartenliege gönnen – es gibt immer eine Gelegenheit, sich an seinem Garten einfach nur zu erfreuen. Wenn Sie abends auf dem Sofa liegen, springen Sie ja auch nicht alle fünf Minuten auf, um mal kurz Staub zu wischen oder die Gardinen zu waschen. »Den Garten genießen«: Diese Aufgabe sollte weit oben auf Ihrer »To do«-Liste stehen. Das Unkraut kann auch warten; es wird (leider) nicht weglaufen.

Iris

Auch wenn draußen noch die letzten Tulpen blühen, zeigen sich allmählich die ersten Schwertlilien.

Es sind nicht die ersten Iris, die blühen. Die zarte, trockenheitsliebende winterblühende Kretische Iris, *Iris unguicularis*, übersteht den Winter an einer geschützten Stelle an einer Südwand meist tapfer. Unsere ist im Sommer beschattet von Kübelpflanzen, aber das scheint sie nicht zu stören. Auch die kleinen frühlingsblühenden Schwertlilien wie die gelbe *Iris danfordiae* (Gelbe

Zwerg-Iris) und die verschiedenen *I. reticulata* (Netzblatt-Iris) wie 'Harmony' und 'J. S. Dijt' sind langblühend. Diese knolligen Arten kauft man am besten im Herbst als Zwiebeln und pflanzt sie in Töpfe, Steingärten oder trockenere Wiesen mit guter Drainage.

Die Iris ist eine ausgezeichnete, edle Pflanzengattung. Einige bilden meist etwas längliche Knollen, andere haben Rhizome, die eher einer Ingwerwurzel ähneln. Besonders diese rhizombildenden Sorten haben schwertähnliche Blätter und geben der Pflanze den Namen, der oft verwendet wird: Schwertlilie. Im Grunde ist das vollkommen irreführend, da sie nur eine sehr ferne Verwandte der Lilien ist.

Die Gattung Iris ist groß, mit fast dreihundert verschiedenen Arten und hunderten von Kultivaren, mit sehr ausgeprägten Typen, die sich für eine Vielzahl von Umgebungen eignen. Einige wachsen gerne im oder am Wasser, wie die Sumpfschwertlilie (*Iris pseudacorus*) und die Japanische Sumpfschwertlilie (*Iris ensata*), in feuchten Wiesen (*Iris sibirica*), während andere, wie *Iris barbata*, die Bart-Iris, an sonnige, trockene Bedingungen angepasst sind. Im Gegensatz dazu wächst die *Iris foetidissima* oder Winterschmuckiris an trockenen, schattigen Plätzen. Weil die Bart-Iris so glamourös und attraktiv ist, neigt sie dazu, ihren Schwestern die Show zu stehlen. Aber auch sie verdienen unsere Aufmerksamkeit:

Am Wasser sollten sie unbedingt die Japanische Sumpfschwertlilie pflanzen. Es gibt sie in einem breiten Spektrum von Blau, Violett, Lila oder Weiß. Sie stammt ursprünglich aus dem Orient und wird seit vielen Jahrhunderten in Japan kultiviert. Sie bevorzugt einen sauren Boden und braucht in den Sommermonaten Feuchtigkeit, hat aber keine Probleme damit, wenn es im Winter trockener ist.

Wenn Sie einheimische Pflanzen bevorzugen, dann ist *Iris pseudacorus*, die gelbe Sumpfschwertlilie, die richtige Wahl. Die zwei Meter hohe Staude bevorzugt feuchte bis nasse Standorte wie untiefes Wasser, den Uferrand von Wasserläufen und Seen, obwohl ich sie auch schon auf einem Lehmboden im Garten hatte, in lichtem Schatten. Die Blüten von *I. pseudacorus* 'Pallida' sind etwas größer und in einem blasseren Gelb.

Für den Schatten wählen Sie am besten die Stinkende Schwertlilie, *Iris foetidissima*, auch unter dem netteren Namen Winterschmuckiris bekannt, eine einheimische Pflanze mit breiten, meist immergrünen Blättern. Die blasslila und cremefarbenen Blüten sind leicht zu übersehen, während die schwefelgelbe 'Citrina' wesentlich auffallender ist. Ab dem Spätsommer erscheinen sehr dekorative, leuchtend orangerot glänzende Samen. Dieser Farbtupfer ist ein idealer Begleiter für die orangefarbenen Samen des Gelben Aronsstabes (*Arum maculatum*). Beide tragen großartiges Laub, das in der kalten Jahreszeit gut mit Farnen kontrastiert, und kommen gut mit trockenen, schattigen Bedingungen zurecht.

Für Wiesen oder Beet: Die Sibirische Schwertlilie, *Iris sibirica*, ist eine elegante, schlanke, aufrechte Staude, die sich gut in einem frühsommerblühenden Beet oder in einer Blumenwiese macht. Sie gedeiht in feuchten Wiesen, toleriert aber auch kompostreiche Beete. Sie ist ein lang anhaltender Blickfang dank ihrer rötlich eingehüllten Blütenknospen sowie ihrer hohlen Samenkapseln, die in den Wintermonaten ein ideales Refugium für Insekten bieten. Es gibt zahlreiche Sorten im Handel, die von Dunkelviolett über Hellblau bis hin zu Weiß und Gelb reichen. Eine meiner Favoritinnen ist 'Caesar's Brother', ebenso wie 'Cambridge Skies'.

Die Bart-Iris –
die absolute Sonnenliebhaberin

Botanisch bezeichnet Bart-Iris, *Iris barbata*, eine Gruppe von Hybriden, die aus Kreuzungen zwischen *Iris variegata* und *Iris pallida* entstanden sind. Die ersten Kreuzungen sind mehrere Jahrhunderte alt und haben verhältnismäßig kleine, zarte Blüten, da beide Eltern diploid sind (d. h., sie besitzen einen zweifachen Chromosomensatz). Erst gegen Ende des 19. Jahrhunderts sind neue Kreuzungen mit asiatischen und türkischen Sorten entstanden, die triploid sind (diese besitzen einen dreifachen Chromosomensatz). Wo mehr Chromosomen untergebracht werden müssen, wird auch mehr Platz gebraucht.

Dadurch werden nicht nur die Blüten größer und kräftiger, die Stängel sind meist auch dicker und stabiler. Neuere Züchtungen sind meist nicht nur größer, sondern haben häufig auch leicht gerüschte Blütenblätter. Es gibt auch zweifarbige Sorten, deren Domblätter (die drei aufrechtstehenden Blütenblätter) eine andere Farbe haben als die drei Hängeblätter. Oft hat dann noch der Bart, der wie eine haarige Raupe im Hals der Blüte verschwindet, eine andere Farbe.

Blütezeit

Die niedrigen sind immer als Erstes dran und sind als *Iris barbata nana* bekannt. Sie werden bis zu dreißig Zentimeter hoch und blühen Mitte April (wenn das Wetter es erlaubt). Die mittelhohe, *Iris barbata media,* wird einen halben Meter hoch und blüht zwischen Anfang und Mitte Mai. Zum Schluss kommen die hohen *Iris barbata elatior,* die oft um die achtzig Zentimeter hoch werden, sie können aber mitunter durchaus bis zu 1,20 Meter erreichen und Ende Mai bis Anfang/Mitte Juni blühen. Wie bei allen Pflanzen zu dieser Jahreszeit sind Zeitpunkt und Dauer der Blüte stark abhängig von den Temperaturen.

Ansprüche

Solange sie reichlich Sonne haben und Staunässe vermieden wird, sind sie erstaunlich unkompliziert und pflegeleicht. Wer schon mal im Frühjahr in Weinanbaugebieten in Frankreich oder Italien unterwegs war, wird festgestellt haben, wie wunderbar sie dort oft wachsen. Kalkreiche, steinige Böden, die gute Drainage haben, sind am besten geeignet. Hier kommen Iris ohne Dünger gut zurecht, da sie viel Energie aus dem Sonnenlicht ziehen. Vermeiden Sie stickstoffreiche Düngemittel. Nehmen sie stattdessen einen kalireichen Dünger, einmal zu Beginn des Wachstums, Anfang Frühjahr, und im Sommer nach der Blüte. Eine dünne Kompostschicht oder sogar gut abgelagerter Mist tun den Pflanzen auch gut.

Teilen und Pflanzen von Bart-Iris

Der Grund, warum sie am besten gleich nach der Blüte geteilt werden sollten, ist, dass sie danach den ganzen Sommer Zeit haben, um wieder Kraft für das nächste Jahr zu sammeln. Aber solange die Pflanzen glücklich sind und gut blühen, sollten sie in Ruhe gelassen werden. Wenn sie anfangen »rückwärts« zu wachsen, weniger Blüten haben oder sogar ganz aufhören, dann ist es Zeit, sie auszugraben und von vorne anzufangen.

Die Wurzel bietet immer natürliche Stellen, an denen man sie leicht abbrechen kann. Am besten ein ca. sieben Zentimeter langes Stück vom Ende, wo die Blätter sind, abnehmen. Der andere Teil kann auf den Komposthaufen.

Graben Sie ein nicht zu tiefes Loch, damit die dünnere, kleine Wurzel als Anker unter die Erde kommt. Das größere Rhizom darf bündig mit der Erde sein. Wenn Staunässegefahr besteht, pflanzen Sie es auf leichte Hügel. Pflanzen Sie sie je nach Größe fünfundzwanzig bis vierzig Zentimeter auseinander. Das Eisenkraut *Verbena bonariensis* ist ein guter Begleiter für diese Pflanzen, die es nicht mögen, wenn die Nachbarn ihnen zu viel Licht wegnehmen.

Pflege

Nach der Blüte können Sie die Blütenstiele auf zehn Zentimeter zurückschneiden. Im Spätsommer werden die alten Blattspitzen oft braun und sehen müde aus. Diese können Sie dann (aber müssen es nicht) bis ins frische Blatt zurückschneiden. Sie sind wintergrün und werden am Ende des Winters neue, frische Blätter hervorbringen. Halten Sie die Fläche unkrautfrei, aber achten Sie darauf, dass Sie die Wurzeln nicht verletzen, falls Sie mit einer Hacke im Beet unterwegs sind. Sie sitzen nahe der Oberfläche und werden schnell zerstört, was die Pflanze auf lange Sicht umbringen kann.

Einige blühen im Herbst ein zweites Mal, wie 'Champagne Elegance' und 'Rosemarie Figge', aber für mich sind sie wie Erdbeeren und Spargel: Am besten in größeren Mengen während der Saison genießen, danach gibt es wieder etwas anderes Köstliches!

Und vergessen Sie nicht: Viele Iris haben auch einen besonderen, feinen Duft!

Fingerhüte:
wertvolle vertikale Linien

Mit die bezauberndsten Wildblumen sind zweifellos die Fingerhüte. Dies ist die Jahreszeit, in der ihre beeindruckend hohen, mit leuchtend purpurnen, nickenden Blüten großes Drama in schattige Bereiche bringen. Sie öffnen sich im Juni, blühen bis in den August hinein und werden von einer Vielzahl von Bienen und Hummeln sehr geliebt, die eifrig tief in die gefleckten Kehlen der hängenden Fingerhüte kriechen. Der botanische Name *Digitalis* kommt vom lateinischen *digitus*, der Finger.

Giftstoffe

Digitalis ist eine giftige Pflanze, aber wie bei vielen giftigen Pflanzen wird das Gift, wenn es in der richtigen Dosis verabreicht wird, zu einem Heilmittel. Sie enthalten mehrere Substanzen, aber die für die traditionelle pflanzliche sowie die moderne Medizin relevantesten sind die Glykoside Digoxin (aus *Digitalis lanata* extrahiert) und Digitoxin (aus *Digitalis purpurea* extrahiert). Sie werden häufig als Medikamente zur Behandlung von Herzerkrankungen eingesetzt.

Standort

Unsere schönen Fingerhüte sind nicht allein: Es gibt etwa fünfundzwanzig verschiedene Arten, von denen viele in Europa und im Nahen Osten vorkommen, meist auf Waldlichtungen oder an Waldrändern im Halbschatten. Sie sind wahre Anpassungskünstler: Sie machen es sich dort gemütlich, wo genügend Licht vorhanden ist und wo sie genügend Platz haben, um sich zu entwickeln. Wo ein Baum umfällt, besiedeln sie schnell das Gebiet und nutzen das zusätzliche Licht optimal aus. Wenn benachbarte Pflanzen wieder überhandnehmen, werden sie sich ein neues Plätzchen suchen. Auf diese Weise können ganze Pflanzengemeinschaften durch den Garten wandern, wenn sich die Bedingungen ändern.

Folgepflanzung

Die meisten Fingerhüte sind zweijährig oder kurzlebige Stauden. Es ist wichtig, das im Hinterkopf zu behalten. So oft beschweren sich Gartenbesitzer, dass ihre Pflanzen »verschwunden« sind, weil sie schlicht nicht wissen, dass nicht alle Pflanzen mehrjährig sind. Im ersten Jahr entwickeln zweijährige Pflanzen wie die Fingerhüte eine Blattrosette, im darauffolgenden Frühjahr geht aus dieser Rosette eine Blüte hervor. Nachdem die Samen gereift und getrocknet sind, sterben die meisten Pflanzen ab. Ihre Samen werden verstreut und keimen und entwickeln sich im folgenden Jahr zu einer neuen Rosette. Daher ist es wichtig, sie zwei Jahre hintereinander zu pflanzen, um zwei parallele Gemeinschaften zu bilden.

Digitalis purpurea – *Roter Fingerhut*

Das ist die bekannteste Sorte, deren Blütenstiele durchaus eine Höhe bis zu zwei Metern erreichen können. Die häufigste Form ist trotz ihres Namens violett, aber auch blassrosa bis weiße Blüten kommen vor. Wenn die Pflanzen bei Ihnen weiße Blüten haben (und das so bleiben soll), müssen Sie alle Pflanzen mit violetten Blüten entfernen, sobald sie zu blühen beginnen. Weiß ist genetisch rezessiv, so dass die Bienen in gemischten Gemeinschaften den Pollen der violetten Blüten verbreiten. Das Ergebnis ist ein immer größerer Anteil an violetten Sämlingen.

Hybriden

Im Laufe der Jahrzehnte sind mehrere Hybriden entstanden, die einen hohen Gartenwert haben. Es gibt unterschiedliche weiße Formen: *Digitalis purpurea* 'Alba' ist eine natürlich vorkommende weiße Form, 'Lucas White' ist ohne jegliche Zeichnung und *D. purpurea* ssp. *heywoodii* 'Silver Fox' hat wunderschönes silbriges Laub. Weitere Besonderheiten sind *Digitalis* 'Pam's Split' mit gespaltenen Blütenblättern, 'Polkadot Polly' in zartem Apricot mit zahlreichen kleinen Punkten, während 'Lemoncello' erfrischend hell zitronengelb blüht. 'Beauty of

Roundhay' hat zarte, schlanke Blüten, lebt länger, ist allerdings steril und kann sich nicht aussäen.

Weitere Wildsorten mit hohem Gartenwert

Die mehrjährigen Fingerhüte sind vielleicht nicht alle so imposant wie der beliebte Rote Fingerhut, verdienen aber dennoch ein Plätzchen im Garten: Die Blüten des blassgelben Großblütigen Fingerhuts (*Digitalis grandiflora*) sind immerhin fast so groß wie die von *Digitalis purpurea.* Eine ähnliche Farbe hat *Digitalis lutea,* der Gelbe Fingerhut, mit zierlichen, kleinen Fingerhütchen. Der Rostfarbige Fingerhut (*Digitalis ferruginea*) ist meist zweijährig mit straff aufrechten, dicht bepackten Blütenstängeln.

Fingerhüte vermehren

Die meisten Sorten sind leicht aus Saatgut zu ziehen. Ich säe meine Sämlinge gern in Töpfen aus, bis sie kräftig genug sind, um ausgepflanzt zu werden. Auf diese Weise kann ich ihren Wasserbedarf genau überwachen und mögliche Schädlinge und Krankheiten im Auge behalten (Schnecken können bei jungen Pflanzen Schaden anrichten).

Probieren Sie diese wunderbare Gattung aus – sie zaubert immer ein Lächeln auf mein Gesicht!

Gärtnern in Töpfen und Kübeln

Vor allem in der Stadt haben die wenigsten Menschen einen Garten, und auch nur mit etwas Glück zumindest einen kleinen Balkon oder eine kleine Terrasse. Aber selbst die Glücklichen, die einen Garten ihr Eigen nennen dürfen, pflanzen meist auch einige Blumen in einem Kübel oder Kasten vor dem Fenster, am Hauseingang oder auf der Terrasse.

Man möchte es gerne schön haben, die Natur nahe ans eigene Zuhause holen oder schlicht einen tristen Platz etwas beleben. Leider sieht das in der Realität oft anders aus, als man es sich vorgestellt hat, und die Bepflanzung wirkt unruhig, nicht stimmig oder langweilig. Hier kommen einige Grundregeln:

Töpfe und Kübel: Achten Sie darauf, wie groß der Platz ist, den Sie bespielen möchten, die Proportionen müssen stimmen. Ein zu kleiner Kübel steht in einer zu großen, leeren Ecke ganz verloren da. Zwei oder drei Stück machen es nicht unbedingt besser. Nehmen Sie daher einen großen Kübel. Für alle Pflanzen, auch Sommerblumen, ist es sowieso besser, sie in einem größeren Topf wachsen zu lassen. Ein größerer Topf bedeutet größere Wurzelballen und eine höhere Wasserspeicherkapazität, wodurch man eine kräftigere, glückliche Pflanze bekommt.

Bepflanzung:
Wenn Sie sich dann für einen größeren Kübel entschieden haben, dürfen Sie mit ihrer Pflanzenwahl nicht zu schüchtern sein. Haben Sie zum Besipiel eine schöne etruskische Amphore ausgesucht, dann braucht es etwas, was auf gleichem Niveau mitspielt, wie beispielsweise ein schönes, hochgewachsenes Gras.

Höhe schaffen Sie auch mit einem Gehölz, großen Stauden, höheren Beet- und Balkonpflanzen wie aufrechten Fuchsien, Ziertabak, Kosmeen oder sogar Kletterern wie Prunkwinde, Duftwicken oder Glockenreben. In schattigen Bereichen passen auch Farne und Funkien gut. Wenn der Kübel nicht sonderlich ansehnlich ist, setzen Sie ruhig auch einige hängende Pflanzen ein, wie Efeu, Süßkartoffel oder Weihrauch, die sich lässig über den Rand drapieren.

Stimmigkeit: Oft werden Pflanzgefäße über Jahre hinweg angesammelt. Alte gehen kaputt und werden durch neue ersetzt. Man bekommt Blumentöpfe geschenkt oder kauft im Vorbeigehen ein neues Stück. An sich ist es ja schön, wenn – so wie in der Wohnung auch – unterschiedliche Objekte eine gewisse Geschichte erzählen. Die ersten Terrakottatöpfe wurden vielleicht durch bruchsichere Weidengeflecht-Körbe ersetzt, die sich allerdings nach wenigen Jahren zersetzt hatten und wiederum gegen moderne anthrazitfarbene Kunststoffkübel ausgetauscht wurden. Dann stellt man fest, dass diese sich im Sommer extrem aufheizen, so dass man irgendwann wieder bei Terrakottagefäßen landet. Inzwischen sind von jeder Generation noch Restbestände da und Sie haben ein kunterbuntes, inkohärentes Sammelsurium, so, als ob in Ihrem Esszimmer sechs unterschiedliche Stühle um den Tisch stehen würden. Streichen Sie diese Stühle in der gleichen Farbe, so harmonieren sie jedoch sofort miteinander.

Entweder sollten Sie also einige Gefäße ausrangieren oder zwei oder drei thematische »Ecken« gestalten, wo Sie die unterschiedlichen Materialien unterbringen können, oder allen eine einheitliche Farbe geben. Das können Sie übrigens auch mithilfe der Bepflanzung erreichen. Wenn die Kübel und Töpfe wirklich sehr unterschiedlich sind, bepflanzen Sie alle mit nur einer Sorte oder bleiben Sie zumindest beim selben Farbton der Blätter und Blüten.

Wasserversorgung

Es ist wichtig, eine ausreichende Drainage einzuplanen. Wenn überschüssiges Wasser nicht ablaufen kann und Pflanzen über einen längeren Zeitraum mit ihren Wurzeln im Wasser stehen, ist das Risiko hoch, dass sie absterben. Wurzeln brauchen Sauerstoff! Wenn eine Pflanze ihre Blätter hängenlässt, kann das sowohl ein Zeichen von zu wenig als auch von zu viel Wasser sein.

Bei kühlem, bedecktem Wetter benötigen Pflanzen weniger Wasser als bei Wind und Sonne. Falls Sie eine Bewässerungsanlage haben – selbst wenn es eine mit Regensensor ist –, sollten Sie prüfen, ob Ihre Pflanzen überhaupt so häufig Wasser brauchen, und ansonsten die Frequenz reduzieren.

Entfernen Sie während nasser Perioden (besonders im Herbst und Winter) die Untersetzer, damit das überschüssige Wasser ablaufen kann.

Unten im Topf können Sie auch noch einige Scherben von zerbrochenen Tontöpfen oder eine zwei bis drei Zentimeter dicke Schicht aus Blähton verteilen, bevor Sie den Topf mit Erde auffüllen. Wenn im Kübel kein Loch vor-

handen ist, sollten Sie eines bohren. Meist ist eine leichte Senkung am Topf-
boden erkennbar, wo man vorsichtig bohren kann.

Der einfachste Weg, um herauszufinden, ob Ihre Pflanze gut versorgt ist,
ist das kurze Anheben des Topfes. So fühlen Sie, wie leicht er ist; oder Sie stecken den Finger in die Erde, um zu fühlen, wie feucht sie ist. Ansonsten gibt es
Hydrometer, die Ihnen genau den Feuchtigkeitsgrad angeben.

Pflanzen in Kübeln sind wie Menschen auf der Intensivstation: Sie sind völlig davon abhängig, dass jemand sie rechtzeitig versorgt. Im Garten können
Wurzeln auf der Suche nach Grundwasser immer noch etwas tiefer in die Erde
hineinwachsen. Wenn aber die Erde im Topf ausgetrocknet ist, hat die Pflanze
keinerlei Möglichkeit, sich selbst zu versorgen.

Wenn die Erde stark ausgetrocknet ist, tauchen Sie am besten den ganzen
Topf in einen Eimer Wasser, bis sie wieder richtig gesättigt ist. Zudem gieße
ich meine Kübel am liebsten morgens und prüfe während heißer Perioden zusätzlich abends, ob meine blühenden Freunde es für die Nacht noch feucht
genug haben.

Dünger und Substrate

Ähnlich abhängig sind Ihre Pflanzen hinsichtlich der Nährstoffversorgung.
Die meisten Topfsubstrate enthalten einen Langzeitdünger, doch dieser reicht
nur für den Saisonbeginn, entsprechend muss man ab dem Sommer anfangen zu düngen. Viel hängt vom Pflanzentyp, der Topfgröße und der Anzahl
der Pflanzen im Kübel ab. Ich pflanze meine Balkonkästen gerne recht voll,
um einen üppigen Effekt zu erzielen. Natürlich sind die Nährstoffe entsprechend schnell aufgebraucht und ich muss öfter düngen. Achten Sie hinsichtlich der Dosierung immer auf die Herstellerhinweise – zu viel Dünger kann
einer Pflanze schaden.

Die Königin ist da:
Rosen

Da ich schon als Studentin eine starke Abneigung gegen Rosen empfand, dauerte es viele Jahre, bis ich sie für mich entdeckte. Ursache meiner Abneigung war mein erstes Praktikumsjahr im Garten der Royal Horticultural Society in Wisley. Dort sollten wir im Winter die acht riesigen Rosenbeete auf Weather Hill neu bepflanzen. Die alten Rosen waren krank und mussten ausgegraben werden, die Erde wurde auf einen halben Meter Tiefe abgetragen und mit der Erde aus den Staudenrabatten getauscht. Danach wurden die Staudenrabatten und die Rosenbeete neu bepflanzt. Zum Frühjahr mussten dann auch noch die übrigen Rosenbeete und sämtliche Kletterrosen geschnitten werden. Bis alles fertig war, war ich es leid und konnte keine Rosen mehr sehen. Erst Jahre später, als ich für den National Trust arbeitete und den Auftrag bekam, den historischen Rosengarten von Nymans neu zu bepflanzen, habe ich den Charme historischer Rosen entdeckt. Der große Rosenkenner Graham Thomas hat mir diese Blumen nähergebracht, während wir gemeinsam den wunderbaren Garten von Mottisfont mit seiner traumhaften Sammlung historischer Rosen besuchten.

Ich bin immer noch nicht der Meinung, dass sie als Pflanzen einen großartigen Beitrag zum Garten leisten, es sei denn, sie blühen gerade oder sind mit Hagebutten bedeckt. Sie haben selten eine gute Form, meist ist zudem ihre Silhouette durch den Schnitt ruiniert, und mit der Zeit entwickeln sie kräftige, unfreundliche stachelige Zweige mit knubbeligen Gelenken an den Stellen, wo sie geschnitten wurden.

Es gibt über hundertfünfzig verschiedene Wildarten von Rosen, das heißt Rosen, wie sie in der Natur vorkommen, und in den vergangenen vierhundert Jahren oder mehr wurden zudem über dreißigtausend Hybriden gezüchtet. Sie variieren von kompakten, bodendeckenden Rosen bis hin zu gigantischen Kletterern, die hoch in die Bäume hineinwachsen.

Die Rosen an der Gartenakademie

Trotz meiner Vorbehalte haben wir auf dem Gelände der Gartenakademie mehrere Rosen gepflanzt. Teilweise alte, beliebte Sorten, aber auch neue, die wir einmal ausprobieren wollten. Ich genieße es jedes Jahr, von einem vertrauten Gesicht nach dem anderen begrüßt zu werden, während die Saison langsam voll in Gang kommt. Zwei nicht sehr winterharte China-Rosen, die ich aus meinem früheren Garten in England mitgebracht habe, sind in der geschütztesten Ecke versteckt. Hier haben sie sich gut etabliert. Beide sind einfach, relativ kleinblütig, dafür aber extrem üppig, sie blühen bis Weihnachten und machen dann kaum drei Monate Pause, bevor sie wieder loslegen. Die tiefrote *Rosa x odorata* 'Bengal Crimson' würde in einem milden Klima sogar das ganze Jahr über blühen. *R. x odorata* 'Mutabilis' blüht von Rosa ins Apricotfarbene. Ein Farbverlauf, den ich normalerweise nicht sonderlich reizvoll finde, der hier aber außergewöhnlich gelungen ist. Ich ziehe es vor, diese Rosensträucher nicht zu beschneiden, sondern groß werden zu lassen (zwei Meter oder mehr). Sie entwickeln sich dann zu leicht widerspenstigen Sträuchern mit großem Charakter.

Im großen Staudenbeet haben wir mehrere Englische Rosen gepflanzt. David Austin und Peter Beales waren englische Rosenzüchter, die historische, meist einmalblühende Rosen mit modernen Rosen gekreuzt haben. Daraus entstanden die sogenannten Englischen Rosen. Sie haben die Charakteristika der alten Rosen, ihren Duft und ihre gefüllten Blüten, kombiniert mit dem Farbspektrum und der Robustheit und Blühfreude vieler moderner Rosen. Manche behaupten, diese Rosen seien nicht für deutsche Gärten geeignet, weshalb ich sie erst recht ausprobieren wollte. Sie haben sich als großartige Gartengäste entpuppt. Absolut stabil, perfekt winterhart und recht gesund. Absolut erstklassig ist 'Harlow Carr', eine extrem gesunde, reichblühende, stark duftende rosa Sorte. 'Gertrude Jekyll' gewinnt mit ihren kräftig rosa Blüten und ihrem köstlichen Duft. 'Darcey Bussell' hat von Anfang an üppig geblüht. 'Queen of Sweden' ist eher stramm, aufrecht, aber mit zartrosa schalenformigen Blüten.

Die normalen Strauchrosen pflanze ich meist in Dreiergruppen, ungefähr vierzig Zentimeter auseinander, und schneide sie, als wäre es eine einzige, üppige Pflanze. Die Kletterer wachsen die hohen Rankgerüste im Beet hoch. Besonders erfolgreich sind 'The Generous Gardener' und 'Strawberry Hill', beide rosa blühend. Am Zaun zum Senkgarten enwickelt sich 'Mortimer Sackler' sehr schön.

Viele Menschen kritisieren an David-Austin-Hybriden, dass einige von ihnen dazu neigen, den Kopf hängen zu lassen. Für eine Kletterrose ist das aber im Grunde ein großer Vorteil, da man in die Blüte hineinschauen kann und nicht nur hoch oben ihre Rückseite sieht. Daher ist eine Kletterrose wie 'Graham Thomas' genau die richtige Pflanze, um einen Bogen oder eine Säule zu begrünen.

Insektenfreundliche Rosen

Obwohl ich die üppig gefüllten alten Rosen wie 'Mme Hardy' und 'Tuscany Superb' liebe, mag ich auch die einfachen oder halbgefüllten Blüten. Sie sind nicht nur beliebt bei Insekten – ich genieße auch den Anblick ihrer goldenen oder gar roten Staubgefäße in den Blüten.

Mit Wildrosen kann man nichts falsch machen; sie sind robust, wenig anspruchsvoll und eine gute Nahrungsquelle für unsere Mitbewohner. Nicht nur unsere einheimische zartrosa Hunds- oder Heckenrose (*Rosa canina*), sondern auch die frühe gelbe *Rosa hugonis* und die stattliche *Rosa moyesii* mit ihren dunkelroten Blüten haben meist relativ kleine Blumen mit nur fünf Blütenblättern. Sie öffnen sich weit, um in der Mitte ein Büschel goldener Staubgefäße zu zeigen. Bienen können sie leicht identifizieren und besuchen sie häufig. Dabei bestäuben sie die Blüten und als Folge davon werden wir mit meist sehr dekorativen Hagebutten belohnt, die von Orange bis Rot, gelegentlich auch Schwarz variieren. Diese sind ein großer zusätzlicher Bonus als dekoratives Element für den Herbst- und Wintergarten. *Rosa rubiginosa* 'Apple Jack' ist auch als Apfelrose bekannt, da ihr Laub einen ungewöhnlichen Apfelduft verströmt. Die einzigen Wildrosen, die derzeit ein Plätzchen an der Gartenakademie bekommen haben, sind die Büschelrose *Rosa multiflora*, deren Rispen zahlreiche kleine weiße Blüten zeigen, sowie die sehr dekorative grau-rötlich-blättrige *Rosa glauca* oder Hechtrose.

Halbgefüllte Strauchrosen

Ich wünschte, ich hätte mehr Platz für große, unkomplizierte Strauchrosen. Halbgefüllte Rosen haben mindestens einen doppelten Satz Blütenblätter, was ihnen ein volleres Aussehen verleiht, zeigen aber immer noch ihre für Bienen attraktiven Staubgefäße. Hierzu gehören beispielsweise wunderbar duftende Kartoffelrosen wie 'Blanc Double de Coubert'. 'Marguerite Hilling' (rosa) und 'Nevada' (cremefarben) sind zwei stattliche Strauchrosen aus meiner Kindheit, die irgendwann mal wieder bei mir auftauchen werden. In 'Frühlingsgold' dagegen habe ich mich im Foerstergarten vor vielen Jahren verliebt. Mit ihren großen, locker angeordneten Blütenblättern hat sie viel Charme.

Wenn Sie den Platz haben, diese Sträucher wachsen zu lassen, ohne sie zu beschneiden, werden Sie mit einer überhängenden Masse stark duftender Blüten belohnt.

Der Charme historischer Kletter- und Ramblerrosen

Besonders in Gärten, in denen wenig Platz ist, kann man viel mit Kletter- und Ramblerrosen erreichen: Sie nehmen nicht allzu viel Bodenfläche ein und können sorgfältig an einer Wand, über einen Bogen oder Obelisken oder in einen Baum hochgeleitet werden, am liebsten begleitet von einer sommerblühenden Clematis, die man in den Wintermonaten zurückschneiden kann. Da ich meinen Weg zu Rosen über die Wild- und historischen Sorten gefunden habe, sind viele meiner Favoriten alte Sorten, die teilweise nur einmal, aber dafür länger blühen. Der Vorteil dabei ist, dass sie weniger Sonnenlicht brauchen und mir Hagebutten schenken.

Der Begriff »Ramblerrose« (Schlingrose) kommt aus dem Englischen (to ramble = umherschweifen) und umfasst eine bestimmte Gruppe rankender Rosen. Im Gegensatz zu »normalen« Kletterrosen haben Ramblerrosen üblicherweise sehr viele kleine Blüten, längere, sehr biegsame Triebe und wachsen höher. Die meisten blühen am zweijährigen Holz, wohingegen die Kletterrosen normalerweise an neuem Holz blühen. Daher können die Rambler, besonders die einmalblühenden Sorten, schon im Sommer nach der Blüte geschnitten werden. Allerdings tragen sie dann keine Hagebutten.

Bevor Sie sich von schönen Blüten und köstlichem Duft verführen lassen, überlegen Sie sich genau, worauf es Ihnen ankommt. Es gibt remontierende Sorten, die im Spätsommer eine zweite Blütephase haben oder sogar den ganzen Sommer über blühen. Es gibt auch einmalblühende Sorten, die dafür oft etwas länger blühen und im Herbst und den frühen Wintermonaten dekorative Hagebutten tragen. An Standorten, an denen die Rosen nicht den ganzen Tag über Sonne tanken können, beschränken Sie sich am besten auf einmalblühende Sorten.

Einige wachsen kräftiger als andere. Achten Sie darauf, welche Höhe die Pflanze, die Sie interessiert, erreichen kann. Sollten Sie eine Berankung für einen Bogen oder eine Säule suchen, nehmen Sie eine Sorte, die maximal drei Meter Höhe schafft. Für eine Hauswand oder große Pergola darf es ruhig mehr sein. Sollen die Rosen gar in größere Bäume hochklettern, brauchen sie auch einen sehr starken Wuchs. Vermeiden Sie riesige Rambler aber dort, wo wenig Platz ist, da Sie sonst einen permanenten Kampf führen, um die Bestie zu zähmen.

Rosen in Bäumen

Statt einen alten Apfelbaum abzusägen, kann er in eine Rankhilfe für eine Ramblerrose umgewandelt werden. In Brüssel hatte ich eine 'Paul's Hymalayan Musk', eine rosa blühende Ramblerrose, an eine große Kiefer gepflanzt. Nach drei, vier Jahren lugten die ersten bescheidenen rosa Ärmchen aus den unteren Ästen heraus. Von Jahr zu Jahr wuchs sie höher; inzwischen ist sie an die zehn Meter hoch und jeden Juni ergießt sich eine blühende Kaskade über diesen Baum. Denken Sie daran, dass die Rose sich die sonnige Seite aussuchen wird. Daher ist es wichtig, den richtigen Baum zu wählen. Sonst haben Sie nur dornige Triebe, und die Nachbarschaft genießt die Blütenpracht.

Es gibt viele Sorten, die sich für diesen Zweck anbieten: 'Rambling Rector' ist ideal für einen großen Baum. Einmalblühend, produziert sie große Mengen kleiner weißer gefüllter Pompons, die im Herbst durch kleine orangerote Hagebutten ersetzt werden. Wie 'Wickwar' hat 'Kew Rambler' leicht graugrünes Laub, aber mit rosa Blüten. In deren weißer Mitte sitzt ein goldener Püschel Staubblätter, wie ein Bauernmädchen mit rosa Bäckchen und langen Wimpern. Die zahlreichen kleinen Hagebutten halten besonders lange, so dass sie zuverlässig zur Dekoration des Weihnachtstischs eingesetzt werden können. Es ist möglich, solche kräftigen Rambler unter Kontrolle zu halten, wenn Sie nach der Blüte, im Sommer, die neuen Triebe hart zurückschneiden.

Am besten pflanzen Sie Ihre Rose im Herbst, so dass sie während der kühlen Saison Zeit hat, anzukommen und neue Wurzeln zu bilden, solange der Boden noch reichlich Feuchtigkeit zu bieten hat. Finden Sie eine Stelle in der Nähe des Stammes, wo Sie ein großzügiges Loch graben können, ohne allzu viele Baumwurzeln zu beschädigen. Falls möglich, sollte es, wie gesagt, an der Südseite sein. Den Rand des etwa vierzig Zentimeter tiefen und ebenso breiten Lochs sollten Sie mit einer Wurzelsperre aus mehreren Schichten Pappkarton oder anderem kompostierbaren Material auskleiden. So kann die Rose anwachsen, ohne dass die Wurzeln des Baumes der jungen Pflanze das Wasser und die Nährstoffe entziehen. Füllen Sie es mit Erde und Kompost (am liebsten gut gelagertem Pferde- oder Kuhmist) und pflanzen Sie Ihre Rose mit einer Gabe Mykorrhiza-Pilzen (gibt es beispielsweise als Granulat) so, dass die Veredlungsstelle unter der Erdoberfläche sitzt.

Knoten Sie ein dickes Seil an den untersten Ast des Baumes, das die Rose als Kletterhilfe nutzen kann. Binden Sie die ersten Jahre die Rose locker an. In die Krone wird sie ihren Weg von allein finden, um dann irgendwann, irgendwo hervorzubrechen und sich über das Laubdach des Baumes zu legen.

Rambler werden in der Regel nicht geschnitten. Man kann jedoch im unteren Bereich Äste abschneiden, die eventuell im Weg sind.

Einige meiner Favoriten:
Die köstlich duftende schöne 'Albertine' war meine erste Rose, in unserem ersten Garten in Coleshill. Ähnlich ist es mit 'Madame Alfred Carrière'. »Mad Alf« bekam ein Plätzchen an der Seite unseres Hauses zusammen mit der dunkelroten Clematis 'Niobe'. Eigentlich zu groß für den Standort, drohte sie jeden Sommer ins Gästezimmer hineinzuwachsen. Den ganzen Sommer hindurch erscheinen große, locker gefüllte blassrosa bis cremefarbene Blüten, die göttlich duften. An der Gartenakademie läutet sie zusammen mit 'Mme Grégoire Staechelin' die Saison ein. Diese hat große halbgefüllte Blüten in kräftigem Rosa. Sie duftet wunderbar und schenkt uns besonders dicke, fast runde orangene Hagebutten.

Auch die nächste, die in meinem Garten landete, war ein Klassiker: 'Sombreuil' mit offenen, dicht gefüllten cremefarbenen Blüten. Sie duftet stark und remontiert. 'Félicité Perpétue' ist eine charmante, einmalblühende Rose, die mit rosaroten Knospen übersät ist, die sich zu kleinen, weißen Pompons öffnen. Dank ihrer großen Menge an etwa drei Meter langen Trieben ist sie die perfekte Rose, um eine nackte Ost- oder Westfassade zu begrünen. Aber wenn ich mich für eine einzige entscheiden müsste, wäre es die Kletterform von 'Cécile Brunner'. Sie hat bezaubernde kleine zartrosa Knospen, die aussehen, als wären sie aus Meissner Porzellan. Sie öffnen sich zu kompakten rosa Pompons, und das in großen Mengen, entzückend parfümiert, und blühen den ganzen Sommer hindurch.

Blattläuse und andere Schädlinge

Zum Gärtnern gehört mehr, als nur an Rosen zu schnuppern. Man wird regelmäßig mit Widersachern konfrontiert, die darauf aus sind, unsere Pflanzen anzugreifen – mit Blattläusen zum Beispiel. Gegen einige Schädlinge kann man nur wenig tun, außer der Natur ihren Lauf zu lassen und zu warten, bis sich das Problem von selbst erledigt. Aber man kann auch vorbeugend einiges unternehmen, was vielleicht brachial erscheint, aber immer noch besser ist, als die Chemiekeule zu schwingen.

Wenn ich durch meinen Garten gehe, zerquetsche ich oft ein paar grüne oder schwarze Blattläuse, die meine schönen Pflanzen bedrohen. Ich trete auf Schnecken, die sich auf den Weg wagen, oder halbiere sie mit meiner Gartenschere. Das sind nicht meine liebsten gärtnerischen Tätigkeiten, aber doch wichtige Maßnahmen, die verhindern können, dass sich die Sache zu einem größeren Problem entwickelt.

Haben Sie ein wachsames Auge auf Ihre Pflanzen, damit Sie eingreifen können, bevor der Schaden zu groß wird. Das schaffe ich leider nicht immer und muss die Konsequenzen tragen. Eine meiner absoluten Lieblingspflanzen in meinem schattigen Garten ist das sehr elegant strukturierte Salomonssiegel. Wenn ich die ersten Anzeichen der Salomonssiegel-Blattwespe übersehe, deren Larven grauen Raupen ähneln, werden die Pflanzen vollständig abgestreift – dort, wo vorher die Blätter waren, hängen dann nur noch dünne grüne Fäden.

Buchsbaumzünsler

Eine Pflanze, bei der man ganz besonders wachsam sein sollte, ist der Buchsbaum. Wenn Sie Ihre Hecken oder Ihren Formschnitt regelmäßig kontrollieren, können Sie sie sofort behandeln, sobald das Problem auftritt. An der Gartenakademie haben wir ein Behandlungsprogramm etabliert, mit dessen Hilfe unsere Hecken vital und gesund bleiben. Es lohnt sich, mit Pflanzenstärkungsmitteln die Kraft der Pflanzen zu erhalten und dadurch ihre Widerstandsfähigkeit gegen Zünsler- und Pilzbefall zu erhöhen. Und man sollte stets die Augen nach jungen Raupen offenhalten. Am Ende des Winters behandeln wir die Hecken zudem mit Neem, einem biologischen Spritzmittel, und danach besprühen wir sie bis in den Frühsommer regelmäßig mit dem Nützling *Bacillus thuringiensis*.

Im Garten meiner Eltern in Belgien ist der Buchs weitgehend gesund geblieben; nicht dank eines wachsamen Auges, sondern dank eines gesunden Ökosystems im Garten. Wir haben Vögel und auch andere räuberische Insekten wie Wespen beobachtet, die sich von den Raupen ernähren, so dass die Schädlingspopulation in Schach gehalten wurde.

Etablierung eines intakten Ökosystems

Was müssen Sie tun, um einen Garten mit einem gesunden Gleichgewicht zwischen Tieren und Pflanzen zu schaffen, mit vielen Nützlingen, die Sie in Ihren täglichen Kämpfen unterstützen? Ändern Sie Ihre Denkweise. Ein makellos aufgeräumter Garten mit viel ordentlich geharktem, kahlem Boden, in dem kein Unkräutchen erlaubt ist und kein Blatt liegenbleiben darf, führt unausweichlich in die Katastrophe.

Es gilt als Allererstes, eine Vielzahl von Lebensräumen mit einer breiten Mischung verschiedener Pflanzen, einschließlich einheimischer, zu schaffen. Einige wenige »Unkräuter« (meist wertvolle einheimische Pflanzen), die inmitten Ihrer Gartenpflanzen geduldet werden, bieten einen Nährboden für viele willkommene Gartenbewohner.

Kümmern Sie sich um Ihre Vögel. Sie sind nicht nur unterhaltsam, sondern leisten auch einen sehr wertvollen Beitrag. Sorgen Sie für Futter, Wasser und Nistmöglichkeiten. Sie sind stark auf Insekten angewiesen, um ihre Jungen zu ernähren, und werden Ihre Großzügigkeit belohnen, indem sie nach und nach lästige Blattläuse und saftige Raupen vertilgen. Beobachten Sie Blaumeisen, die von Busch zu Busch huschen: Sie sind nicht da, um an Ihren Rosen zu schnuppern!

Toleranz – auch gegenüber Blattläusen

In einem Jahr hatten die Blattläuse dort, wo die neuen Rosentriebe, die sie einige Zeit zuvor besiedelt hatten, meine Fenster berührten, Myriaden von winzigen klebrigen Tröpfchen abgelagert. In ähnlicher Weise war einen Monat zuvor jede Pflanze in unserem Garten mit einem dünnen glänzenden Film aus den zuckerhaltigen Ausscheidungen der Blattläuse bedeckt gewesen, die sich offensichtlich in der darüberstehenden Eiche ausgebreitet hatten. Ich kenne dieses klebrige Problem von Linden, aber es war das erste Mal, dass dies bei unserer Eiche passiert war. Ich konnte nichts tun: Eine Behandlung des Problems (d. h. der *Blattläuse*) kam nicht in Frage, also konnte ich es nur in Kauf nehmen. Nach einiger Zeit war alles wie von Zauberhand verschwunden. Die Blattläuse auf den Rosen waren weg. Die Invasion war von den zahlreichen natürlichen Räubern bekämpft worden, seien es Vögel oder andere Insekten wie Schwebfliegen, Florfliegen oder Marienkäfer. Oft haben deren Larven den größten Appetit.

Wie immer in der Natur, wird auch in Sachen Blattläuse nichts dem Zufall überlassen. Alles hat seinen Zweck. Sogar das irritierend klebrige Zeug ist aus einem Grund da: Viele Insekten, darunter auch Bienen, ernähren sich von der zuckerhaltigen Substanz.

Was mich beruhigt, ist, dass sich die Pflanzen in den meisten Fällen rasch erholen. Es kann sein, dass ein paar deformierte Blätter oder verkrüppelte Wuchsspitzen zurückbleiben, bei denen saftfressende Insekten in einem jungen Stadium Zellen beschädigt haben. Diese zerstörten Triebe können jedoch leicht herausgeschnitten werden. Sogar bei exotischen Schädlingen, die ohne ihre natürlichen Feinde bei uns gelandet sind, entdecken unsere einheimischen zwei-, vier-, sechs- oder mehrbeinigen Mitbewohner früher oder später ihren gastronomischen Wert.

Im Großen und Ganzen werden Sie mit ein wenig Geduld und einer Prise Toleranz das Schlimmste überstehen.

Horstige Wolfsmilch für Staudenrabatten

Euphorbia mag für viele nicht ganz oben auf der Wunschliste stehen, aber diese Pflanze verdient wirklich eine genauere Betrachtung, da sie einem Pflanzschema großen Charakter verleihen kann. Die Gattung *Euphorbia*/Wolfsmilch umfasst ein breites Spektrum an Pflanzen, vom bekannten Weihnachtsstern (*Euphorbia pulcherrima*), der das Haus zu Weihnachten schmückt, über trockenheitstolerante, kakteenähnliche Pflanzen bis hin zu einer breiten Palette an pflegeleichten und dekorativen winterfesten Gartenpflanzen.

Sie fühlen sich an ganz unterschiedlichen Standorten wohl, gedeihen im tiefen Schatten ebenso wie in der vollen Sonne, auf feuchten Wiesen und an Wasserrändern wie unter trockenen, steppenähnlichen Bedingungen. Einige haben sich ausbreitende, invasive Wurzelsysteme, was sie zu nützlichen Bodendeckern macht. Einige säen sich gerne selbst aus und bilden informelle Grüppchen, während andere zuverlässige, gut erzogene, horstbildende Stauden sind. Wolfsmilchgewächse brauchen oft einige Jahre, um sich zu entwickeln, aber das Warten lohnt sich.

Zwei Gegenpole

Ich möchte zwei besonders kontrastierende Arten vorstellen, die wir in den vergangenen Jahren an der Gartenakademie in die Staudenrabatten eingebracht haben und die ich nicht mehr missen möchte. Ihre natürlichen Lebensräume könnten unterschiedlicher nicht sein: die eine mag es trocken und durchlässig, die andere hat gerne feuchte Füße. Dank unserer jahrelangen Bemühungen bei der Pflege unseres urspünglich typischen Berliner leichten Bodens hat er mittlerweile eine schöne, dunkle, krümelige Beschaffenheit, die die Feuchtigkeit während der heißen, trockenen Sommermonate bemerkenswert gut hält. So müssen wir nur gelegentlich gießen.

Im Laufe der Jahre habe ich beobachtet, dass viele Pflanzen, wie der Mensch, eine gewisse Toleranz haben und feuchtere/trockenere/sonnigere/schattigere Bedingungen als die ihres Herkunftslandes ertragen – jedoch nur bis zu einem gewissen Grad. Einige sind flexibler als andere, und normalerweise beeinflussen mehrere Faktoren das Wohlbefinden einer Pflanze. Die Sumpf-Wolfsmilch ist eine solche Kandidatin. So kann beispielsweise manch eine Pflanze, die den kühlen Halbschatten schätzt, einen sonnigeren Standort vertragen, solange genügend Feuchtigkeit vorhanden ist. Wenn es dann jedoch heißer und somit auch trockener wird, könnte es der Pflanze einfach zu viel werden und sie geht ein. Und dann spielt auch die Jahreszeit noch eine Rolle: Es gibt Pflanzen, die an einem besonders trockenen Standort mit erheblichem Frost besser zurechtkommen als in einem Beet mit »frischem« Boden.

Euphorbia palustris 'Wahlenburgs Glorie' – Sumpf-Wolfsmilch

Diese Pflanze gedeiht oft in feuchten Wiesen oder an Flussrändern von Europa bis hinüber nach Asien und in den Nordwesten Chinas. *Palustris* ist der lateinische Begriff für »Sumpfgebiet«.

Diese früh blühende Staude ist eine großartige Partnerin für Tulpen. Sie bietet ein wertvolles frühes Volumen hellgrünen Laubs, gekrönt von leuchtend gelbgrünen Blüten, die einen frischen Kontrast zu Tulpen und Alliums bilden. Die Saison endet mit einem großen Ausbruch orangeroter Herbstfarben. Sie ist eine der wenigen Stauden, die eine schöne Laubfärbung entwickelt und einen guten Kontrast zum warmen Gelb von Gräsern wie *Molinia* bildet.

Bei einer Sichtung dieser Euphorbien in den Lehr- und Versuchsgärten in Weihenstephan fiel mir die Sorte 'Wahlenburg's Glorie' als besonders starkwüchsig auf. Mit einer Höhe von einem Meter oder mehr setze ich sie als Einzelpflanzen ein, die in der zweiten Reihe über das Beet verteilt sind.

Euphorbia seguieriana ssp. *niciciana* – Steppen-Wolfsmilch

Diese Pflanze stammt aus trockenen, steinigen, steppenartigen Gegenden von Osteuropa bis nach Asien. Ich setze sie als sich wiederholende Randpflanze ein, die im Vordergrund der Rabatte verstreut ist. Zusammen mit der Katzenminze *Nepeta* 'Walker's Low', dem Ziest *Stachys monierei* 'Hummelo' und *Sedum* ist sie Teil der »Pflanzschals«, mit denen ich gerne meine Staudenbeete einrahme. Diese kniehohen Randstauden eignen sich gut, um kleine Schönheitsfehler zu verbergen, wie z. B. unansehnliches absterbendes Zwiebellaub, Löcher, die von frühen Stauden hinterlassen werden, oder die braunen Beine von Astern, deren untere Blätter sich braun verfärben, bevor sie überhaupt zu blühen begonnen haben. Die Steppen-Wolfsmilch steht um diese Jahreszeit in voller Blüte und sieht mit der dunkelvioletten Farbe von *Salvia nemorosa* 'Caradonna' und natürlich unseren Rosen umwerfend aus. Mit dem ordentlichen, schmalen Laub sehen die Pflanzen bis weit in den Frühherbst hinein gut aus. Ich schätze diese Wolfsmilch sehr, da sie immer noch schön ist, wenn der Frauenmantel schon lange verblüht ist.

Ich setze Wolfsmilch auch gerne wegen ihrer leuchtend chartreusegrünen Farbe ein. Sie ist nicht ganz grün, aber auch nicht gelb, passt zu sämtlichen Farben und gefällt sogar den »Gelballergikern«. Dramatische Kontraste werden in Kombination mit kräftigen Farben wie Rot, Pink oder dunklem Violett erzielt, subtilere frische Harmonien mit Weiß und Gelb. Obwohl die Farbwirkung ähnlich der des Frauenmantels ist, hat die Wolfsmilch eine weitaus längere Blütezeit und bringt mit ihrem geradezu skulpturalen Charakter und ihrer leuchtenden Farbe an trüben Tagen einen Hauch von Sonnenlicht in den Garten.

Viburnum:
ein Muss für jeden Garten

Diese Gattung umfasst einige unserer attraktivsten und wertvollsten Gartensträucher, die fast das ganze Jahr über für Farbe, Struktur und Duft sorgen können. Von allen Pflanzengattungen ist sie zusammen mit Hartriegel, Hortensien und Rhododendren sicher eine der vielfältigsten Pflanzengruppen für unsere Gärten. Über zweihundert verschiedene Viburnum-Arten sind uns bekannt, wovon über achtzig im Handel erhältlich sind, ganz zu schweigen von den vielen Sorten, die es vermutlich darüber hinaus noch gibt. Es gibt diverse immergrüne und halb-immergrüne Arten, von denen allerdings einige in strengen Wintern Frostschäden erleiden können.

Verschiedene Arten von Blüten

Die Blüten sind meist weiß, manchmal auch rosa getönt. Einige haben eine perfekte runde Kugelform, die an eine klassische Bauernhortensie erinnert. Andere sehen eher wie Tellerhortensien aus, mit einer Mitte aus kleinen, unscheinbaren, fruchtbaren Blüten, umgeben von einem Kragen aus abgerundeten dekorativen Blütenblättern, die flach und wie ein Teller geformt sind. Andere bestehen aus Büscheln kleiner, eher röhrenförmiger Blüten. Viele duften intensiv und köstlich.

Attraktive Früchte

Zahlreiche Arten und Sorten tragen im Herbst attraktiven Beerenschmuck. Deren Farbpalette reicht von leuchtend roten oder gelben Beeren (*Viburnum opulus*) bis zu rosa (*V. nudum*) oder glänzenden, fast schwarzen (*V. tinus*) bis leuchtend blauen (*Viburnum davidii*) Früchten. In den meisten Fällen erzielen Sie einen besseren Beerenschmuck, wenn Sie mehrere Sorten zusammen pflanzen, da Sie von der Kreuzbestäubung profitieren. *V. davidii* ist zweihäusig, d. h., die Pflanzen tragen entweder männliche oder weibliche Blüten, wie bei der Gemeinen Stechpalme. Man braucht mindestens eine männliche Pflanze, damit die weiblichen Blüten bestäubt werden und Samen bilden können.

Immergrüne Arten und Herbstfärbung

Die meisten der laubabwerfenden Sorten haben eine wertvolle Herbstfärbung, die von Gelb- und Orangetönen bis hin zu Dunkelrot reicht. Die Intensität hängt davon ab, wie viel Sonne die Pflanze abbekommt. Es gibt eine Reihe von interessanten immergrünen Arten: *Viburnum rhytidophyllum* ist robust und hat interessant strukturiertes Laub, das kupferbraun gefärbt ist. Seine hängende Wuchsform verleiht ihm ein insgesamt melancholisches Aussehen. Am attraktivsten finde ich ihn, wenn mehrstämmige Exemplare zu einer Wolkenform freigeschnitten werden.

Viburnum tinus (Lorbeer-Schneeball) ist ein dichter, dunkelgrüner, früh-blühender Strauch, der auch zu einer Hecke geschnitten werden kann. Mit einer Höhe von ungefähr siebzig Zentimetern ist *V. davidii* (Immergrüner Kissenschneeball) eine nützliche, niedrig wachsende Pflanze mit schönem, strukturiertem Laub, die sich gut für die Einfassung von Wegen und Sträuchern eignet. Aus roten Knospen entwickeln sich in der frühen Saison weiße Blüten und an weiblichen Pflanzen attraktive metallischblaue Früchte. Geben Sie Acht auf diese beiden, da sie in strengen Wintern leiden können.

Für etwas feuchteren Schatten auf sauren Böden eignet sich *Viburnum nudum* (Amerikanischer Schneeball) mit hervorragender Herbstfärbung und attraktiven Beeren, die sich von Rosa über Blau bis Schwarz färben. Zwei interessante Züchtungen sind *V. nudum* 'Pink Beauty' mit rosa Blüten und die weißblühende 'Brandy Wine'.

Die preisgekrönte Hybride 'Eskimo' hat große weiße, runde Köpfe mit kleinen, duftenden Blüten, die im Mai ein spektakuläres Schauspiel bieten. Sie ist halb-immergrün und kann je nach Winterklima bis zu zwei mal zwei Meter groß werden.

Frühblühender Schneeball

Einer der wertvollsten winterblühenden Sträucher ist *Viburnum x bodnantense* (Winterschneeball). Am weitesten verbreitet sind die Sorten 'Dawn' und 'Charles Lamont' mit kleinen Büscheln stark duftender Röhrenblüten. Erstere hat rosa Knospen, die sich zu fast weißen Blüten öffnen, während 'Charles Lamont' dunkler blüht und wüchsiger ist. Alle haben einen aufrechten Wuchs, der sich im Laufe der Jahre schirmförmig entwickelt. Ich finde diesen Wuchs sehr praktisch, da man schattenliebende Pflanzen daruntersetzen kann. In milden Wintern blühen sie zwischen November und Anfang April ununterbrochen. Bei Frost gehen die ersten Blüten möglicherweise verloren, aber eine zweite Blüte öffnet sich dann gegen Ende des Winters.

Im zeitigen Frühjahr blüht *Viburnum carlesii* (Koreanischer Duft-Schneeball) mit seinen Kissen aus stark duftenden, fast weißen Blüten. Diese Art kann drei bis vier Meter hoch werden, ist aber langsam wachsend. Die Sorte 'Aurora' ist jedoch robuster und wächst nur halb so hoch, wobei die Knospen eine schöne dunkelrote Farbe haben. Ähnlich groß sind Kreuzungen wie *Viburnum x burkwoodii* (Oster-Schneeball) und *V. x carlcephalum* (Großer Duftschneeball), die jedoch weniger stark duftende Blüten und einen lockeren Wuchs haben. Sie alle haben eine lange Blütezeit bis in den Frühsommer hinein.

Besonders wertvolle frühsommer- bis sommerblühende Sträucher

Der Gewöhnliche Schneeball *Viburnum opulus* hat ein großes Verbreitungs-gebiet. Der europäische *V. opulus* ssp. *opulus* ist mit bis zu sechs Metern Höhe zu groß für die meisten Gärten. Besser geeignet ist *V. opulus* 'Compactum', der zwei Meter hoch und breit wächst. Er hat auch flache, tellerförmige Blüten und sehr dekorative, leuchtend rote Beeren, die erst im Spätwinter von den Vögeln ge-fressen werden. Als Schnittblume ist *V. opulus* 'Roseum' sehr beliebt, mit seinen attraktiven runden Blütenköpfen mit ausschließlich sterilen Blüten. *V. opulus* 'Xanthocarpum' ist der Wildart ähnlich, nur dass die Früchte gelb bleiben.

Der sehr dekorative Japanische Schneeball *Viburnum plicatum* ist in China, Japan, Korea und Taiwan beheimatet und ist einer der schönsten für den Früh-sommer. Es gibt mehrere sehr elegante Sorten mit teller- oder ballförmigen Blüten. Die Sorten mit sehr dekorativen Tellerhortensien ähnlichen Blüten werden als *Viburnum plicatum* ssp. *tomentosum* klassifiziert. Im Herbst ent-wickeln sich die Früchte von Rot über Blau bis fast Schwarz. Der absolute Gar-ten-Klassiker ist die imposante 'Mariesii', die waagrechte Äste bildet, die von Reihen weißer Tellerblüten gekrönt werden. Dies ist mein Lieblingsstrauch, da er einen sehr eleganten, beeindruckenden Wuchs hat, aber nur, wenn Sie genü-gend Platz für ihn haben, damit er seinen natürlichen Wuchs entwickeln kann, ohne von Nachbarn behindert zu werden. Etwas kompakter, aber mindestens genauso schön ist 'Rowallane'. Eine besonders lange Blütezeit haben 'Summer Snowflake', 'Watanabe' und 'Kilimanjaro'. Sie sind nicht ganz so elegant, aber kompakter im Wuchs und eignen sich daher für kleinere Gärten. Für einen Hauch von Rosa pflanzen Sie 'Pink Beauty' oder 'Molly Schroeder'.

Wie bei den oben genannten Arten gibt es auch einige Selektionen mit rein sterilen Blüten, die runde, kugelförmige Blütenköpfe bilden wie eine Bauern-hortensie. Diese werden als *Viburnum plicatum* ssp. *plicatum* klassifiziert. 'Grandiflorum' kann bis zu drei Meter hoch werden. Ein wenig kleiner und blühfreudiger ist 'Popcorn'. Diese Selektion soll besonders trockenheitstolerant sein.

Pflege

Schneebälle sind im Großen und Ganzen einfach zu pflegende Gehölze. Sie sind nicht wählerisch, was die Art des Bodens betrifft, in dem sie wachsen. Die meisten bevorzugen einen leicht alkalischen Boden, kommen aber auch mit einem niedrigeren pH-Wert gut zurecht und wachsen am liebsten in der Sonne oder im Halbschatten. Sie fühlen sich am wohlsten, wenn sie mit einer guten Portion Kompost oder Laubmulch gepflanzt werden, der hilft, die Feuchtigkeit im Boden zu halten, aber sie mögen keine nassen Füße. In Perioden übermäßiger Trockenheit ist es ratsam, sie im Auge zu behalten, sie brauchen vielleicht gelegentlich Wasser. Vor allem, wenn die Pflanzen noch relativ jung sind. Sie brauchen keinen Rückschnitt und sind am schönsten, wenn man sie ihre natürliche, schöne Form entwickeln lässt.

Der ewige Kampf mit dem Unkraut

Das Gärtnern scheint manchmal ein ewiger Kampf gegen alle möglichen Feinde zu sein: gegen allerlei Schädlinge und Pflanzenkrankheiten, das Wetter, die Nachbarn, den schlechten Boden und natürlich das Unkraut. Obwohl ich seit frühester Kindheit gärtnere, ist es mir ein wenig peinlich zuzugeben, dass ich noch nie so wenig Unkraut hatte wie in den vergangenen Jahren. Warum, höre ich Sie fragen? Was ist jetzt anders? Die Antwort ist einfach: Es hat viel mit dem Wetter zu tun. Das Klima in Berlin ist kontinental. Normalerweise sind die Winter hier kalt und lang, und wenn sie zu Ende gehen, steigen die Temperaturen relativ schnell an, um in warmes, trockenes Sommerwetter überzugehen, lange bevor das in Belgien oder in England, wo ich bis 2007 gelebt habe, der Fall ist. Dort macht das milde, feuchte Meeresklima die Winter viel weniger streng. Die Frühlingssaison beginnt früher, dauert aber länger und es wird langsamer warm. Bei zahlreichen Gelegenheiten habe ich englische Gärten Ende Mai oder Anfang Juni besucht und festgestellt, dass sie praktisch blütenleer sind. Die Engländer nennen das »June gap«, also »Juni-Lücke«. Die Frühlingszwiebeln sind abgeblüht, die Frühsommerstauden sind noch nicht ganz aufgegangen, während in meinen Beeten in Berlin die späten Blumenzwiebeln die letzten Blütenblättern hängen lassen und die ersten Stauden wie Akeleien, Katzenminze und Euphorbien schon kräftige bunte Flecken bilden.

Und was hat das alles mit dem Ausbleiben von Unkraut zu tun? Im Winter wächst es nicht. Sobald es wärmer wird, beginnt alles zu sprießen, erwünschte Pflanzen ebenso wie das Unkraut. Wenn Ihre Beete und Rabatten dicht genug bepflanzt sind, wird der Boden bald von Vegetation bedeckt sein, die es verdrängt. Nur 2021 war alles anders. In den dreizehn Jahren, die ich bis dahin schon in Berlin gelebt habe, habe ich noch nie einen derart anhaltenden kühlen Frühling erlebt. Es war lange ungewöhnlich kalt, was die Stauden zurückgehalten hat, das Unkraut hingegen, dem diese kühleren Temperaturen nichts ausmachen, nicht. Es wuchs unbeirrt weiter, unterstützt durch das feuchte Wetter, das zudem seine Keimung begünstigt.

Was ist überhaupt ein Unkraut?

Manche Leute werden Ihnen sagen, dass Unkraut gar nicht existiert. Da haben sie recht.

In der Natur gibt es kein Unkraut, nur Wildpflanzen, die dort, wo sie wachsen, auch hingehören. Es sind einfach Pflanzen, die ihre Funktion erfüllen; eine davon ist, die Bodenoberfläche zu bedecken. Diese Pflanzen können Ihnen etwas über Ihren Boden verraten. Brennnesseln beispielsweise gedeihen in der obersten Schicht von stickstoffreichen Böden, oft auf oder in der Nähe von Kompostflächen oder Misthaufen.

Für Gärtner sind Unkräuter Pflanzen am falschen Platz. Ein Unkraut ist so gesehen jede Pflanze, die dort wächst, wo sie Ihrer Meinung nach nicht sein sollte.

Wir alle kennen das: Sie haben gerade die Blumenbeete gejätet und alles sieht tadellos aus. Ein äußerst befriedigender Anblick. Kaum haben Sie Ihre Werkzeuge wieder im Schuppen verstaut, keimt hinter Ihrem Rücken schon das nächste Unkraut. Innerhalb weniger Tage können Sie wieder von vorne anfangen. Es ist so frustrierend!

Ich kann Ihnen versichern, dass die Natur dies nicht tut, um Sie zu ärgern und auf Trab zu halten, sondern um sich selbst zu schützen. Die obersten paar Zentimeter sind der wertvollste, fruchtbarste Teil des Bodens, und der muss durch ein feines Wurzelgeflecht und eine Laubdecke zusammengehalten werden. Die austrocknende Wirkung von Sonne und Wind würde sonst zu Bodenerosion führen, und der beste Teil würde zuerst abgetragen – so, als ob jemand die Sahne von der Torte stiehlt. Die Natur kann sich nur schützen, indem sie dafür sorgt, dass die nächste Ladung Samen keimt, sobald die Alarmglocken läuten, weil schon wieder jemand alles weggeräumt hat.

Einjährige Unkräuter

Es gibt einige einjährige Unkräuter wie Vogelmiere, Behaartes Schaumkraut und Ehrenpreis, die auffallend kurzlebig sind. Sie keimen im Frühjahr, blühen, setzen Samen an, reifen aus und verbreiten diese dann innerhalb weniger Monate. Der Vorteil ist, dass sie bald wieder verschwunden sind und man sie vergessen kann. Oder vielleicht besser doch nicht? Das alte englische Sprichwort bringt das Problem auf den Punkt: »One year's seeding makes seven years' weeding« (»Ein Jahr aussäen, sieben Jahre jäten«). Es lohnt sich, sie auszureißen, bevor die Saat reift, oder zumindest an einem sonnigen, trockenen Tag abzuhacken.

Problematische Unkräuter

Stauden wie Löwenzahn, die sich über Samen verbreiten, sind zwar lästig und hartnäckig, aber unter Kontrolle zu halten, indem man ihre Blüten entfernt, bevor die Samen reifen und wegfliegen. Mehrjährige Unkräuter, die sich vegetativ vermehren können, sind die wahren Problemunkräuter. Da hilft es nicht, einfach nur die Blüten zu entfernen, kein Ausreißen oder Hacken lässt sie verschwinden. Sie sind schwer auszurotten, da das kleinste Stückchen Wurzel, das zurückbleibt, weiterwächst und bald zu einer neuen Pflanze wird. Ackerwinde, Giersch, Brombeeren, Ackerschachtelhalm und Quecke sind einige der größten Widersacher des Gärtners.

Besonders Brombeeren sollte man den Kampf ansagen. Sie verbreiten sich rücksichtslos mit allen Mitteln, die ihnen zur Verfügung stehen. Ihre Samen sind in köstlich süßen, saftigen Beeren versteckt, die von Vögeln und anderen Tieren sehr geliebt werden, die sie irgendwo ablegen, verpackt in ihrem eigenen, persönlichen kleinen Düngerpaket. Die Wurzeln bilden lange Ausläufer, so dass sie schnell und vom Gärtner unbemerkt eine große Fläche besiedeln können. Als ob das alles noch nicht genug wäre, schlagen die langen, ausladenden Äste dort Wurzeln, wo sie auf den Boden treffen. Die Moral von der Geschichte: Entfernen Sie sie so schnell wie möglich aus Ihrem Garten und gehen Sie im Spätsommer in den Hecken auf die Suche nach den leckeren Beeren; kommen Sie den Vögeln zuvor.

Exotische Eindringlinge

Nicht alle Pflanzen, die uns mit der Jäthacke auf Trab halten, sind einheimisch. Es gibt eine ganze Reihe von Exoten, die eingeschleppt wurden. Da ihnen die Gegenspieler fehlen, die sie in ihrer natürlichen Umgebung in Schach halten, breiten sie sich unkontrolliert in unseren Breiten aus und bedrohen einheimische Lebensräume, von Gärten ganz zu schweigen. Japanischer Staudenknöterich, Drüsiges Springkraut, Riesenbärenklau und der Götterbaum beispielsweise sind eine solche Bedrohung für unsere natürliche Umwelt, dass sie auf der EU-Liste der invasiven gebietsfremden Arten stehen.

In kleinerem Maßstab habe ich naiverweise in meinem Garten Pflanzen gepflanzt, die völlig außer Kontrolle gerieten. Eine schöne alte Rose, die endlose Ausläufer hervorbrachte, eine Wiesenraute, die sich wild selbst aussäte, eine weiße Form des Weidenröschens, das in den Rasen meiner Nachbarn eindrang. Ich habe meine Lehren daraus gezogen und greife ein, bevor es zu spät ist. Wenn ich an einer Pflanze nicht hänge, wird sie sofort entfernt. Wenn ich sie mag, entferne ich zumindest die abgestorbenen Blütenköpfe von potenziell übereifrigen Selbstaussäern, um zu verhindern, dass sie Samen ansetzen. Pflanzen, die ich liebe, die aber Ausläufer bilden, pflanze ich mit einer Wurzelsperre, um zu verhindern, dass sie in Bereiche eindringen, in denen sie nicht willkommen sind. So habe ich die übereifrige Zitronenmelisse und die wuchernde Minze in einem etwa dreißig Zentimeter tiefen Plastiktopf eingepflanzt, von dem ich zuvor den Boden herausgeschnitten habe. Bambus braucht etwas Substanzielleres: eine einen halben Meter tiefe, spezielle, dicke Membran, die mit Metallschienen festgeschraubt wird, damit es kein Entweichen gibt. Der Rand sollte mindestens fünf Zentimeter über dem Boden enden.

Gabeln Sie, bevor Sie Ihre Pflanzen einsetzen, so viele Wurzeln wie möglich aus dem Erdreich aus. Verwenden Sie dabei immer eine Gabel und keinen Spaten. Dann haben Sie die Chance, die ganze Wurzel herauszubekommen, statt sie in kleinere Stücke zu zerhacken und sie dadurch zu vermehren. Wenn Sie die endgültige Bepflanzung um eine Saison verschieben können, säen Sie zwischenzeitlich Gründüngung oder setzen Sie andere einjährige Pflanzen, um einerseits die kahle Fläche zu füllen und andererseits hartnäckige Restbestände des Unkrauts am Wachsen zu hindern und so hoffentlich auch langfristig zu unterdrücken.

Auf stark befallenen Flächen empfehle ich die Verwendung einer physischen Barriere auf der Erdoberfläche, um zu versuchen, die Pflanzen auszurotten. In guten Gärtnereien gibt es spezielles Vlies oder Schafswollmulchmatten, aber Sie können auch Pappe oder alte Teppiche aus Naturfasern auf den Beeten ausbreiten, die nach und nach verrotten. Die Idee ist, eine Barriere zu schaffen, die die ungeliebten Pflanzen nicht durchdringen können und ihnen das Licht für mindestens eine ganze Saison zu entziehen.

Unkrautbekämpfung mit Pflanzen

Die einfachste und beste Bodenbedeckung ist eine sorgfältig geplante Bepflanzung. Sie verhindert nicht nur die Keimung von Unkraut, sondern hält auch die Feuchtigkeit im Boden. Pflanzen Sie so dicht, dass die Pflanzen, sobald sie ausgewachsen sind, den Boden bedecken. Bis zum Frühsommer sollte in Ihren Blumenrabatten keine blanke Erde mehr zu sehen sein. Für das zeitige Frühjahr können Sie Zwiebeln und kleine frühblühende Stauden wie Primeln, Veilchen oder *Doronicum* einsetzen, die von Natur aus im Sommer ruhen und denen es nichts ausmacht, dann von höheren Nachbarn beschattet zu werden. Es gibt zahlreiche niedrigwachsende, schattenliebende Bodendecker, die sich ausbreiten und große Flächen zwischen Bäumen und Sträuchern füllen können. Die meisten von ihnen haben den Vorteil, dass sie auch attraktive Blüten hervorbringen. Elfenblumen, Storchschnabel und Immergrünchen sind einige dieser wertvollen, pflegeleichten Pflanzen, während Sie in schattigen, trockenen Bereichen Alpenveilchen ausprobieren sollten.

Einigen Bodendeckern macht es nichts aus, wenn sie betreten werden. Die Gräser, die den Rasen bilden, gehören natürlich zu dieser Kategorie, aber auch beispielsweise Stachelnüsschen. Die Klassiker wie Kriechender Thymian oder Teppich-Kamille sind attraktiv, aber unbrauchbar, wenn man regelmäßig über die Fläche läuft.

Wo es einige Jahre dauern wird, bis die Vegetation eine geschlossene Decke gebildet hat, setzen Sie einjährige Pflanzen ein. Kapuzinerkresse ist eine schnell wachsende, sich ausbreitende Pflanze, aber auch Kürbisse können als leichte, provisorische Bodendecker nützlich sein und werden Sie den ganzen Herbst und Winter über mit leckeren Mahlzeiten versorgen.

Mulchen

Wo eine Bepflanzung nicht möglich ist oder die Pflanzen noch zu jung sind, um die gewünschte Fläche zu bedecken, können Sie Mulch verwenden. Mulch ist meist eine Schicht aus organischem Material (es kann aber auch Kies oder Folie sein), das auf den Boden aufgebracht wird. Idealerweise sollten Sie Kompost oder Laubmulch verwenden, da beides die Bodenstruktur, das Wasserhaltevermögen und die Fruchtbarkeit verbessert. Rindenmulch ist beliebt und wird oft als gutes Unkrautunterdrückungsmittel empfohlen. Das Problem ist jedoch, dass man in aller Regel eher Holzhäcksel denn kompostierte Rinde erhält. Wenn diese zerkleinerten Holzstücke sich dann erst auf dem Beet zersetzen, entziehen sie dem Boden Stickstoff, der ja aber für Ihre Pflanzen ein lebenswichtiger Nährstoff ist. Zudem enthält frisches Holz Gerbstoffe, die für die Pflanzen schädlich sind. Diese sind zwar gute Unkrautvernichter, beeinträchtigen aber auch die »erwünschten« Pflanzen. Die günstigen Holzhäcksel taugen höchstens als schöne Wegoberfläche! Ein weiteres schönes Mulchmaterial für Wege, besonders in Waldgärten, sind Kiefernnadeln. Sie bilden eine wunderbar weiche, polsternde Schicht, auf der es sich gut gehen lässt. (Ich verwende Kiefernnadeln auch zum Mulchen unter Rhododendren und anderen Verwandten von Heidepflanzen, die einen niedrigen pH-Wert mögen.)

In sehr schweren Fällen, wenn das Grundstück z. B. von Japanischem Staudenknöterich befallen ist, einem Unkraut, das praktisch nicht auszurotten ist, können wir nur raten, den Boden komplett austauschen zu lassen. Dies sollte jedoch immer der letzte Ausweg sein, da es das gesamte Ökosystem stark durcheinanderbringt.

Toleranz ist auch ein wichtiger Aspekt. So oft besuche ich Gärten, die wie geleckt wirken und vom Eingangstor bis zum hinteren Zaun makellos sind. Diese Besessenheit von Sauberkeit und Ordnung ist jedoch in einem Garten, der ja trotz seiner Kultiviertheit ein Teil der ihn umgebenden Natur ist, nicht von Vorteil. Denn viele »Unkräuter« sind, wie gesagt, heimische Pflanzen, die eine wichtige Rolle in dem größeren Ökosystem spielen, in dem wir leben – und gärtnern – dürfen. Ein alter Baumstamm, ein mit Efeu berankter Schuppen, eine Ecke mit Brennnesseln schaden Ihnen nicht und nützen einer Vielzahl von Insekten, Vögeln und anderen Lebewesen. Halten Sie den Bereich um das Haus und die Terrasse herum ordentlich, aber je weiter Sie sich davon entfernen, desto entspannter können Sie mit Ihrem Garten umgehen und damit der Umwelt etwas Gutes tun.

IV. HOCHSOMMER

Ende Juni bis Ende August

Warme, satte Farben

Es ist jedes Jahr auf Neue kaum zu glauben, dass die Sommerferien wirklich da sind. Der längste Tag ist gekommen und gegangen. Die Nachtigallenmännchen, die in den vergangenen Monaten eifrig gesungen haben, waren offensichtlich erfolgreich: Die meisten von ihnen haben ihren wunderbaren Gesang eingestellt.

Mit der Ankunft des Sommers gibt es im Garten auch allerlei zu tun, zum Beispiel die Rabatten pflegen, verblühte Blumen, Einjährige und Dahlien ausputzen, gießen und natürlich regelmäßig ernten. Der Rasen sollte trotz Hitze immer wieder einmal gemäht werden; wenn er eine Wiese werden darf, kann diese auch geschnitten werden, jedoch erst dann, wenn die Samen der verwelkten Wildblumen gereift sind.

Ein sicheres Zeichen dafür, dass die Sommersonnenwende stattgefunden hat, ist, dass Thea, unsere Chefgärtnerin in der Gartenakademie, die Katzenminze für eine zweite Blüte zurückgeschnitten und die Lücken in der Rabatte mit einjährigen Sommerblumen wie *Nicotiana mutabilis*, Kosmeen und Spinnenblumen gefüllt hat. Spätestens Mitte Juli ist der Frauenmantel dran, damit er sich nicht aussät und frische Blätter nachwachsen.

Unser Schattengang strotzt vor beeindruckenden Hortensien und übernimmt von den Rosen die Führung. Deren erste Blütezeit neigt sich dem Ende zu, und sie sollten jetzt gründlich ausgeputzt werden, um neue Triebe für die spätsommerliche Blütenpracht zu fördern. Denken Sie daran, die Rosen, die besonders gute Hagebutten produzieren, zu verschonen. Falls nötig, können Sie die verblühten Blütenblätter einfach abschütteln.

Der Hochsommer bringt wieder einen klaren Farbwechsel mit sich. Die Frische der vergangenen Wochen ist definitiv vorbei, jetzt, da die Sonne gnadenlos im Zenit steht. Die heißen Sommertage, an denen die Hitze am Horizont flimmert, sind die Zeit der warmen, satten Farben. Es gibt viel Gelb zu sehen, aber auch Samtrot, Orange und den Terrakottaton der Korbblütler wie Sonnenbraut oder Sonnenhut. Selbst das Weiß und Rosa der Echinacea wirkt satt. Die transparente Leichtigkeit des vergangenen Monats ist nirgends mehr zu finden. Phlox und Duftnessel sind zwei wichtige Stauden, die jetzt das kühlere Farbspektrum bedienen.

Ab Mitte August spürt man die Ankunft des Herbstes, auch wenn man es noch gar nicht wahrhaben will. Es hat mit dem Wechsel des Lichts und den kühler werdenden Nächten zu tun. Acht Wochen nach der Sommersonnenwende steht die Sonne nicht mehr so hoch. Diese tiefere Einstrahlung bringt besonders während der frühen Morgenstunden und abends ein ganz besonderes Licht in den Garten. Dazu kommt, dass es morgens oft leicht neblig sein kann, so dass die Tausende kleinen, feinen Spinnenweben, die über Hecken und Rasenflächen drapiert sind, funkelnd sichtbar werden.

Füllen von Sommerlücken in den Blumenbeeten

Ich liebe es, Einjährige wie Ziertabak oder Dahlien einzusetzen, um irritierende Löcher in den Rabatten zu füllen. Die damit verbundene Arbeit zahlt sich aus, denn sie blühen bis zum Ende der Saison. Ich ziehe die Pflanzen gerne in Töpfen vor, so dass ich sie jetzt, da sie zu blühen beginnen, auspflanzen kann. So haben sie eine bessere Überlebenschance inmitten der größeren Nachbarn, und ich habe mehr Flexibilität, die Pflanzen genau dort zu platzieren, wo ich sie brauche. Die meisten dieser Lückenfüller sind exzellente Schnittblumen, die wöchentlich immer wieder frische Blüten für die Vase produzieren.

Achten Sie darauf, dass Sie die Wurzelballen der Pflanzen, die Sie zu dieser Jahreszeit pflanzen, einweichen und das Pflanzloch mit Wasser füllen. Geben Sie Ihren Pflanzen einen guten, feuchten Start!

Besuchen Sie Ihren eigenen Garten

Dies ist die Jahreszeit, in der Sie nicht nur andere Gärten, sondern auch Ihren eigenen Garten besuchen sollten. Ihr Paradies ist nämlich nicht nur zum Gärtnern da, sondern auch zu Ihrem Vergnügen. An schönen Sommertagen ist es ein Glück, in der Morgensonne auf der Terrasse zu frühstücken oder im kühlen Schatten eines Baumes, umgeben von Ihren Blumen, Nachmittagstee oder Kaffee zu trinken. An heißen, schwülen Abenden ziehen Sie sich in das erfrischende dunkle Grün Ihres Gartens zurück, der gerade mit genügend Kerzen beleuchtet ist, dass Sie sich sicher bewegen können. Lauschen Sie den Geräuschen Ihres nächtlichen Gartenlebens, genießen Sie die Gerüche der nachtbestäubten Blumen wie Buddleja oder Nachtkerze und entspannen Sie sich einfach. Diese Ausflüge in Ihren Garten werden Ihnen eine völlig neue Perspektive auf Ihre Umgebung eröffnen. Nach einem wunderbaren Abend in der Dunkelheit Ihres Gartens werden Sie entspannt und glücklich zu Bett gehen.

Ernte und sukzessiver Anbau

Für diejenigen unter Ihnen, die im Frühjahr Gemüse angebaut haben, hat die Ernte- und Pflücksaison begonnen und sie wird noch viele Monate andauern. Vielleicht beobachten Sie auch die reifenden Obstpflanzen, und die ersten Gläser mit Erdbeerkonfitüre und Johannisbeergelee stehen schon im Regal. Ich liebe diese Zeit in der Saison, die arbeitsreiche Ernte, das Ausdenken von Rezepten und das Verarbeiten all dieser Köstlichkeiten.

Dort, wo früh geerntet werden konnte, füllen Sie eventuelle Lücken in den Gemüsebeeten mit der Nachsaat. Jetzt geht das noch. Die Tage sind noch lang genug, damit sich die Pflanzen stark entwickeln können, und es wäre schade, wenn leere Flächen vernachlässigt würden und verunkrauteten. Ziehen Sie mit der Seite einer Hacke kleine Rillen in das Beet und wässern Sie diese Rillen vor der Aussaat, dann streuen Sie die Samen dünn aus und bedecken sie leicht mit Erde, bevor Sie sie erneut wässern. Behalten Sie Ihre Sämlinge im Auge und achten Sie darauf, dass sie während der heißen, sonnigen Perioden nicht austrocknen!

Zurücklehnen, genießen, ernten und Köstliches kochen – was könnte schöner sein!

Luftige Wiesenrauten
für halbschattige Gärten

Seit meiner Kindheit liebe ich *Thalictrum* oder Wiesenraute. Damals waren sie noch etwas ganz Besonderes und eine Seltenheit in Belgien; mein Vater hatte sich drei Pflanzen von *Thalictrum aquilegifolium* in England bestellt. So kamen diese drei sonderbaren Staudenpflanzen, die eigentlich wie eine Akelei aussahen, in mein Leben. Sie bekamen einen Platz im schattigen Teil des Staudenbeets. Sie fanden nicht nur im Beet ihren Platz, sondern auch direkt in meinem Herzen; diese Liebe währt nun seit fast fünfzig Jahren. Bis jetzt habe ich noch keine entdeckt, die mir nicht gefällt. Es gibt über zweihundert Arten, von denen viele in schattigeren Bereichen wachsen. Meist mit feinem, dekorativem Laub und zarten, flauschigen Blüten, entweder ohne oder mit nur wenigen kleinen Blütenblättern. Sie sind unauffällig, aber trotzdem charaktervoll und ausdrucksstark und verleihen dem Beet eine wunderbar luftige, »fluffige« Anmutung, und genau das fand ich schon als achtjähriges Kind so wunderbar. In gut sortierten Gärtnereien sind meist mehrere Arten und Sorten zu finden und sie lohnen sich alle.

Für den Frühsommer ist *Thalictrum aquilegifolium*, die Akeleiblättrige Wiesenraute oder Amstelraute, unentbehrlich, die wohl überhaupt die meist verbreitete Sorte ist. Auf den ersten Blick halten viele sie zunächst für eine Akelei, daher hat sie auch ihren Namen: *Aquilegia* ist der botanische Name für Akelei, *folium* bedeutet Blatt. Die einen Meter hohen kräftigen Blütenstängel verzweigen sich zu luftigen Schirmen, bestehend aus runden Puscheln. Anstelle der Blütenblätter hat die Pflanze ganz viele feine Staubblätter.

Die Art blüht hellviolett, 'Album' ist cremeweiß. Die standfeste Sorte 'Thundercloud' hat eine etwas dunklere, intensive Blüte. Höher und mit dramatisch dunkelviolettem Blütenstängel ist 'Black Stockings'. Alle blühen von Mai bis Anfang Juli.

Für die Sommermonate liebe ich die luftigen Formen von Chinesischer Wiesenraute *Thalictrum delavayi*. Bis zu 1,80 Meter hoch oberhalb des frischgrünen, delikaten Laubes (wie ein Frauenhaarfarn) steht ein feiner Blütenstiel, locker umhüllt von ganz vielen kleinen Blüten. Im Gegensatz zu der akeleiblättrigen Sorte hat jedes Blümchen vier bis fünf kleine Blütenblätter, die die kleineren büscheligen Staubblätter umhüllen. Von Juli bis September wirkt sie wie eine riesige, legere Wolke, die sich wunderbar mit anderen zartblütigen Stauden wie Sanguisorba oder Schleierkraut kombinieren lässt. Es gibt eine weiße Sorte namens *T. delavayi* 'Alba', die allerdings nur 1,20 Meter hoch wird, und 'Hewitt's Double' mit entzückenden kleinen lila Pompons.

Inzwischen habe ich eine neue Favoritin für mich entdeckt: *Thalictrum delavayi* 'Splendid White'. Sie ist traumhaft schön, blüht viele Wochen lang in reinstem Weiß, das in der Dämmerung leuchtet. Jeden Abend sitze ich auf der Terrasse in unserem Berliner Innenhofgarten und genieße mit großer Freude diese mannshohe, weiße Wolke, nur leicht gestützt von einem fein verzweigten Bambusast.

Besonders in so einem kleinen Garten wie unserem ist die Lockerheit und Transparenz von hoher Vegetation wertvoll. Diese Wolke leistet mir ab Anfang Juli bis in den Frühherbst Gesellschaft.

Zwei weitere, außergewöhnliche Strukturpflanzen sind *Thalictrum flavum* ssp. *glaucum*, die Gelbe Wiesenraute, und *Thalictrum* 'Elin', die Riesen-Wiesenraute. Im Gegensatz zu den oben erwähnten Sorten, die sich zu einer lockeren Blütenwolke verzweigen, produzieren diese beiden eher stabile, aufrechte Blütenstiele und bringen damit eine wichtige klare, vertikale Linie ins Beet.

Die Gelbe Wiesenraute ist eine tolle Strukturpflanze: straff, aufrechtstehend, mit zart zitronengelben, puscheligen Blüten von Juni bis zum späten Juli/August, die das graublaue Laub sehr schön komplementieren. Der neue Austrieb hat etwas Violettes, und selbst die Stiele haben ein zartes Grau. Wie bei der Akeleiblättrigen Wiesenraute ziert der dekorative Saatstand noch lange den Garten. Die hohe Riesen-Wiesenraute ist ein Hybrid, der der Sorte *T. rochebrunianum* ähnelt. Auch ihr Austrieb und junges Laub sind extrem dekorativ mit ausgezeichneten gräulich blauen bis violetten Tönen. Sie ist ein wunderbarer Begleiter für Frühjahrszwiebelblumen und frühe Stauden wie Akelei.

Aussaat und Standort

In meinem Garten in England fühlte sich die Gelbe Wiesenraute so wohl, dass die Saatkörner gut und gerne keimten, teilweise sogar inmitten anderer Stauden. In Berlin dagegen ist es die Akeleiblättrige Wiesenraute, die sich leicht aussät. Und selbst, wenn die Sämlinge noch jung sind, sind ihre Wurzeln so fest verankert, dass man sie ohne Werkzeug nicht aus der Erde ziehen kann.

Das Problem der vielen unerwünschten Sämlinge erledigte sich zwar nach unserem Umzug von England nach Deutschland von selbst (beziehungsweise es wurde das Problem unserer Nachfolger!). Und ich habe gelernt, Pflanzen, die sich unkontrolliert ausbreiten, sofort auszureißen oder zumindest die verblühten Blüten zu entfernen, bevor die Saat gereift ist. Allerdings muss man dann auf den Herbstschmuck der trockenen Blütenstände verzichten.

Die meisten *Thalictrum* lieben es, kühle Wurzeln zu haben und einen leichteren, humusreichen Boden. Alle Wiesenrauten sind dekorativ, haben interessantes Laub und feine Blüten und mögen einen leicht schattigen Standort, den ich auch so schätze – besonders bei Hitze!

Betörende Düfte

Was kann es Schöneres geben, als an einem lauen Sommerabend draußen zu sitzen und die himmlischen Düfte all der Blüten zu genießen, die schwer in der Luft hängen. Dazu kommen die typisch sommerlichen Düfte von frisch gemähtem Gras und der einmalige, unbeschreibliche Geruch der ersten Regentropfen auf dem Gehweg nach einem Hitzeeinbruch. Neben den zahlreichen Rosen bescheren uns vor allem zwei absolute sommerliche Staudenklassiker ein fantastisches Dufterlebnis: Phlox und Nelken. Es gibt viele Nelkensorten, aber eine, die ich am reizvollsten finde, ist eine alte cremefarbene Federnelke, *Dianthus plumarius* 'Mrs Sinkins', mit den für diese charmante Gattung typischen gefiederten Blütenblättern. Pflanzen Sie diese und andere ihrer duftenden Verwandten an einen sonnigen, gut durchlässigen Standort, z. B. am Rande einer Stützmauer.

Unerwarteter Duft kommt von einem Gras: *Sporobolus heterolepis*. Es ist sehr fein und zart und muss unbedingt in größeren Mengen gepflanzt werden, damit sein süßer, leichter Duft voll zur Geltung kommt. Für den schattigen Garten habe ich eine Überraschung: *Hosta plantaginea*. Auf den ersten Blick mag diese Funkie mit ihren relativ großen grünen Blättern nicht die aufregendste aller Funkien sein. Aber wenn der August kommt, erscheinen ihre reinweißen, schlanken, glockenförmigen Blüten, die einen köstlichen Duft verbreiten. Die reine Art wird selten zum Verkauf angeboten, aber *Hosta plantaginea* 'Grandiflora' und 'Royal Standard' tun es auch!

Erinnerungen

Der Geruchssinn ist der evokativste unserer Sinne. Wenn ich an bestimmten Pflanzen rieche, fühle ich mich sofort in die Vergangenheit zurückversetzt und spüre eine starke Verbindung zu bestimmten Menschen und Orten. Der weihrauchartige Geruch des Laubs der gelb blühenden *Rosa primula*, die zitrusartige Zaubernuss, der einzigartige Duft der Maiglöckchen. Phlox wird mich für immer an einen sehr heißen Sommer erinnern, den ich im Dachgeschoss des Foerster-Hauses in Potsdam verbrachte, wo ich im Karl-Foerster-Archiv forschen durfte. Bei meiner Ankunft hatte Marianne Foerster einen schönen Phloxstrauß in mein Schlafzimmer gestellt. Mit dieser Vase voller berauschender Düfte war die Assoziation für immer besiegelt.

Abenddüfte

An diesen heißen Abenden ist es meist windstill und jeder Duft liegt schwer in der Luft. Viele Pflanzen werden von nachtfliegenden Insekten wie z. B. Motten bestäubt und locken diese mit ihrem starken Geruch zu ihrer Blüte. Oft riechen diese Pflanzen tagsüber kaum, aber mit Einsetzen der Dämmerung beginnt das olfaktorische Feuerwerk. Beachten Sie aber, dass die Pflanzen in Zeiten extremer Hitze und Trockenheit oft keinen Duft produzieren, um Energie zu sparen.

Manche Blumen duften Tag und Nacht, manche nur nachts, was sie zu einer perfekten Pflanze in der Nähe des Bereichs macht, in dem man abends gerne sitzt. In unserem englischen Garten hatten wir früher eine kleine Holzterrasse ganz am Ende unseres Gartens, die auf drei Seiten von Stauden umgeben war, aber den Blick auf die Landschaft freigab, so dass wir den Sonnenuntergang genießen und die grasenden Pferde auf dem angrenzenden Feld beobachten konnten. Wir nannten sie »Gin-Tonic-Terrasse« und es war der ideale Platz für abendliche Drinks. Zu weit entfernt vom Haus, um dort zu essen, aber perfekt, um ein Getränketablett mitzunehmen. Die Aussicht war nicht nur atemberaubend, sondern man konnte auch mit dem Rücken zum Garten sitzen und nicht sehen, was dort alles zu tun ist, und sie war weit genug von den Nachbarhäusern entfernt, um die Leute nicht wach zu halten, falls wir länger saßen und uns unterhielten. An einer Ecke der Terrasse stand eine große Buddleja, entlang des Zaunes drei Holundersträucher. Der Sommerflieder wurde am Ende jedes Winters auf Schulterhöhe zurückgeschnitten, damit er austreiben und sich über den Gehweg und die Terrasse wölben konnte. Er schmiegte sich an wie ein bequemes altes Sofa, ohne im Weg zu sein, und wir fühlten uns unter ihm geborgen. Der Holunder wurde alle paar Jahre zurückgeschnitten, und auch er schirmte uns wunderbar vom Nachbargrundstück ab. Im Frühsommer ist der Duft der Holunderblüten leicht und frisch, so wie der Geschmack von Holunderblütensirup. Im Hochsommer zieht der etwas schwerere, süßlichere Duft des Sommerflieders nachts genauso viele, wenn nicht mehr Nachtfalter an als tagsüber.

Entlang des Gehwegs zur Gin-Tonic-Terrasse standen Nachtkerzen, *Oenothera biennis*, die bei zunehmender Dunkelheit als subtiler Wegweiser fungierten. Die zitronengelben Blüten öffnen sich in der Abenddämmerung und haben eine starke Leuchtkraft. Sie haben auch einen wunderbar frischen, zitronigen Duft. Diese zweijährigen Pflanzen blühen den ganzen Sommer über und säen sich selbst aus. Wo die Sämlinge im Weg sind, ziehe ich sie im Frühjahr aus oder pflanze sie dorthin, wo ich sie haben möchte, aber im Großen und Ganzen lasse ich sie dort, wo sie wachsen wollen, und erfreue mich an dem jährlich wechselnden Bild.

Duftendes Laub

Ich setze nicht nur auf Pflanzen mit duftenden Blüten. Viele haben auch wohlriechendes Laub. Zahlreiche der sonnenliebenden mediterranen Pflanzen, von denen viele gerne als Küchenkräuter verwendet werden, sind zuverlässige Duftspender. Neben dem offenkundigen Lavendel und Rosmarin gibt es auch Heiligenkraut, Salbei, Thymian, in je verschiedenen Sorten, Oregano, Ysop, *Artemisia*, Weinraute und natürlich Kamille. Pflanzt man diese an sonnigen Stellen des Gartens, am besten in der Nähe von Gehwegen oder Sitzplätzen, werden die im Laub enthaltenen Öle freigesetzt. Die Sonne ist für diese Pflanzen wichtig, da sich die Öle in der Wärme intensivieren – Gnocchi burro e salvia schmecken daher nirgends so gut wie in Italien!

Hüten Sie sich vor einigen Kräutern wie Minze und Zitronenmelisse, da sie jedes Beet beherrschen wollen. Pflanzen Sie sie unbedingt mit einer Wurzelsperre oder ziehen Sie sie in einem Topf.

Standort

Pflanzen Sie nicht alle duftenden Pflanzen zusammen, sonst werden Ihre Geruchssinne überwältigt wie in der Parfümabteilung eines Kaufhauses. Viel schöner ist es, sie über den Garten zu verteilen, damit Sie von Wolke zu Wolke wandern können. Wichtige Orte sind der Vorgarten oder alle Wege, die Sie regelmäßig entlanggehen, in der Nähe von Fenstern, die Sie oft öffnen, und in der Nähe von Plätzen, an denen Sie gerne sitzen. Ich habe früher einen entzückenden, aber bescheidenen Tabak *Nicotiana suaveolens* mit kleinen weißen Blüten vor meinem Badezimmerfenster kultiviert. Am Morgen war das Badezimmer mit dem berauschenden Duft dieser charmanten einjährigen Pflanze erfüllt. Diese Sorte riecht besonders gut, aber viele andere, wie *N. sylvestris,* sind auch abends ein Genuss. Das altmodische Geißblatt wächst entlang des Zauns unseres Berliner Hinterhofgartens. Abends begrüßt mich der Duft, wenn ich nach Hause komme und den Garten betrete, und er umhüllt mich, wenn ich auf der Terrasse sitze, obwohl ich fünf Meter entfernt bin.

Pflanzen,
die für Sommerduft sorgen:

- Abelia grandiflora – Großblumige Abelie
- Agastache – Duftnessel
- Artemisia-Arten
- Brugmansia – Engelstrompeten
- Buddleja – Sommerflieder
- Choisya ternata – Orangenblume
- Clerodendron trichotomum – Japanischer oder Chinesischer Losbaum
- Clethra alnifolia, C. fargesii – Zimterle
- Dianthus – Nelken
- Heliotropium arborescens – Vanilleblume
- Hydrangea paniculata 'Unique' – Rispenhortensie
- Lavendula – Lavendel
- Lilium regale – Königslilie
- Lobularia maritima – Steinkraut
- Lonicera peryclimenum – Geißblatt
- Magnolia grandiflora, M. sieboldii – Magnolia
- Monarda – Indianernessel
- Myrtus communis – Myrte
- Nicotiana – Ziertabak
- Oenothera biennis – Nachtkerze
- Philadelphus – Bauernjasmin
- Phlox paniculata – Phlox
- Rosa (viele Rosen duften, aber nicht alle!)
- Salvia officinalis – Küchensalbei
- Thymus i. s. – Thymian
- Wisteria – Glyzinie
- Zalusianskya capensis – Sternbalsam

Rasen oder Wiese?

Die Kombination von hohen Temperaturen und gelegentlichen Gewittern mit stickstoffreichem Regen sorgt dafür, dass der Rasen kräftig wächst. Ein gut gepflegter, gemähter Rasen kann toll aussehen, aber um diesen Zustand zu erhalten, ist es wichtig, mindestens einmal die Woche zu mähen, einen guten Langzeitdünger zu verwenden beziehungsweise andernfalls regelmäßig zu düngen und natürlich auch zu kalken, sowie im Frühjahr und Herbst zu vertikutieren. Genau da liegt oft das Problem: die Zeit zu finden, um sich dem Rasen ganz zu widmen. Viele Rasenbesitzer mähen, wenn es zeitlich gerade passt, vergessen zu düngen, halten das Vertikutieren für überbewertet und sind dann überrascht, dass sie statt Rasen ein Moosfeld haben.

Mähroboter

Eine Lösung ist der inzwischen weit verbreitete Mähroboter. Er ist Ihnen bestimmt schon begegnet: eine kompakte Kiste, die chaotisch und ziellos, aber leise auf dem Rasen hin und her rollt. Mähroboter sind praktisch. Ihr Revier wird üblicherweise von einem Kabel, das auf der Erde verankert ist, markiert. Dank Sensoren weiß die Maschine, wie weit sie fahren darf. Ist der Akku fast leer, fährt der Robotermäher zurück zu seiner Station, um sich wieder aufzuladen. Für größere Flächen gibt es sogar welche, die zusätzlich mit Solarzellen ausgestattet sind, damit sie länger im Einsatz sein können. Der Pluspunkt solcher Maschinen ist, dass man einen stets gut aussehenden, gepflegten Rasen hat, ohne allzu viel dafür zu tun, und vor allem macht ein Mähroboter keinen

Lärm. Das allein finde ich schon Gold wert. Hinzu kommt, dass sie so programmiert werden können, dass sie nur nachts mähen (obwohl das nicht zu empfehlen ist, da sie Tiere gefährden können) oder tagsüber, wann auch immer es Sie nicht stört.

Ein Nachteil ist der hohe Preis, so ein Mähroboter ist eine größere Investition (die sich jedoch dann schnell rechnet, wenn Sie ansonsten jemanden fürs Mähen bezahlen müssten); zudem sind es Mulchmäher, d.h., das geschnittene Grass wird nicht eingesammelt, sondern es bleibt liegen und bildet damit schneller eine Filzmatte, was wiederum bedeutet, dass das Vertikutieren noch wichtiger wird, wenn man keinen Moosteppich haben will.

Höheres Gras

Eine andere Lösung, um den wöchentlichen Mähaufwand gering zu halten, ist es, die Rasenflächen oder wenigstens einen Teil davon einfach wachsen zu lassen. Wenn man lediglich alle drei bis vier Wochen mäht, mit dem Mäher auf höchster Stufe, spart man eine Menge Zeit und der Rasen gibt dennoch ein gepflegtes Bild ab. Die Bereiche im Vordergrund sollten Sie kurz gemäht halten, sowie auch die Ränder der Rasenfläche. Hier reicht es, einen Streifen von ein, zwei »Rasenmäherbreiten« zu kürzen.

Wildblumenwiesen

Wer gerne eine weichere, wildere Anmutung möchte, kann die Rasenflächen zur Wiese umwandeln, entweder zu einer »richtigen« Wildblumenwiese oder einer Frühlingszwiebelwiese. Die Biodiversität solcher Flächen steigt mit den Jahren, da von Jahr zu Jahr immer mehr einheimische Blumen die Chance haben, zu keimen und zu wachsen. Sie können diesen Prozess durch Jungpflanzen oder die Aussaat einer Wiesensaatmischung beschleunigen. Aber bitte seien Sie nicht enttäuscht: Es wird nicht gleich in den ersten Jahren aussehen wie in einem »Heidi«-Film. Wiesen haben ein ganz eigenes Ökosystem mit einem sehr empfindlichen Gleichgewicht, das schwierig zu etablieren und zu erhalten ist.

Der Nachteil von Wiesen ist, dass man sie im Sommer dann mähen muss, wenn die letzten Blüten verblüht sind und die Saat getrocknet ist. So haben die Pflanzen gute Chancen, sich zu vermehren. Eine Wiese kann man nur mit einer Sense oder einem Balkenmäher mähen. Das gemähte Gras sollte dann einige Tage liegenbleiben, damit es trocknen und die Saat sich verteilen kann, anschließend dann abgeharkt und entsorgt werden. Das Ganze ist ein ziemlicher Aufwand und hinterlässt eine etwas struppig und blass aussehende Fläche, die drei, vier Wochen braucht, um sich ein wenig zu erholen.

Zwiebelwiesen

Es ist möglich, einen kleinen Kompromiss einzugehen und nur im Frühjahr das Gras stehen zu lassen, da, wo Zwiebeln gepflanzt wurden. Hier gilt die Regel, dass das Gras frühestens sechs Wochen nach der Blüte, wenn das Laub der Zwiebelblumen braun geworden ist, gemäht werden kann; wenn es sich um Tulpen handelt, sogar erst im Juni oder Anfang Juli, und dann haben Sie das gleiche Problem wie bei einer Wildblumenwiese. Am besten pflanzen Sie nur frühe Zwiebeln wie Schneeglöckchen, Krokusse und andere frühe, kleine Geophyten, die verblüht und braun sind, bis Sie im Frühjahr anfangen zu mähen.

Circannuale Rhythmen

Viele von Ihnen kennen den Begriff »circadianer Rhythmus«, also den 24-Stunden-Rhythmus mit seinen wechselnden Hell-dunkel-Perioden, die die gesunden Funktionen unseres Körpers bestimmen. In den vergangenen Jahren ist er zusehends in den Fokus gerückt. Daneben gibt es den circannualen Rhythmus, abgeleitet aus dem Lateinischen: *circa* heißt *ungefähr, annuale Jahr*: der Jahresrhythmus.

Er bestimmt und regelt nahezu sämtlichen Vorgänge in der Natur. Das Leben der Tiere, Insekten, Vögel und Pflanzen wird von unserem Planeten Erde und seiner Position im großen All gesteuert. Tageslichtmenge und saisonales Wetter hängen davon ab, was wiederum das Pflanzenwachstum massiv bestimmt. Auch die Migration und das Brutverhalten der Vögel, die Lebenszyklen der Insekten und das Überwinterungsverhalten von vielen Tieren folgen festen Mustern, die dem circannualen Rhythmus unterliegen.

Saisonänderung

Ich liebe diese Regelmäßigkeit, die Vorhersehbarkeit eines Jahres. Alles kommt wieder, und trotzdem ist kein Jahr wie das andere. Dafür sorgt schon das Wetter. Womit ich mich allerdings schwertue, ist, dass ich diesen Rhythmus nicht mehr so stark wahrnehme, seit ich in der Stadt lebe. Natürlich spüre ich es – dank der kühleren Temperaturen und kürzeren Tage –, wenn der Sommer sich dem Ende zuneigt. Was ich aber vermisse, sind die typischen Indikatoren dieser Jahreszeit, wie sie in ländlichen Gegenden allgegenwärtig sind: der schwere Tau morgens auf dem Rasen, die feuchten Spinnweben, die sich über Hecken drapieren, und auch die schon schwächere, klare Morgensonne, die den Herbst ankündigt.

Es gibt nur wenige Menschen, die einen Beruf ausüben können, der auch von diesem circannualen Rhythmus bestimmt wird: immer wieder neu anzufangen, immer wieder bekannte Phänomene zu begrüßen und doch immer wieder Neues zu entdecken. Es ist ein Geschenk, so zu leben, jedes Jahr erneut die Wunder der Natur beobachten zu dürfen. Sich jedes Jahr wieder Sorgen zu machen, wie der Winter sein wird und ob der Sommer heiß und trocken oder nass und feucht wird. Sich jedes Jahr über Knospen, Triebe, Laub, Blüten, Früchte und Samen zu freuen. Zu pflanzen, zu pflegen und zu ernten.

Saisonvorbereitungen

Nicht nur den vielen Höhepunkten des Gartenjahres selbst, sondern auch den Vorbereitungen dafür kommt eine wichtige Rolle zu. In der Gartenakademie sind wir beispielsweise jedes Jahr ab Anfang August mit den Vorbereitungen für die neue Zwiebelsaison beschäftigt. Innerhalb weniger Wochen zählt und packt unser Zwiebellieferant die 700 000 Zwiebeln in Kisten, die wir dann über die folgenden Monate verkaufen. Wer sich damit im Herbst nicht befasst, verwehrt sich die größte Frühjahrsfreude im eigenen Garten.

Woran viele im Spätsommer wahrscheinlich noch gar nicht denken, ist die Weihnachtszeit. Bereits im Spätsommer besuchen unsere Gärtner den Weihnachtsbaumproduzenten im Sauerland, um dort die Weihnachtsbäume für den Verkauf während der Adventszeit auszusuchen.

Ein weiteres Highlight sind die Bestellungen besonderer Schwertlilien und Pfingstrosen. Wir bekommen sie immer als schöne, kräftige Wurzelware von zwei spezialisierten Züchtern. Die Pflanzen werden im Spätsommer getopft, so dass wir im Frühjahr darauf schöne blühende Pflanzen anbieten können.

Der Gemüsegarten im Sommer

Die Sommersonnenwende gegen Ende Juni stellt auch einen Wendepunkt im Gemüsegarten dar. Die Monate des Wachsens und Pflegens beginnen sich nun auszuzahlen. Ich liebe es, wenn von Tag zu Tag die Ernte reicher wird und eine wunderbare Vielfalt an frischem Gemüse und Kräutern ihren Weg in die Küche findet. Den ganzen Frühling und Frühsommer über säe ich in regelmäßigen Abständen kleine Mengen aus, um eine kontinuierliche Versorgung mit allem zu gewährleisten und um eine große Schwemme einer einzigen Gemüsesorte zu vermeiden.

Besonders bei Salaten habe ich gerne eine größere Auswahl, aber in kleinen Mengen, und säe alle drei bis vier Wochen nur einzelne Reihen verschiedener Sorten, damit ich mischen kann. Rucola und Eichblattsalate zum Schneiden, 'Little Thumb' als kleine knackige Köpfe.

In den ersten Jahren, als ich anfing, Gemüse anzubauen, habe ich mich oft verschätzt und hatte am Ende von einer Sorte viel zu viel und von einer anderen zu wenig. Zucchini sind ein Beispiel dafür, dass man sich leicht vertun kann. Ich fühle mich geradezu bedroht, wenn es mehr als zwei oder drei Pflanzen sind. Tomaten hingegen habe ich gerne viele, in verschiedenen Sorten. Allein für Saucen und Suppen verarbeite ich ordentliche Mengen. Im Sommerurlaub in Italien habe ich immer beobachtet, wie galante Gemüsehändler kistenweise San-Marzano-Tomaten in die Kofferräume elegant gekleideter Damen luden, und mich gefragt, was um alles in der Welt sie wohl mit so vielen Tomaten anfangen sollen? Heute kenne ich ihr Geheimnis: Sie bereiten klugerweise Sugo für die Wintermonate vor, damit sie auch im kalten Winter den vollen Geschmack sonnengereifter Tomaten genießen können.

Sommerzeit ist Erntezeit

Es ist wichtig, fruchttragende Gemüse regelmäßig zu beernten, um ihre Blüten- und spätere Fruchtbildung zu verlängern. Erbsen kann man noch lange aussäen, Bohnen stehen im Sommer in voller Produktion. Das Gleiche gilt für Zucchini und Gurken. Tomaten, Paprika und Auberginen sind allesamt leckere

Sommergemüse, die regelmäßig geerntet werden wollen. Eine Woche Unachtsamkeit kann schnell dazu führen, dass sich zarte kleine Zucchini zu riesigen unerwünschten Baseballschlägern entwickeln, die die Ausbildung weiterer Früchte hemmen. Die meisten einjährigen Pflanzen, seien es Blumen, eine Zuckererbse oder ein Kürbis, hören auf zu blühen, sobald die Pflanze weiß, dass sie genügend Samen produziert hat, um zukünftige Generationen von Setzlingen zu gewährleisten.

Spätes Gemüse

Frühe Gemüsekulturen wie Radieschen, Saubohnen, Salate und Spinat werden inzwischen geerntet sein und Lücken hinterlassen haben. Diese sollten sofort gefüllt werden, damit die Pflanzen die Tageslänge und Wärme noch nutzen können, um möglichst schnell zu wachsen. Obwohl fruchttragende Gemüsesorten wie Tomaten, Paprika, Auberginen sowie Zuckermais nicht mehr zur Reife kommen, können Sie mit Nachfolgesaaten schnellwüchsiger Kulturen weitermachen. Radieschen, Kopfsalat, Endivien, Spinat, aber auch Möhren, Rote Bete, Wirsing und Mangold können noch für eine späte Ernte ausgesät werden. Pflanzen sie jetzt noch Grünkohl. Es ist eine vergleichsweise schnelle Kultur, denn anders als z. B. bei Blumenkohl und Rotkohl wollen Sie nur die Blätter ernten. Bei den anderen muss man so lange warten, bis sie das Blühstadium erreicht haben, bevor man die Blüten oder »Knospen« ernten kann.

Direktsaat

Während es im Frühjahr schön ist, die Pflanzen unter Glas vorzuziehen und auszupflanzen, sobald das Wetter mild genug ist, bevorzuge ich im Sommer die Direktaussaat im Beet. Die Pflanzen gedeihen besser, wenn ihr Wurzelsystem sich ungehindert entwickeln kann. Säen Sie die Samen sparsam aus, um die gewünschten Abstände zu gewährleisten. Auf der Rückseite der Saatgutpackungen finden Sie immer die nötigen Angaben zu Aussaattiefe und -abständen sowie zu den entsprechenden Aussaat- und Erntezeiten. Und Vorsicht: In den heißen, trockenen Sommermonaten werden Jungpflanzen eher durch Hitze und Trockenheit gestresst, was dazu führen kann, dass sie in die Höhe schießen und vorzeitig zur Samenreife gelangen.

Wintergrün

Im August säe ich gerne einige wintergrüne Salate und Kräuter wie Feldsalat, Landkresse, Kerbel und Portulak (*Claytonia perfoliata*) aus. Auch wenn es nicht ausreichend ist, werden wir so mit frischem Grün versorgt zu einer Zeit des Jahres, in der es nicht viel gibt, das nicht von weit her gekommen ist.

Der in Italien so beliebte Chicorée ist ebenfalls eine gute Kulturpflanze für die kalte Jahreszeit und verträgt eine moderate Menge an Frost. Solange die Temperaturen nicht unter zehn, zwölf Grad Celsius fallen, geht es ihm gut. Wenn Sie ein kleines Gewächshaus, einen Folientunnel oder ein Frühbeet zur Verfügung haben, können Sie sich den größten Teil der kalten Saison über mit winterlichem Blattgemüse versorgen.

Kräuter

Einige der einjährigen Kräuter wie Petersilie werden über den Sommer hinaus gut wachsen, aber andere, empfindlichere, wie Dill und Koriander, neigen dazu, recht schnell Samen zu bilden. Obwohl auch ihre Samen in der Küche gut zu gebrauchen sind, liebe ich aber vor allem den charakteristischen Geschmack der Blätter. Deshalb säe ich gerne spätere Partien aus, die ich im Herbst ernten kann. Kerbel ist eines meiner Lieblingskräuter und bevorzugt die kühlere Wachstumsperiode. Eine Spätsommeraussaat reicht bis zum Herbst, unter Glas sogar durchaus bis in den Winter. Probieren Sie ihn zu Fisch- und Eierspeisen oder geben Sie eine große Handvoll davon in eine Suppe auf Basis von Zwiebeln, Lauch, einer Kartoffel und Hühner- oder Gemüsebrühe. Ein frühsommerlicher Genuss war das »grüne« Omelett meiner Mutter: *Une Omelette aux fines Herbes*. Zu den Eiern wurden gleiche Mengen von gehackter Petersilie und Kerbel gegeben, etwas weniger an Schnittlauch und Estragon. Etwa eine kleine Handvoll Kräuter pro Person. Serviert mit leckerem Brot und einem Salat ist dies ein wunderbares Gartenmittagessen.

Nicht vergessen: Kleine Mengen, die regelmäßig ausgesät werden, sorgen für einen kontinuierlichen, überschaubaren Nachschub an frischem Gemüse und Kräutern. Und vergessen Sie nicht, regelmäßig zu gießen. Ein unregelmäßiges Gießregime (sei es zu viel oder zu wenig) wird nicht nur Ihren Tomaten schaden, der Stress wird die Entwicklung all Ihrer Gemüsepflanzen behindern oder gar stoppen.

Sommerpflege von Rosen

Wenn im Juli die Sommerhitze unerbittlich auf den Garten drückt, merkt man den Pflanzen den Stress an. Die meisten Rosen nähern sich dem Ende ihrer Hauptblütezeit. Die Blütenblätter sind abgefallen oder hängen in einem braunen Knäuel herab. Die einmalblühenden, wie die hübsche rosafarbene, schalenförmige Sorte 'Raubritter', werden noch ein paar Wochen weitermachen, aber die große Show ist vorbei. Das ist die Zeit des Jahres, in der ich sehr froh bin, meine Rosen zwischen andere Stauden gepflanzt zu haben, denn ein schöner Anblick sind sie in verblühtem Zustand wirklich nicht. Zumindest fällt es mir nicht so sehr auf, dass sie ein eher unansehnliches Stadium erreicht haben. Sollten Sie hauptsächlich Rosen im Garten haben, würde ich vorschlagen, dass Sie das Land verlassen und für die nächsten drei bis vier Wochen Urlaub machen, während Ihre Rosen sich erholen und auf den zweiten Austrieb vorbereiten.

Entfernen von Blütenköpfen

Bevor Sie Verblühtes entfernen, sollten Sie überlegen, ob die Pflanze überhaupt geköpft werden sollte. Manche Rosen, vor allem Wildrosen (wie z. B. die graublättrige *Rosa glauca* oder mein Favorit *Rosa moyesii*) und einmalblühende Rosen, bilden attraktive Hagebutten, die im Herbst und frühen Winter, wenn sonst wenig Farbe zu sehen ist, einen farbenfrohen, dekorativen Anblick bieten. Viele Ramblerrosen passen in diese Kategorie: 'Kew Rambler', 'Francis E. Lester', aber auch die großblütige 'Mme Grégoire Staechelin'. Falls Sie nicht wissen, ob Ihre Rose dazugehört, können Sie entweder abwarten, ob an der Basis der Blüte ein Fruchtkörper anschwillt und sich entwickelt, oder Sie lassen ein paar Zweige unberührt, um zu sehen, was passiert.

Die verblühten Blüten sollten bis zum ersten vollen Blatt zurückgeschnitten werden. Ab diesem Punkt wird die Rose dann einen kräftigen Neutrieb bilden. Wenn Sie unsicher sind, wie weit Sie zurückschneiden sollen, prüfen Sie, wie viele Blätter Ihre Rose normalerweise hat. Die meisten haben sieben oder neun, manche aber auch mehr. Arbeiten Sie von oben nach unten und suchen Sie nach dem ersten richtigen Blatt unterhalb der Blüte. Direkt unter den Blüten befinden sich oft ein oder zwei unvollständige Blätter mit nur drei oder fünf Fiederblättchen – ignorieren Sie diese. Brechen Sie die Blüten nicht einfach ab, denn die zurückbleibenden Ästchen sterben einfach zu braunen Stümpfen ab.

Düngen und Gießen

Wenn Sie erwarten, dass Ihre Rosen mehr als eine Blüte mit großen, duftenden Blumen schaffen, müssen Sie sicherstellen, dass sie optimale Bedingungen für eine zweite Show haben. Deswegen ist es wichtig, dass Sie Ihre Rosen an einem vollsonnigen Standort pflanzen und beim Pflanzen Mykorrhiza in das Pflanzloch geben. Wenn Sie diese beiden wichtigen Punkte beherzigt haben, ist im Laufe der Vegetationsperiode nur noch wenig Nachsorge nötig.

Auf meinem schweren Lehmboden in Coleshill habe ich wenig gedüngt. Im zeitigen Frühjahr habe ich etwas Pferdemist von der benachbarten Koppel an die Basis jeder Pflanze gegeben. Das war alles, was sie für ein gesundes Wachstum und eine schöne Blütenpracht brauchten. Unsere Rosen in der Gartenakademie haben mit dem hiesigen, eher sandigen Boden zu kämpfen, der in der Hitze des Berliner Sommers sehr trocken werden kann. Im Herbst wird eine Ladung gut verrotteter Mist oder Kompost als Frostschutz und feuchtigkeitsspeichernde Bodenverbesserung an die Basis der Pflanzen gegeben. Im Frühjahr bekommen die Blumenzwiebeln im Beet nach dem Austrieb einen Schwung kalireichen Dünger. Davon profitieren automatisch auch alle anderen Beetbewohner. Während einiger sehr heißer, trockener Sommer könnten Sie auch einen flüssigen Blattdünger mit Algen als schnellen »Muntermacher« geben, aber nur, wenn Sie feststellen, dass die Pflanzen erschöpft aussehen. Während dieser Perioden gießen wir die Rosen sehr regelmäßig, und wir haben festgestellt, dass dies sehr hilft, sie glücklich und gesund zu halten und eine kräftige zweite Blüte zu gewährleisten.

Entfernen von Wildtrieben

Achten Sie auf die im Frühsommer entstandenen Wildtriebe. Das sind Triebe, die aus dem Wurzelstock kommen, auf dem die Rosen veredelt wurden. Züchter verwenden meist die Wurzeln von Wildrosen, da diese eine große Wuchskraft haben und zu kräftigeren Pflanzen führen. Irgendwann kommt ein neuer Trieb hoch und wird, wenn er nicht entfernt wird, die schwächere veredelte Pflanze allmählich überholen. Ich habe in den vergangenen Jahren einige Strauchrosen beobachtet, die von Jahr zu Jahr eine größere Anzahl von kleinen, einzelnen rosa Blüten haben, die die großen, gefüllten roten Rosen ersetzen. Da niemand davon Notiz genommen hat, sind es mittlerweile zwei Drittel Wildrosen. In zwei bis drei Jahren wird sie sich durchgesetzt haben. Normalerweise unterscheiden sich die Blätter und die Dornen dieser Wildtriebe stark von den kultivierten Teilen. Statt glänzenden, dunkelgrünen Laubs haben sie oft kleinere, hellere, matt graugrüne Blätter. Achten Sie auf die Position, Form und Farbe der Dornen. Lassen Sie sich nicht von der Anzahl der Blättchen täuschen, diese können unabhängig von der Sorte variieren.

Rosenblüten-Limonade

Eines der größten Vergnügen während der Sommermonate ist es, frische Limonade mit Rosenblättern aus dem Garten zu machen. Es ist ein göttliches Sommergetränk, das jedes sommerliche Essen und jede Party zu einem unvergesslichen Erlebnis macht.

Es ist wichtig, dass Sie Blüten verwenden, die nicht gespritzt wurden. Je stärker ihr Duft, desto intensiver wird der Geschmack der Limonade, und je tiefer ihre Farbe, desto dunkler wird sie. 'Charles de Mills' oder 'William Lobb' sind zwei alte dunkelrote Rosen mit herrlichem Duft. Auch 'Munstead Wood', eine moderne englische Rose von David Austin, wird der Limonade einen schönen zartrosa Ton verleihen. Aber keine Sorge, hellere wie 'Harlow Carr' oder sogar 'Stanwell Perpetual' sind ebenso wirkungsvoll, auch wenn die Farbe blasser ist – entscheidend ist der Duft!

Zutaten
Eine große Handvoll Blütenblätter, vorzugsweise am Morgen gepflückt
Saft von 2 Zitronen
3 bis 4 Esslöffel feiner Zucker, die genaue Menge ist abhängig von Ihrem persönlichen Geschmack und den verwendeten Zitronen.

Zubereitung
Geben Sie alle Zutaten in einen Mixer und fügen Sie eine Tasse kaltes Wasser hinzu. Mixen Sie so lange, bis ein Püree entsteht. Geben Sie es in einen großen Krug und füllen Sie es mit 1,5 Litern kaltem Wasser auf. Rühren Sie alles gut um und stellen Sie den Krug vier bis sechs Stunden in den Kühlschrank. Nach der Kühlzeit gießen Sie alles durch ein Sieb und servieren die Limonade. Prost!

Der Schnittblumengarten

Eine der großen Freuden für Gartenbesitzer ist es, einen endlosen Vorrat an Blumen zur Dekoration zu haben, egal, wie bescheiden die floristischen Arrangements ausfallen. Mit etwas sorgfältiger Planung ist es sogar möglich, das ganze Jahr über saisonale Blumensträuße aus dem eigenen Garten im Haus zu haben.

Wenn man einen Garten gerade erst neu angelegt hat, ist es oft schwierig, geeignete Blumen zum Schneiden zu finden, ohne dass der Garten dadurch seine Farbe verliert. Ich erinnere mich, wie ich vor meiner ersten Rose stand und zögerte, eine der drei Blüten zu schneiden, die sie in diesem Jahr hervorbrachte. Ich konnte mich einfach nicht dazu durchringen. Ich weiß, dass für einige Gärtner schon der Gedanke, Blumen abzuschneiden, ein komplettes Tabu ist, selbst wenn sie viele davon im Garten haben. Deshalb ist es gut, die Pflückmenge zu erhöhen, indem man zusätzlich einjährige Blumen anbaut.

Als kleines Kind pflückte ich Gänseblümchen, um sie in eine kleine runde Glasvase zu stellen, die eigentlich nur für solche zarten, kurzen Blumen geeignet war. Heutzutage fülle ich sie mit einem anderen kleinen Liebling von mir: Schneeglöckchen. Sie hat sich als *die* perfekte Vase für kleine Sträuße dieser tapferen Winterblüher erwiesen.

Vasen

Marianne Foerster hatte die große Vasensammlung ihres Vaters geerbt, die auf einem hohen Regalbrett steht, das rund um das Wohnzimmer herumläuft, und zitierte gerne die Klage ihres Vaters, dass man nie die richtige habe. Recht hatte er. Sie sind entweder zu breit, zu schmal, zu kurz, zu hoch, zu gerade oder haben einfach den falschen Stil oder die verkehrte Farbe. Vieles hängt davon ab, welche Art von Blumen man mag, und natürlich von der Jahreszeit.

Floraler Steckschaum

Seit Jahrzehnten verlassen sich Floristen auf die grünen, wasserabsorbierenden Schaumblöcke, die die Blumen an ihrem Platz halten und mit Wasser versorgen. Der Steckschaum ist zwar sehr praktisch, aber ökologisch eine Katastrophe, da er sich nicht abbaut und nicht recycelt werden kann. Bevor er erfunden wurde und sich durchgesetzt hat, nutzten Floristen andere effektive Methoden, um ihre Blumen an Ort und Stelle zu halten: Sie bauten kleine »Nester« mit kurzen Zweigen in der Vase oder verwendeten grob zu einer Kugel geformten Hühnerdraht. Auch der »Blumen-Igel«, eine schwere Metallplatte mit scharfen Nägeln, die aussieht wie das Folterbett eines Fakirs, kann in den Boden einer Vase gestellt werden. Er wird häufig für Ikebana-Arrangements verwendet und heißt *Kenzan*. Wenn Sie eine breite und tiefe Schale verwenden, stellen Sie mehrere kleinere Schalen wie russische Puppen ineinander, so, dass Sie die Stiele in die schmalen Zwischenräume zwischen den einzelnen Schalen schieben können. Große Blumen können mit feineren Zweigen von Birke, Buche oder Hasel gestützt werden, ganz so, wie Sie Pflanzen in einem Beet stützen würden, oder sie werden zusammengehalten, indem sie zu einer kranzähnlichen Struktur zusammengedreht werden, die wie ein Kragen oben auf der Vase sitzt.

Kleine Sträuße

Ich habe eine Sammlung kleinerer Väschen, die besonders zu Beginn der Saison wertvoll sind, wenn der Garten hauptsächlich kurzstielige Blumen wie Schneeglöckchen, Primeln und Traubenhyazinthen bietet. Diese sind wunderschön, wenn man sie über den Esstisch verstreut aufstellt, aber auch wichtig für *Posies*, kleine Blumensträußchen am Bett oder im Badezimmer vor dem Spiegel.

Große Zweige

In den Wintermonaten und im zeitigen Frühjahr benötigt man immer eine hohe, großzügige Vase für ein paar Zweige winterblühender Sträucher. Ich liebe es, im tiefsten Winter den Ästen von Frühblühern wie Zaubernuss, Japanischer

Kirsche oder Forsythie beim Entfalten ihrer Blütenblätter in der Wärme meines Hauses zuzusehen. Zwei, drei Zweige, mit eventuell ein wenig Grün von Rhododendron oder Mahonia-Zweigen, bringen sofort Leben ins Haus. Mein Vater schnitt im Dezember immer einige Zweige der Zaubernüsse ab, wobei er sorgfältig auswählte, wo er schnitt, um die wunderbare Form der Pflanze nicht zu beeinträchtigen, und ließ ihren göttlichen Duft zur Weihnachtszeit das Haus erfüllen. Ich habe kleine aufsteckbare Glasväschen, die ich auf kahle Zweige stecke und mit Vorfrühlingsblumen wie Winterlingen, Primeln oder Blausternchen fülle. Es ist ein herrliches Bild, wenn man sieht, wie die frischen grünen Blätter der Gehölze zwischen diesen Vorfrühlingsschätzen hervortreten.

Blumenzwiebeln

Ich liebe es, im Frühling Sträuße von Narzissen und Tulpen zusammenzustellen (allerdings nie gemischt, da Narzissen einen Saft ausscheiden, der für andere Blumen schädlich ist). Dafür bevorzuge ich eine Vase mit einer Höhe von fünfzehn bis zwanzig Zentimetern, einer relativ weiten Öffnung und einem gerundeten Bauch, damit sie zu einem offenen, lockeren Strauß auseinanderfallen können. Es ist wunderbar, Tulpen dabei zu beobachten, wie sie weiter wachsen und sich träge über meinen Tisch drapieren. Eine schmale, geradlinige Vase ist nützlich für nur ein paar aufrechte Stiele, wenn die Ernte nicht so üppig ausfällt.

Sommersträuße

Wenn der Garten von der Frühlingssaison in den Frühsommer übergeht, wird die Ernte reicher und vielfältiger. Ich liebe es, eine Ausrede zu haben, durch den Garten zu gehen, um ein Sträußchen zu machen, wenn ich irgendwo eingeladen bin. Oft denke ich erst, dass es nichts zu pflücken gibt. Dann fällt mir etwas ins Auge, und während ich weitergehe, wächst der Blumenstrauß, immer mit dem Gedanken an die Person, für die er bestimmt ist: fein und zart, groß und mutig, bunt oder dezent und zurückhaltend. In jedem Fall ein Unikat.

Herbstliches Feuer

Wenn der Sommer in den Herbst übergeht, verwende ich gerne die zahlreichen Astern, die das Beet mit später Farbe füllen. Man kann nicht genug von ihnen haben. In der Gartenakademie gibt es mindestens ein Dutzend oder mehr verschiedene Sorten. Die Saison beginnt Ende Juli mit *Aster frikartii* 'Mönch' und *Kalimeris incisa* 'Madiva' und endet mit *A. lateriflorus* var. *horizontalis* 'Lady in Black' im November. Gemischt mit ein paar Gräsern wie *Calamagrostis brachytricha* und ein paar späten Einjährigen wie rosa oder weißen Kosmeen bilden sie einen sehr dekorativen Herbststrauß.

Einjährige Blumen zum Pflücken

Sorgfältig ausgewählte Einjährige sind ein sehr effektiver Weg, um eine reiche Ernte während der ganzen Saison sicherzustellen. Ich liebe Duftwicken. Ein paar Stiele füllen einen ganzen Raum mit ihrem herrlichen Duft. Genau wie bei Erbsen lohnt es sich, zwei Tranchen anzubauen, beginnend mit einer frühen Aussaat im Haus, die ausgepflanzt wird, sobald die Nachtfröste nachlassen, gefolgt von einer Aussaat an Ort und Stelle im Mai. Pflücken Sie sie immer wieder oder entfernen Sie die verblühten Stiele, um eine kontinuierliche Produktion neuer Blüten zu gewährleisten. Einjährige Rudbeckien und Kosmeen liefern schönes Vasenfüllmaterial. Nigella und Kornblumen geben Ihren Sträußen einen schönen Landhausgarten-Touch, während kurzstielige Ringelblumen einen Hauch von Sonne bringen. *Bupleurum rotundifolium* fügt eine neutrale chartreusegrüne Nuance hinzu, die zu allem passt, während einige der Dolden wie *Ammi majus* wundervolles, federleichtes weißes »Füllmaterial« liefern.

Getrocknete Blumen

Früher pflückte ich im Laufe des Sommers viele Blumen und trocknete sie an einem dunklen, trockenen Ort. An einem Haken von der Decke hängend, wurden die Bündel im Laufe des Sommers immer zahlreicher. Im Herbst hing der ganze Raum voll. Es roch köstlich und sah wunderbar aus, denn die Bündel enthielten alles von Salbei, Frauenmantel, Schafgarbe, Kugeldistel, Disteln, Kornblumen bis einjährigem Rittersporn. Ich hatte die Blumen aufgrund ihrer Farbe (einjähriger Rittersporn und Molucella), Form (Schafgarbe und Kugeldistel) und Textur (Frauenmantel) ausgewählt. Mein Vater sammelte Zweige von schönen, herbstlich gefärbten Sträuchern und stellte sie für einen Monat in ein Glas, das mit 1 Teil Glyzerin, 2 Teilen Wasser gefüllt war, um sie zu konservieren. Danach konnte er das bunte, getrocknete Herbstlaub in Trockensträuße einarbeiten.

Einige Samenköpfe lasse ich einfach an der Pflanze, um das Trocknen auf natürlichem Wege zu erledigen. Sedums trocknen zu einem schönen dunklen Schokoladenbraun, auch die Samenköpfe von Wieseniris sind sehr dekorativ. Die meisten Gräser funktionieren gut in getrockneten Arrangements. *Stipa gigantea*, Chinaschilf und Diamantgras sind einige meiner Favoriten, aber das Allerbeste ist ein kleines Bündel der Samen der federleichten *Stipa barbata*, die im Sommer geerntet werden, wenn sie reif sind.

Blumen schneiden

Idealerweise gehen Sie morgens hinaus, bevor die Sonne herunterknallt, und wenn Sie eine Weile brauchen, nehmen Sie einen Eimer Wasser mit, damit Sie die Stiele direkt ins Wasser stellen können. Halten Sie den Eimer immer im Schatten.

Ich schneide vorsichtig und achte darauf, dass mein Eingriff unsichtbar bleibt. Ich plündere die Pflanzen nicht und ernte sie auch nicht gleich zur Hälfte ab. Wenn ich von einem Strauch schneide, achte ich darauf, dass ich seine Silhouette nicht zerstöre. Ich schaue nach Zweigen, die sowieso gekürzt werden müssten oder die in einem ungünstigen Winkel wachsen. Mit einer guten Gartenschere schneide ich immer knapp über einer Knospe, auch wenn dadurch der Blütenstiel viel länger wird als nötig. Bevor ich sie in einer Vase arrangiere, schneide ich sie auf die richtige Länge zu.

Floristen verwenden in der Regel speziell entwickelte Blumennährmittel, die helfen, die Haltbarkeit der Blumen in der Vase zu verlängern. Auch ohne diese können Sie jedoch dazu beitragen, die Lebensdauer Ihres Straußes zu verlängern.

Grundlegende Hygiene ist beim Arrangieren von Blumen genauso wichtig wie in allen anderen Bereichen unseres Lebens. Verwenden Sie frisches, lauwarmes Wasser und saubere Vasen, um das Wachstum von Bakterien zu vermeiden. Wenn die Schnittstellen faulen, ist die Wasserversorgung zerstört und die Blüten welken schneller. Stellen Sie die Vase wenn möglich über Nacht nach draußen und wechseln Sie alle paar Tage das Wasser.

Schnittblumen machen häufig schon nach kurzer Zeit schlapp. Dies wird meist durch eine Luftkammer verursacht, die sich nach dem Schneiden bildet und verhindert, dass das Wasser vom Stiel aufgenommen werden kann. Wenn Sie die Blumen arrangieren, machen Sie einen schrägen Schnitt, kurz bevor Sie sie ins Wasser stellen. Am besten verwenden Sie ein sauberes, scharfes Messer. Die Japaner bestehen darauf, die Stiele unter Wasser abzuschneiden, da dies helfen soll, die Entstehung einer Luftkammer zu vermeiden. Entfernen Sie alle Blätter, die im Wasser stehen würden. Besonders von blattreichen Blumen wie Pfingstrosen und Sonnenblumen entferne ich ziemlich viele Blätter, da dies dazu beiträgt, ihre Verdunstungsoberfläche zu reduzieren.

Einige besondere Hinweise:
Hohlstielige Blumen: Hohe, hohlstielige Blumen wie Rittersporn und große Dahlien sollten Sie mit Wasser füllen und das Ende des Stiels mit etwas Watte zustopfen, bevor Sie sie in eine Vase stellen. Sie können auch einen schmalen Stab einstecken, um zu verhindern, dass hohe, schwere Rittersporne oder Amaryllis abknicken.

Gehölze: Hämmern Sie nicht auf die Enden von verholzten Stängeln, wie es oft empfohlen wird, da dies das Gefäßsystem beschädigt und die Ansiedlung schädlicher Bakterien fördert. Schneiden Sie stattdessen mit einem scharfen Messer drei Zentimeter lange Schlitze in das Zweigende. Schneiden sie Hortensien und Gewöhnlichen Schneeball nicht zu früh – sie werden kräftiger beim Reifen.

Pfingstrosen: Entfernen Sie viele Blätter und tauchen Sie sie samt Knospe über Nacht vollständig in handwarmes Wasser ein, bevor Sie sie in der Vase arrangieren.

Nelken: Die Stiele haben dicke Knoten wie Kniegelenke. An diesen Stellen kann die Blume kein Wasser aufnehmen. Achten Sie darauf, dass Sie den Stiel zwischen den Knoten abschneiden.

Zwiebeln: Zwiebelblumen wie Hyazinthen oder Tulpen, die Sie im zeitigen Frühjahr kaufen, wurden oft aus der Pflanze herausgezogen statt abgeschnitten, wodurch die weißen, unterirdischen Enden der Stiele zum Vorschein kommen. Entfernen Sie diesen Teil, da er das Wasser nicht richtig aufnehmen kann. Stellen Sie die Stiele in kaltes Wasser, es sei denn, Sie wollen, dass sie sich schnell öffnen.

Stiele ansengen

Bestimmte Blumen, wie z. B. Euphorbien, produzieren eine milchige Substanz, die die Wassergefäße anderer Blumen verstopfen kann. Halten Sie die Enden dieser Pflanzen kurz in eine Flamme oder tauchen Sie sie drei bis fünf Zentimeter tief für dreißig Sekunden in kochendes Wasser, um die Stiele zu verschließen und das Austreten des Saftes zu stoppen. Einige andere Gartenblumen wie Mohn und Lenzrosen, die dazu neigen, schlapp zu werden oder ihre Blütenblätter vorzeitig fallen zu lassen, sollten auch angesengt werden. Letztere profitieren auch davon, die Basis der Stiele aufzuschlitzen. Achten Sie nur darauf, die Blüten selbst nicht über den heißen Dampf zu halten: Halten Sie sie schräg oder wickeln Sie sie in Papier ein, um sie zu schützen.

Das Eintauchen der Stiele in kochendes Wasser kann frühzeitig verwelkte Blumen auffrischen und die Lebensdauer vieler Blumen in der Vase verlängern. Wenn Sie sie nur kurz in kochendes Wasser halten, wie oben beschrieben, kann das helfen, den Lufteinschluss zu lösen und die Pflanzen zu beleben.

Inspiration

Wenn Sie Blumen aus verschiedenen Teilen des Gartens zusammenbringen, können Sie oft großartige Pflanzenkombinationen kreieren und Pflanzen entdecken, die perfekt zusammenpassen. Nutzen Sie die Gelegenheit, neue Möglichkeiten zu erkunden, und vergessen Sie nicht, Laub zu integrieren, das die Blumen aufwertet. Wenn es in einer Vase wirkt, wird es auch in einem Beet funktionieren!

V. HERBST

Ende August bis Anfang November

Pastellzeit

In der zweiten Augusthälfte merkt man, dass der Sommer sich langsam dem Ende zuneigt. Plötzlich stellt man fest, dass die Tage kürzer werden und es morgens später hell wird. Auch singen die Vögel zu Tagesbeginn nicht mehr ganz so laut und abends sitzt man draußen irgendwann im Dunkeln. Das ist nicht das Einzige, was sich ändert: Die Sonne brennt nicht mehr so gnadenlos vom Himmel wie in den Wochen zuvor. Sie steht tiefer und strahlt mit einer Klarheit, die es im Hochsommer nicht gibt. Beim morgendlichen Spaziergang über den Rasen bekommt man schnell nasse Füße: Die Grashalme sind dicht besetzt mit tausenden kleinen funkelnden Tautröpfchen. Über den Hecken erscheinen plötzlich, dicht an dicht, zahlreiche kleine Spinnweben. Die kleinen Achtbeiner wollen sich offensichtlich schnell auf den kommenden Winter vorbereiten.

Mit dem sich ändernden Licht im Garten wechselt nun auch die Farbpalette. Die satten Sommerfarben weichen den Pastelltönen des Herbstes. Zartes Violett, Lila, Mauve und Rosé dominieren ab jetzt den Garten. Es ist die Hochzeit der zahllosen Hortensien und Astern, aber auch der Gräser, Sedums und Herbstanemonen. Zum Schluss schließen sich dann auch noch die Chrysanthemen an.

Es ist Zeit, sich wie das Eichhörnchen auf den langen Winter vorzubereiten: Ernten, Lagern, Einkochen, Trocknen und Einfrieren stehen in dieser Saison auf der Tagesordnung. Noch ist der Gemüsegarten üppig, aber die Geschwindigkeit des Wachstums nimmt mit den immer kürzeren Tagen und den kühleren Nachttemperaturen ab. Langsam reifen bunte Kürbisse, die nach der Ernte erst mal als Deko eingesetzt werden. *Peu à peu* verschwinden sie dann in der Küche, um am liebsten in Stücke geschnitten, entkernt und mit Olivenöl, Salz, Muskat und Pfeffer bestreut im Ofen gebacken zu werden. Danach werden sie entweder so gegessen, oder in Suppen, Soufflés oder im Risotto weiterverarbeitet.

Die späten Himbeeren wie 'Zeva' liefern ab Mitte August köstliche Früchte, nicht in riesigen Mengen, aber über lange Zeit, worüber ich mich jetzt noch mehr freue als bei den frühen Sorten. Die Obstbäume sind beladen mit Früchten, die geerntet werden wollen. Es ist schön, eine Mischung aus früh-, mittel- und spätreifen Sorten zu haben, die bis zum Ende des Winters kühl und trocken gelagert werden können. Walnüsse und Haselnüsse – sofern Sie es schaffen, sie vor den Eichhörnchen einzusammeln – enthalten wertvolle Nährstoffe und bereichern viele Gerichte. Aber nicht nur im Garten gibt es einiges zu ernten: ein Spaziergang durch die wilde Natur bietet Köstlichkeiten wie Mirabellen, Pflaumen, Holunderbeeren und Schlehen. Mein absolutes Lieblingsgelee ist das der Kornelkirsche, die ich bei Nanni Foerster kennenlernte. Man muss warten, bis die Früchte so reif sind, dass sie von allein herunterfallen, und man kann erst den Finger ablecken, nachdem der Zucker hinzugefügt wurde, aber dann hat dieses leicht säuerliche, stark parfümierte Gelee ein köstliches Aroma.

Vielen Gartenbesitzern macht ihr Garten in dieser Saison wenig Freude. Ich stand schon öfter in Gärten, in denen ab August nichts mehr los ist. Er wurde voller Enthusiasmus im Frühjahr bepflanzt, mit blühenden oder knospenden Pflanzen, doch leider ohne jeden Gedanken an den Spätsommer oder Herbst.

Ein Garten darf nicht glanzlos vom sommerlichen Grün ins Braun des Winters übergehen. Am ersten September jeden Jahres habe ich mit mir selbst einen festen Termin und gehe ganz bewusst eine Runde durch den Garten und mache eine Bestandsaufnahme. Für mich ist das fast so etwas wie ein kleines Geschenk. Ich nehme zur Kenntnis, was gerade erst angefangen hat zu blühen und worauf ich mich noch freuen kann. Die Hortensien kommen gerade in Fahrt und fangen an ihre bezaubernden Farben zu entwickeln, die erst beim langsamen Verblühen so richtig zur Geltung kommen.

Die Gräser mit ihrer beweglichen Transparenz werden auch von Tag zu Tag schöner. Ich liebe ihre farbliche Neutralität, die zu allem passt. Auf den ersten Blick haben sie keine bestimmte Farbe. Schaut man genauer hin, entdeckt man subtile Lila-, Rosa-, Violett-, Silber- und Grünschattierungen, aber natürlich auch Töne wie Rot, Gold und Ocker.

Astern und deren enge Verwandte sind unheimlich wichtig für diese Saison. Sie blühen ab Ende Juli bis Ende November. Mehrere Korbblütler wie *Rudbeckia triloba* blühen fröhlich weiter, und natürlich gibt es immer noch die fleißigen Einjährigen wie Ziertabak, Kosmeen, Zinnien und Spinnenblumen sowie die Dahlien, die erst beim ersten harten Frost umknicken.

Im Laufe der Saison kommt auch das große Herbstspektakel in Gang: Die

Herbstfärbung der Gehölze und deren Früchte bringen den Garten zum Leuchten. Es ist so schön, den langsamen Anfang zu beobachten, wie beispielsweise ab dem späten September, frühen Oktober die ersten Sträucher wie *Euonymus* sich langsam verändern. Ab diesem Punkt wird die Herbstfärbung immer intensiver, bis sie schließlich wie ein grandioses Feuerwerk leuchtet, das erst Ende November, Anfang Dezember abklingt. Wie kleine Edelsteine sind im farbigen Laub zahlreiche bunte Früchte versteckt, u. a. Zieräpfel, Pfaffenhütchen, Sorbus, Weißdorn, Liebesperlen und vieles mehr. Weiß, Creme, Gelb, Orange, Rot, Rosa, Pink, Violett, Blau, Purpur, Schwarz – das ganze Spektrum. Für uns ist es hauptsächlich Schmuck, für Vögel und andere Gartenmitbewohner die Garantie, dass sie wohlgenährt durch den Winter kommen.

Auch wenn diese Jahreszeit eine melancholische Note hat, hat sie auch so viel Schönes, worauf man sich freuen kann. Es ist ganz wichtig, dass Sie sich gezielt auch Pflanzen aussuchen, die jetzt noch etwas zu bieten haben, seien es Blüte, Duft, Frucht, Struktur oder Herbstfärbung, seien es Stauden, Einjährige, Gräser, Sträucher oder Bäume. Recherchieren Sie, was eine langweilige Ecke beleben würde. Schauen Sie sich verschiedene Gärten an, um zu sehen, wie andere mit dieser Jahreszeit umgehen. Auch Ihr Garten soll leuchten!

Die Zwiebeln sind da – Zwiebeln setzen und Herbstblüher pflanzen

Die Zwiebelzeit ist eine meiner Lieblingszeiten im Gartenjahr. Gerade wenn die Tage kürzer werden und sich die ersten herbstlichen Farben im Garten zeigen, tut es gut, sich intensiv mit dem Frühling zu beschäftigen.

Ein Teil dieser gemütlichen Jahreszeit, in der man sich bei schlechtem Wetter auch gerne mal drinnen verkriecht, ist immer auch der Planung der kommenden Frühjahrssaison gewidmet. Welche neuen Zwiebelmischungen werden wir wo pflanzen, welche wo verwildern? Die Möglichkeiten sind endlos, es gibt so viele Sorten: Zwiebeln, die in die sonnigen Rabatten gepflanzt werden, und solche, die gut zwischen Sträucher passen und den nackten Boden besiedeln, bevor die als Bodendecker gepflanzten schattenliebenden Stauden sich zeigen. Dann bleibt die knifflige Frage, welche Zwiebeln ins Gras gepflanzt werden sollen.

Wenn ich mir all die Blumenzwiebeln ansehe, bin ich gedanklich schon im Frühling. Ich schaue auf die, die als Erste, nicht lange nach Weihnachten, auftauchen, wie Anemonen, Schneeglöckchen, Krokusse und Winterlinge. Dann folgt die endlose Reihe kleiner Zwiebeln, die alle großartige Verwilderer sind, wie Scillas, Puschkinias und Muscari. Anschließend kommt die Zeit für die prächtigeren Zwiebeln, die sich für die Rabatte eignen.

Blumenzwiebeln im Beet oder in der Rabatte

Man kann nie großzügig genug sein. Ich rechne dreißig bis fünfzig Zwiebeln pro Quadratmeter. Kleine Anemonen, Krokusse, Hyazinthen, Narzissen, Tulpen, und als abschließende Krönung: die entzückenden Alliums. Es hört sich viel an, aber diese Selektion blüht über fünf bis sechs Monate und enthält dreißig oder mehr unterschiedliche Sorten. Ungefähr die Hälfte davon sind Tulpen. Sie sorgen für den nahtlosen Übergang von der Frühlingszeit mit Zwiebeln zur Sommerzeit mit Stauden. Achten Sie darauf, früh- und spätblühende Narzissen und Tulpen zu setzen, damit die Blumenshow ohne Pause vom Frühlingsanfang bis zum Sommer läuft.

Es ist möglich, Zwiebeln in einen Rasen zu pflanzen und zu verwildern, ohne dass dieser seinen »Rasencharakter« verliert. Sie können auch eingesetzt werden, um die blühende Vielfalt von Wiesenflächen zu erhöhen, wo sie ihr Leben inmitten höherer Gräser und anderer blühender Stauden verbringen, die später in der Saison ein- oder zweimal gemäht werden.

Das klingt zunächst einfach. Wenn man sich für diese Frühlingsschönheiten entscheidet, hat man Visionen von herrlichen Blumen, die im Frühling inmitten der Gräser erscheinen, bevor man Platz für den perfekten Sommerrasen macht. Das Dilemma besteht darin, dass das Gras nach der Blütezeit der Zwiebeln mindestens sechs Wochen lang ungemäht bleiben muss, damit die Blumenzwiebeln genügend Zeit haben, Energie zu sammeln, bevor sie sich wieder in den Boden zurückziehen. Das hinterlässt unansehnliche, ungepflegte Stellen. Je später in der Saison sie blühen, desto schwieriger wird es, zu mähen, und desto länger dauert es, bis diese Flächen wieder ansehnlich sind. In den ersten Wochen nach dem Mähen sieht die Fläche blass aus, ohne leuchtendes Grün, und die Textur ist uneben. In der Regel dauert es drei bis vier Wochen, bis es etwas präsentabler aussieht. Manche Gartenbesitzer empfinden dieses Gestrüpp als zu unattraktiv und möchten zu früh mähen, so dass die Zwiebel ihrer Chance beraubt wird, sich zu naturalisieren und die nötige Energie für die Blüte des nächsten Jahres wiederzugewinnen.

Vermeiden Sie das Pflanzen von Zwiebeln im Vordergrund oder in der Mitte der Rasenfläche. Denken Sie daran, dass zur Zeit der Blüte im Garten wenig anderes los ist, und Sie werden sie gut sehen, auch von weitem. Platzieren Sie sie an den Rändern der Rasenflächen, vor Sträuchern oder an der Basis von Bäumen, wo sie weniger auffallen, wenn sie nicht mehr blühen. Wählen Sie frühblühende Zwiebeln. Je früher sie verblühen, je früher das Laub abgestorben ist, desto früher können Sie wieder mähen. Wenn die Narzissen Anfang bis Mitte März blühen, können Sie gegen Ende April mähen, wodurch Ihr normales Mähregime kaum gestört wird. Spätere Sorten, wie z. B. die elegante und duftende Fasanenauge-Narzisse *Narcissus* 'actea', verzögern den ersten Schnitt auf Ende Mai oder sogar Anfang Juni, dann ähnelt der Rasen einer Wiese und braucht viel länger, um sich zu erholen.

Ideal sind die frühen Charmeure wie Krokusse, die ihre Blütenblätter weit ausbreiten, um die ersten Sonnenstrahlen und futtersuchenden Bienen zu be-grüßen. Ihre schmalen, grasartigen Blätter werden bald verschwinden und mit dem Gras verschmelzen. Herbstkrokusse, wie der Safran-Krokus, *C. sativus*, sind perfekt, ebenso wie die frühblühenden Sorten *C. tommasinianus* und *C. chrysanthus*-Hybriden. Sie alle werden verschwunden sein, bevor die ernst-hafte Frühjahrsmahd beginnt.

Blumenzwiebeln auf der Wiese

Wenn es sich bei der Grasfläche um eine Blumenwiese handelt, bei der die blühenden Stauden für eine frühe Wirkung durch Zwiebeln ergänzt werden, wird die Frage des Mähens und der Optik nach dem Mähen weniger relevant. Kleine Zwiebeln wie *Scilla siberica* und *Scilla bifolia* können die Saison begin-nen, gefolgt von *Chionodoxa lucilliae*, Schachbrettblumen, *Narcissus* 'February Gold', *N.* 'Peeping Tom', Hasenglöckchen, Kamassien und der zierlichen wei-ßen *Allium neapolitanum*. Diese kommen mit lichtem Schatten zurecht. Wild-tulpen wie *Tulipa turkestanica* und *T. sylvestris* eignen sich auch hervorragend zur Verwilderung im Gras und hinterlassen beim Trocknen attraktive Samen-köpfe.

Wie wird gepflanzt?

Werfen Sie die Zwiebeln ins Beet oder auf das Gras und pflanzen Sie sie dort ein, wo sie hinfallen. Manchmal ergeben sich kleine Gruppen, manchmal ste-hen sie einzeln. An manchen Stellen werden sie dichter stehen, an anderen weiter auseinander. Mit der Zeit werden sich die Zwiebeln vermehren und grö-ßere blühende Flächen bilden. Besonders im Beet ist es wichtig, sie mindestens dreißig bis vierzig Zentimeter vom Beetrand entfernt zu pflanzen, damit das absterbende Laub von aufwachsenden Randstauden kaschiert wird. Vermei-den Sie Muster sowie gerade Linien!

Kleinere Zwiebeln, die nicht tiefer als ein paar Zentimeter gepflanzt werden müssen, können schnell gepflanzt werden, indem man die Rasenfläche anhebt und sie wie eine Decke wieder darauflegt, indem man sie vorsichtig festtritt.

Alternativ kann man auch eine kleine Hacke benutzen, um kleine Pflanzlöcher in den Rasen zu machen.

Es ist wichtig, sicherzustellen, dass sie in der richtigen Tiefe gepflanzt werden. Als allgemeine Regel gilt die dreifache Höhe der Zwiebel. Wenn sie zu flach gepflanzt ist, wird die Zwiebel Energie investieren, um tiefer in den Boden zu wachsen, anstatt neue Blütenknospen für das folgende Jahr zu produzieren.

Beim Austreiben können sie mit einem kalireichen Dünger gedüngt werden, nach der Blüte sollte man sie stehen lassen, bis das Laub braun ist. Eventuell kann der Samenansatz abgebrochen werden. Wir graben unsere Zwiebeln nie aus, dafür ist im Frühling zu viel los. Stattdessen pflanzen wir jeden Herbst ungefähr zehn Prozent des Bestandes nach.

Herbstzwiebeln

Während Sie sich völlig in die Frühlingspracht von Narzissen, Tulpen und all der anderen frühen kleinen Charmeure vertiefen, sollten Sie sich unbedingt auch eine kleine Belohnung gönnen. Zwiebeln kaufen ist leicht, aber sie müssen nachher auch gepflanzt werden – ein anstrengender Spaß. Zu wissen, dass Sie die kleinen grünen Nasen erst in vier bis fünf Monaten sehen werden, trübt die Freude überdies. Gönnen Sie sich also etwas! Suchen Sie daher auch einige herbstblühende Zwiebeln aus, die innerhalb weniger Wochen loslegen und sie für ihre Mühe belohnen werden. Sie müssen sich allerdings damit beeilen, diese Knollen in die Erde zu stecken, denn sie blühen einfach los – ganz gleich, ob sie noch in ihrer Handtasche sind oder schon lange im Boden.

Colchicum autumnale ist die echte Herbstzeitlose und stammt aus den etwas feuchteren Wiesen Europas. Im Herbst blüht sie Lila oder Weiß auf zwanzig Zentimeter hohen Stängeln. Erst im Frühling folgt das Laub. Im Herbst zeigt sie keinerlei Grün, daher ihr Volksname: »Nackte Jungfer«. Sie bevorzugt einen sonnigen bis halbschattigen Standort und steht am liebsten im etwas höheren Rasen oder zwischen niedrigeren Stauden wie Storchschnabel. Die Blütenköpfe werden dadurch leicht gestützt, so dass sie auch bei stürmischem Herbstwetter gut stehen bleiben. *Colchicum speciosum* wächst etwas höher und blüht von August bis September. 'Waterlilly' hat eine gefüllte Blüte mit zahlreichen schmaleren Blütenblättern, wodurch sie tatsächlich einer kleinen Seerose ähnelt; 'Lilac

Wonder' ist besonders reichblühend. Herbstzeitlosen sollten mit Respekt behandelt werden, da sie giftig sind. Sie enthalten das Alkaloid Colchicin, das in der Medizin und in die Homöopathie zur Behandlung von Gicht benutzt wird.

Der bekannteste Herbstkrokus ist der Safrankrokus *Crocus sativus*. Es sind die drei Staubgefäße, die aus jeder Blüte gezupft werden, um dann im Kochtopf zu landen, um Fischsuppen, Risotto und viele andere Gerichte zu färben und zu parfümieren. Auch der Prachtkrokus *Crocus speciosus* und der Rosen-Herbstkrokus mit seiner etwas größeren, fast weißen Blüte, wovon die Außenseite leicht graublau schimmert, sowie *Crocus pulchellus* 'Zephyr' blühen von August bis September.

Geeignete Kletterer für eine Pergola

Nicht jeder verfügt über den Luxus eines kühlen, schattigen Baumkronendaches, unter das er sich zurückziehen kann. Viele Gartenbesitzer müssen sich mit einem Sonnenschirm, einem Segel oder einer Markise begnügen. Diese spenden zwar Schatten, machen aber im Gegensatz zu belaubten Pflanzen kaum einen Unterschied hinsichtlich der Temperatur. Im zeitigen Frühjahr, wenn noch jeder Sonnenstrahl geschätzt wird, lässt das Gerüst eines frisch beschnittenen Kletterers viel Licht durch. Bis Mitte des Sommers wird es sich zu einem dichten Dach entwickelt haben, das nicht nur die Sonne aussperrt, sondern auch ein viel kühleres Mikroklima schafft. Eine Pergola zur Überdachung der Terrasse kann einen großen Unterschied machen; und der Herbst ist die ideale Pflanzzeit für Kletterpflanzen.

Es ist wichtig, einen kräftigen Kletterer zu finden, der eine ausreichend große Fläche abdecken kann. Idealerweise einen, der im Winter beziehungsweise frühen Frühling stark beschnitten werden kann, der aber bis Juli ein geschlossenes Dach bietet.

Glyzinie: Eine Glyzinie ist pflegeleicht, hat aber ihre Hauptblütezeit früh, bevor Sie vermutlich überhaupt draußen sitzen. Glücklicherweise sind viele Sorten in der Lage, im Laufe des Sommers weiterhin die eine oder andere Blüte zu produzieren. Die *Wisteria sinensis* 'Prolific' ist besonders zuverlässig. Vergessen Sie nicht, dass Glyzinien zweimal im Jahr beschnitten werden müssen: im Sommer, nach der Blüte, um den Neuwuchs auf etwa sechs Knospen zu reduzieren, und im frühen Frühjahr, um sie weiter auf zwei, drei Knospen zurückzuschneiden. Damit starten Sie die Saison mit einem stark reduzierten Skelett, das jedoch im Laufe des Sommers immer dichter und schattiger wird.

Rosen: Es gibt nichts Idyllischeres als ein frühsommerliches Mittagessen unter einem blühenden Rosendach. Es ist wichtig, eine Sorte mit dem richtigen Maß an Vitalität zu finden. Nicht wenige Kletterrosen eignen sich grundsätzlich perfekt für eine Laube, haben aber Mühe, einen größeren Teil der Pergola zu bedecken, und bieten nicht mehr als Halbschatten. Die kräftigeren Kletterrosen schaffen das zwar oft problemlos, aber ihre starken neuen Triebe, die sie im Sommer ausbilden, können sich durchaus zu einem stacheligen Hindernis entwickeln. Eine charmante, aber nur einmal blühende Rose ist *Rosa* 'Félicité et Perpetue'. Eine beliebte remontierende, nicht zu invasive Kletterpflanze ist die 'Guirlande d'Amour' oder 'Guirlande Rose'. Beide neigen dazu, zahlreiche Triebe zu bilden, so dass sie an der Basis recht buschig sind, bieten aber viele Zweige, die über Drähte gelegt werden und ein geschlossenes Blätterdach bilden können.

Waldrebe und Geißblatt: Beide sind weniger geeignet. Obwohl das Geißblatt (wie *Lonicera peryclimenum*) seine köstlich duftenden Blüten während der Sommermonate hervorbringt, kann die Pflanze im Frühjahr nicht stark beschnitten werden, um das Blätterdach aufzuhellen. Mit der Zeit wird sie eine unordentliche Vegetationsmatte bilden. Die im Sommer blühenden Klematis, die mit dem Frühjahrsschnitt zurechtkommen, haben nicht die erforderliche Wuchskraft. Eine frühlingsblühende *Clematis montana* schon, aber auch diese kann im Frühjahr nicht beschnitten werden und raubt in der dunklen Jahreszeit wertvolles Licht. Beide Kletterer wachsen von Natur aus in Waldgebieten und ziehen es vor, ihre Füße an einem kühlen, schattigen Ort zu haben.

Campsis – Trompetenblume: Dieser sehr exotisch aussehende Kletterer mit seinen bunten, großen Trompeten erregte meine Aufmerksamkeit zum ersten Mal in Italien. In England gilt er oft als ungeeignet für das Klima, aber das hat eher mit dem Mangel an Sonnenschein und -wärme zu tun. Sie profitieren wirklich von einem warmen, sonnigen Klima, um im Sommer reichlich Blüten zu produzieren. Die Farbpalette reicht von einem warmen Gelb (*Campsis radicans* 'Flava') über ein sanftes Orangerot (*C. grandiflora*) bis zum tiefen Rot von *C. tagliabuane* 'Summer Fire Jazz'.

Vitis – der klassische Kletterer: Wein ist eine interessante Kletterer-Gattung für eine Pergola. Eine Desserttraube wie *Vitis vinifera* 'Schwarzer Muskat von Hamburg' oder die stark parfümierte 'Fragola' hat den zusätzlichen Vorteil, dass sie eine genießbare Ernte liefert, dafür aber auch den Nachteil, dass die Früchte, die nicht gegessen werden (von Ihnen selbst oder von den Vögeln), rechtzeitig entfernt werden müssen, da sie die Terrasse beflecken können. Auch die rein dekorativen Arten wie der großblättrige *Vitis coignetii* mit seiner prächtigen Herbstfärbung oder der rotblättrige *Vitis vinifera* 'Purpurea' bringen Früchte hervor, deren saure Trauben von den Vögeln jedoch eher ignoriert werden.

Wilder Wein: Obwohl *Parthenocissus* ein wenig aggressiv sein kann, da die meisten Sorten sehr kräftige Kletterer sind, die das ganze Haus erobern, wenn sie nicht in Schach gehalten werden, haben sie den Vorteil, dass sie ohne Hilfe klettern. Sie verlieren ihr Laub früh, so dass wieder natürliches Tageslicht eindringen kann, sobald die Herbsttage kürzer werden. Hinzu kommt natürlich die prächtige, wenn auch frühe Herbstfärbung. Sie sind immer die Ersten, die ein leuchtendes Rot annehmen, sobald die Luft herbstlich wird.

Herbstzeit –
die ideale Pflanzzeit für Bäume

Viele Gartenbesitzer zögern, einen Baum zu pflanzen, da sie sich um Schatten, herabfallendes Laub und Wurzelkonkurrenz sorgen. Aber stellen Sie sich vor, wie wunderbar es im Hochsommer ist, im kühlen Schatten eines Baumes zu sitzen; wie die Laubmasse den Lärm aus der Nachbarschaft absorbiert, den Staub von der Straße einfängt, Sie von der Außenwelt abschirmt und so vielen Vögeln, Insekten und kleinen Säugetieren ein Zuhause bietet. Es ist eine Freude, Linden vor lauter Bienen summen zu hören, Eichhörnchen auf der Suche nach Nüssen oder Amseln beim Kampf um Beeren zuzuschauen. Bei all dem, was sich im Hintergrund abspielt, gehen diese grünen Riesen leise ihrer Aufgabe nach, Kohlenstoff aus der Luft zu absorbieren, zu binden und frischen Sauerstoff zum Atmen zu produzieren.

In einer Zeit, in der wertvolle Waldlebensräume zunehmend bedroht sind und Bäume mit Trockenheit, Hitze und diversen Schädlings- und Krankheitsproblemen zu kämpfen haben, ist es höchste Zeit, dass wir einen neuen Umgang mit diesen lebenswichtigen Pflanzen finden, ohne die die Menschheit nicht überleben könnte.

Als ich in den letzten Sommern durch Deutschland reiste, sind mir zahlreiche Wälder mit toten oder sterbenden Bäumen aufgefallen. Wir haben zugesehen, wie Ulmen aus unseren Landschaften verschwanden, jetzt sind etliche weitere große Bäume vom Aussterben bedroht, Eschen- und Rosskastanien- und Buchenwälder kämpfen ums Überleben. Im städtischen Raum ist die Situation nicht viel besser. Nur eine kleine Auswahl von Baumarten wird üblicherweise als städtischer Straßenbaum gepflanzt. Viele von ihnen kränkeln, oft als Folge des Stresses, der durch Wassermangel und heiße Sommertemperaturen verursacht wird.

Zugegeben, einige wenige Gartenbäume werden die sterbenden Wälder nicht ersetzen, aber sie werden in kleinem Maßstab helfen. Der heikle Punkt ist die Frage, welche Bäume man idealerweise pflanzen sollte. Viele Ökologen sagen, wir sollten einheimische Arten pflanzen, da diese für unsere einheimische Fauna von größtem Nutzen sind. Das Problem dabei ist, dass sich die klimatischen Veränderungen auch nachteilig auf die einheimischen Arten auswirken. Mehrere Studien haben jedoch gezeigt, dass sich Insekten in vielen Fällen als anpassungsfähiger erweisen als erwartet; dass einige Insekten, die auf einen bestimmten einheimischen Baum angewiesen waren, sich an eine andere verwandte Art derselben Gattung angepasst haben.

Ausgehend von meinen persönlichen Beobachtungen der vergangenen Jahre bin ich zu dem Schluss gekommen, dass eine größere Vielfalt die sicherste Lösung ist. Wir sollten unsere einheimischen Bäume nicht ignorieren, aber wir müssen auch Bäume in Betracht ziehen, die aus trockeneren Klimazonen stammen, die lange, heiße, regenarme Sommer verkraften. Eichen aus Südeuropa, wie *Quercus cerris*, sind beispielsweise interessante Kandidaten. Von dieser stattlichen Gattung mit ihren pelzigen neuen Trieben, die wahrscheinlich von den Römern eingeführt wurden, kommen in Deutschland einige längst naturalisierte Gruppierungen vor.

Mehrere Baumarten, die ursprünglich aus Nordamerika stammen, haben sich als anpassungsfähig an unser neues Klima erwiesen, zum Beispiel die Schwarzwalnuss, *Juglans nigra.* Sie ist ein schnell wachsender Baum, der hoch und schlank wird, wenn er von anderen Bäumen umgeben ist, ansonsten bildet er eine breite Krone. Obwohl dunkler, sind die Nüsse unseren heimischen Walnüssen sehr ähnlich, aber reicher an (ungesättigten!) Fettsäuren und besser im Geschmack. Da sie nicht sehr lange haltbar sind, werden sie leider selten zum Verkauf angeboten.

Liquidambar styraciflua oder Amberbaum wird von vielen Gärtnern wegen seiner sensationellen Herbstfärbung geliebt, ist aber auch ein nützlicher Straßenbaum. Mit zunehmendem Alter entwickelt er eine tief gerippte, charaktervolle Rinde, die ich sehr attraktiv finde. In Amerika wird das Holz wegen seiner hohen Qualität sehr geschätzt.

Nyssa sylvatica oder Wald-Tulepobaum ist ein attraktives Solitärholz und einer der spektakulärsten Bäume hinsichtlich seiner Herbstfärbung. Schon in jungen Jahren liefert er ein beeindruckendes Schauspiel. Im Frühjahr hat das neue Laub auch eine rötliche Farbe. In Nordamerika ist er ein sehr beliebter *Wildlife*-Baum. Vögel und kleine Säugetiere lieben die sauren Früchte, die er im Herbst produziert, Bienen lieben den nährstoffreichen Nektar.

Catalpa bignonioides, bei uns bekannt als Trompetenbaum, ist ein weiterer nordamerikanischer Baum, der großen Gartenwert hat und recht bekannt ist. Er bekommt erst spät Blätter und lässt sie früh fallen, was ihn als Sommerschattenbaum wertvoll macht, da er zu den Jahreszeiten, in denen es geschätzt wird, viel Licht durchlässt. Im Frühling ist es wunderbar, frühe Sonnenstrahlen einzufangen, im Juli versucht man, sich vor ihnen zu verstecken. Seine großen Blätter wirken nahezu skulptural und die großen weißen, duftenden Blütenstände sind im Sommer sehr dekorativ. Im Spätsommer folgen ihre charakteristischen langen bohnenähnlichen Schoten. Die späte Blüte hat zudem den Vorteil, dass den Baum Spätfröste nicht schaden können.

Im Gegensatz dazu kommt die Japanische Zelkove *Zelkova serrata* aus Japan, Teilen von China, Taiwan und Korea. Sie hat ähnliche Eigenschaften wie unsere Ulmen und verwandelt sich mit zunehmendem Alter in einen mächtigen, beeindruckenden Baum, auch wenn sie langsam wächst. Sie hat eine interessant gemusterte Rinde, die sich schält und wie ein Leopard kleine Flecken in verschiedenen Farben aufweist. In Japan wird die Zelkove – ähnlich dem Ginkgobaum – sehr verehrt und für die Herstellung von Möbeln verwendet. Als Solitär gepflanzt, bildet sie eine weit verzweigte, breite Krone. Ihre Blätter sind attraktiv gezackt und erinnern ein wenig an unsere Buchen, wenngleich sie schmaler sind und auf schlankeren Stängeln stehen.

Ein besonderer Baum, der mir schon immer sehr gut gefallen hat, ist der Maulbeerbaum. Der Weiße Maulbeerbaum wurde traditionell für die Seidenindustrie gepflanzt. Die Raupen, deren Kokons zur Herstellung von Seide verwendet werden, ernähren sich von den Blättern des *Morus alba*. In Südeuropa wird dieser Baum gerne als Straßenbaum verwendet, wo er im Winter oft hart zurückgeschnitten wird. Die kräftigen neuen Triebe spenden im Sommer viel geschätzten Schatten, blühen jedoch erst ab dem zweiten Jahr. Die weißen, brombeerähnlichen Früchte können oft bei Trockenfruchtspezialisten gekauft werden.

In vielen alten Gärten in England kann man immer noch eine Schwarze Maulbeere finden: *Morus nigra*. Schon in jungen Jahren können diese Maulbeerbäume alt und knorrig aussehen. Wenn man sie ungeschnitten wachsen lässt, entwickelt sich ihre Krone relativ niedrig über dem Boden, so dass es leicht ist, die Früchte von den knorrigen Ästen zu ernten. Dies sind meine absoluten Favoriten. Man muss warten, bis sie eine dunkelviolett-schwarze Farbe haben. Dann sind sie herrlich reif. Ihr Geschmack ist einzigartig. Der einzige Nachteil ist, dass sie sehr leicht zerquetscht werden, so dass man sie nie unbemerkt pflücken kann: Ihre Hände (und normalerweise auch Ihre Kleidung) werden von den köstlichen Säften befleckt. Das macht die Früchte auch völlig ungeeignet für kommerzielle Zwecke, da es unmöglich ist, sie zu transportieren oder zu lagern. Man kann gerade so viel davon in die Küche tragen, dass man sie mit Baiser und Sahne servieren kann. Aus dem Nahen Osten stammend, hat es eine lange Tradition, sie in unseren Gärten anzubauen. Beide Maulbeeren gelten als frostempfindlich, obwohl ich bis jetzt noch nie erlebt habe, dass sie, abgesehen von gelegentlichen Rückschlägen durch Spätfrost, große Schäden erlitten haben.

Sie als Gartenbesitzer können nicht viel zur Begrünung der weiteren Landschaft oder des städtischen Straßenbildes beitragen, aber Sie können einen Beitrag zu Ihrer unmittelbaren Umgebung und zur Umwelt leisten, indem Sie Bäume pflanzen – mindestens einen. Wenn es die Platzverhältnisse erlauben, versuchen Sie, einen richtigen Baum zu pflanzen, der sich zu einem mittelgroßen oder großen Baum entwickelt, der, wenn er wächst, zu einem wahrnehmbaren Teil der Umgebung Ihres Gartens wird. Wir profitieren von den von unseren Vorgängern gepflanzten Bäumen. Denken Sie an die kommenden Generationen und an die Freude, die sie an dem von Ihnen gepflanzten Baum haben werden.

Jetzt zu Beginn des Herbstes ist es Zeit zum Pflanzen: Die Bäume werden sich noch vor Beginn des Winters einleben können und so besser auf die Herausforderungen der nächsten Saison vorbereitet sein!

Invasive Selbstsämer
unter Kontrolle halten

Die letzten Monate des Jahres werden mit den wunderbaren Pastelltönen zahlreicher Astern in Szene gesetzt. Obwohl einige von ihnen perfekte Gartengäste sind, sind einige auch echte Schurken, die – wenn man nicht achtgibt – in wenigen Jahren den Beetrand überschreiten. Einige säen sich selbst aus, indem sie Sämlinge über den Garten verteilen, aus denen Pflanzen unterschiedlicher Farbe und Höhe hervorgehen können, während andere invasive Ausläufer produzieren, die sich schnell über ein Beet ausbreiten können.

In einem unserer Beete hatte sich eine hübsche Gruppe von *Aster novae-angliae* 'Violetta' ausgebreitet. Ich mag die dunkle, intensive Farbe sehr, aber die zahlreichen Sämlinge in verschiedenen Farbtönen von Violett bis Rosa waren zu einem Problem geworden. Wir haben die unerwünschten Exemplare markiert, damit wir sie nach der Blüte entfernen können. Astern sind bekanntlich nicht die einzigen Pflanzen, die sich in Ihrem Garten aussäen können, viele haben das Potenzial dazu, wenn Ihr Garten ihnen die richtigen Bedingungen zum Keimen bietet. Einige Pflanzen können sich in dem einen Garten wunderbar gesittet verhalten, während sie im nächsten zum Albtraum werden. Bodenbeschaffenheit, Feuchtigkeit und Temperatur sind nur einige der Aspekte, die für das Keimen eines Samens entscheidend sind.

Sanfte Aussaat von Opportunisten

Bei einigen Pflanzen finde ich es ein Kompliment, wenn sie sich zu Hause fühlen und sich sanft ausbreiten, wo immer sie einen geeigneten Platz finden. Sie erzeugen ein dynamisches Gefühl und verändern das Gartenbild von Jahr zu Jahr. Viele von ihnen haben eine kurze Lebensdauer und werden von Beet zu Beet durch den Garten ziehen. Die Nachtkerze ist eine Pflanze, die im Laufe der Jahre glücklich durch meinen Coleshill-Garten wanderte, sich aber nie unangemessen verhielt. In meinem Berliner Schattengarten überrascht mich die zurückhaltende, aber bezaubernde *Montia sibirica* an verschiedenen Stellen.

Die Erfahrung hat mich gelehrt, dass man zügig Maßnahmen ergreifen muss, wenn eine Pflanze außer Kontrolle zu geraten droht, bevor sie zu einem ernsthaften Problem wird. Die einfachste Lösung besteht darin, die Pflanze kurz nach der Blüte zurückzuschneiden, lange bevor die Samen Zeit zum Reifen haben. Der Frauenmantel (*Alchemilla mollis*) ist eine solche Pflanze, die ich immer dann zurückschneide, wenn die Blüten ihre frische, hellgrüne Farbe verlieren, bevor sie braun werden. Schneidet man sie zu spät zurück, wird sie sich im ganzen Garten ausbreiten. Akelei und Lungenkraut behalte ich ebenfalls gerne im Auge, da beide sich leicht kreuzen. Dies führt zu unerwünschten Sämlingen, die sich im Aussehen von der Mutterpflanze unterscheiden.

Ich bin nur dann bereit, diesen Aufwand zu betreiben, wenn ich die Pflanze wirklich mag. Wenn Ihnen eine Pflanze nicht wirklich gefällt, ist es einfach nicht das Risiko wert, dass sie Ihren Garten ruiniert oder Ihnen unnötige Arbeit verursacht. In einem solchen Fall gibt es nur eine sehr radikale Lösung: Entfernen Sie sie vollständig. Falls Sie ein Garten-Softie sind und Ihnen das Herausreißen zu brutal erscheint: einfach ausgraben, in einen Topf setzen und vor die Haustür oder das Gartentor stellen mit einem kleinen Schild »Ich brauche ein neues Zuhause«. Sie werden überrascht sein, wie schnell diese Pflanze einen glücklichen neuen Besitzer gefunden haben wird!

Einige meiner Lieblings-Selbstsämer:

- *Aquilegia* – Akelei
- *Digitalis purpurea* – Fingerhut
- *Geranium pyrenaicum* 'Bill Wallace' – Pyrenäen-Storchschnabel
- *Centranhtus rubra*° – Spornblume
- *Papaver cambricum* – Wald-Scheinmohn
- *Montia sibirica* – Sibirisches Tellerkraut
- *Oenothera biennis*° – Zweijährige Nachtkerze
- *Oenothera odorata* 'Sulphurea'° – Duftende Nachtkerze
- *Papaver somniferum*° – Schlafmohn
- *Potentilla recta* var. *sulphurea*° – Hohes Fingerkraut
- *Rudbeckia triloba*° – Dreilappiger Sonnenhut
- *Stipa tenuissima*° – Mexikanisches Federgras

- *Tanacetum parthenium*° – Mutterkraut
- *Verbascum*° – Königskerze
- *Verbena bonariensis*° – Eisenkraut

(diese ° Pflanzen bevorzugen eine sonnige Lage)

Cyclamen – Alpenveilchen

Zwei wichtige winterliche Charmeure für den Schattengarten, die sich tief in meinem Herzen eingenistet haben, sind Schneeglöckchen und Alpenveilchen. Beide sind extrem bescheiden, aber ihr Anblick macht mich unheimlich glücklich.

Schon im Frühherbst verführen und entzücken mich Alpenveilchen mit ihren lustigen kleinen Blüten, deren Blütenblätter wie aufgerichtete, aufgeregte Hundeöhrchen aussehen, und mit ihrem dichten, attraktiven wintergrünen Laub. Sie bringen nicht nur Farbe, sondern auch interessante Blattmuster in den winterlichen Garten.

Botanisch gesehen sind es Knollen, nicht Zwiebeln, und verwandt sind sie mit den Primeln. Es gibt zweiundzwanzig Arten, die meist in mediterranen Regionen gedeihen, obwohl eine von ihnen auch in Somalia zu finden ist. Eine andere stammt aus den Alpen (*C. purpurascens*), daher auch der deutsche Name Alpenveilchen. Im Mittelalter waren sie auch als »Saubrot« bekannt, da sie gerne von Schweinen gefressen wurden. Der botanische Name hingegen stammt von dem griechischen Wort für *Kreis*, mit Referenz wohl zu der runden Form der Wurzeln. Diese sind dunkelbraun, meist flach bis rund und ihr Durchmesser vergrößert sich von Jahr zu Jahr. Ab einem Durchmesser von drei bis vier Zentimetern fangen sie an zu blühen. Ungestört entwickeln sich die Knollen in große, oft flache Fladen, die jahrzehntelang blühen. Ich habe einige *C. hederifolium*-Knollen ausgegraben, die Mitte der 1980er-Jahre ausgesät wurden. Diese Knollen haben inzwischen einen Durchmesser von über vierzig Zentimetern – das heißt, sie wachsen fast einen Zentimeter pro Jahr!

Standort

Sie lieben Laubwälder und fühlen sich besonders wohl unter großen Buchen, wo wenig andere Pflanzen eine Überlebenschance haben, weil es den meisten dort zu dunkel ist. Sie können bis dicht an den Baumstamm gepflanzt werden. Sie verlangen nichts Besonderes und finden das, was sie brauchen, im sich zersetzenden Laub der Bäume. Längere Perioden von Trockenheit stören sie nicht. Im schlimmsten Fall setzen sie einfach eine Saison aus.

Zuverlässige Gartenbewohner

Es gibt zwei Sorten, die im Handel weit verbreitet, unkompliziert und gut winterhart sind. Sie wachsen auch in kälteren Ecken Deutschlands: Das Herbst-Alpenveilchen, *Cyclamen hederifolium* (übersetzt heißt es »efeublättrig« – was gut passt) blüht im Herbst, und das Frühlings-Alpenveilchen *Cyclamen coum* blüht – wie der Name schon sagt – im frühen Frühjahr.

Wenn sie ihre Blätter entfalten, erkennt man ein bezauberndes Muster aus unterschiedlichen Grün- bis Silberschattierungen. Jede Pflanze hat ihr eigenes Blattmuster, einige sind unglaublich schön.

Ab Ende August werfe ich regelmäßig einen Blick in die Ecken, wo ich meine kleinen Helden versteckt habe. Irgendwann bin ich dann doch wieder überrascht, die netten kleinen Blüten von *Cyclamen hederifolium* zu sehen, die vor dem Laub erscheinen. Das folgt meist erst im Oktober.

Mit *Cyclamen coum* ist es andersherum: Die rundlichen Blätter treiben schon im Herbst aus, die etwas kleineren Blüten zeigen sich meist ab Februar. Auch hier variiert die Farbe von Lila bis Weiß, und es gibt tausende von Blatt-

varianten. Ab Februar kommen die kurzen Blütenstiele frech durch die Laubdecke heraus.

Genügsame Waldpflanzen

Bei allen Sorten rollen sich die Blütenstiele nach der Blüte ordentlich wie ein
Gartenschlauch auf und legen sich schützend um den Blütenansatz herum.
Hier entwickeln sich murmelgroße, runde Saatkapseln, die dann über die kommenden Monate reifen. Wer ein wenig Glück hat und seinen Garten nicht allzu
ordentlich pflegt und an solchen »waldigen« Stellen auch mal das Laub liegen
lässt, wird mit reichlich Nachwuchs belohnt. *Cyclamen coum* sät sich öfter auf
der Stelle aus, so dass kleine Sämlinge bei oder in der Nähe der Mutterpflanze erscheinen. Meiner Erfahrung nach macht *C. hederifolium* das nicht so oft,
aber sie werden sich trotzdem über die Jahre zu einer großen, dichten, wintergrünen Fläche entwickeln, wenn sie ungestört sind.

Feinde

Alpenveilchen haben zwei potenzielle Feinde: Staunässe und Dickmaulrüssler.
Besonders während der Sommermonate, wenn sie ihre Ruheperiode haben,
ist es wichtig, dass sie nicht zu nass stehen. Vermeiden Sie Standorte, wo die
Bewässerungsanlage den Boden feucht hält.

Die weißen Maden der Dickmaulrüssler, ein schwarzgrauer Käfer, der Brief-
markenränder in Rhododendronblätter nagt, können bei Cyclamenbeständen
großen Schaden anrichten. Wenn Ihre Alpenveilchen befallen sind, behandeln
Sie die entsprechenden Stellen mit Nematoden, das sind effektive Nützlinge,
die man leicht im Internet bestellen kann. Wie viele Nematoden Sie benötigen, hängt von der Größe der befallenen Stelle ab, in der Regel sind es etwa
500 000 Fadenwürmer pro Quadratmeter.

Alpenveilchen sind vielleicht nicht die aufregendsten Gartenpflanzen, aber
ihre Bescheidenheit und völlige Anspruchslosigkeit nimmt mich von Jahr zu
Jahr mehr für sie ein.

Geben Sie ihnen eine Chance. Sie werden sehen, wie unkompliziert sie sind.

Und denken Sie an mich, wenn Sie in zukünftigen Wintermonaten durch den Garten laufen und diese Charmeure Ihnen ein Lächeln ins Gesicht zaubern!

Frühe Herbstfärbung und die schönsten Sträucher für die feurige Saison

In Berlin habe ich entdeckt, wie schön der Herbst ist und dass es eine Jahreszeit ist, auf die man sich sehr freuen kann. Spätblühende Stauden, sich langsam verfärbende Gräser, Fruchtschmuck und Herbstlaub vereinen sich zu einem leuchtenden Feuer.

Auch wenn es in Berlin im späten September meist noch recht warm ist, sind schon die ersten herbstlichen Farbtöne in der Stadt zu sehen. Einige erscheinen recht früh, andere eher spät und genau das muss man ausnutzen und für diese Wochen ein langes, buntes Spektakel planen. Es gibt einige wichtige Gattungen wie Hartriegel und Schneeball, die eine große Vielfalt an wertvollen Gartengehölzen zu bieten haben, aber auch einige lohnenswerte Einzelgänger.

Die ersten Herbstgäste: Jungfernreben und Pfaffenhütchen

Als Erster verfärbt sich der selbstkletternde *Parthenocissus quinquefolia* mit seinen fünf Blättchen. Er ist wie der Partygast, der viel zu früh an der Tür klingelt. Ende August, wenn man noch den Sommer genießt, legt er bereits los. Die dreispitzige Jungfernrebe *P. tricuspidata* 'Veitchii' ist extrem wuchsfreudig und angelt sich mit ihren kleinen Saugnäpfchen am Rankenende hoch und kann so in Bäume oder an Fassaden hochklettern.

Zu den sich schön verfärbenden Kletterpflanzen gehört unbedingt auch der echte Wein, *Vitis*. Für den Garten ist der Scharlachwein, *Vitis coignetiae*, unschlagbar, wenn genügend Platz vorhanden ist. Im Spätherbst erscheint die volle Farbskala von Zitronengelb über Orange bis hin zu feurigem Rot.

Meist zeitig dabei sind die Pfaffenhüte. Die Blätter von *Euonymus europaeus* erscheinen fast transparent und verfärben sich von gelborange über pink bis weinrot. Die Kombination mit den kräftig pinken Fruchtkapseln, an deren Spitzen die orangenen Früchtchen baumeln, ist wunderbar farbenfroh! *Euonymus alatus* hat noch einen zusätzlichen Reiz aufzubieten: entlang der grünen Zweige verlaufen schmale Korkleisten, die dem Gehölz einen ganz eigenen Charakter verleihen. Daher auch sein Name Korkflügelstrauch oder Korkspindel. Für kleinere Gärten gibt es die kompaktere form *E. alatus* 'Compactus'.

Rhododendron, Hortensien und andere Gehölze, die einen niedrigen pH-Wert lieben

Rhododendron und *Hydrangea* sind zwei wichtige Gattungen, die leider nicht für ihre Herbstfärbung bekannt sind. Viele Gartenbesitzer lassen sich von den immergrünen Sorten verführen, aber Rhododendron-Liebhaber haben schon lange für sich entdeckt, dass die laubabwerfenden Azaleen (*Rhododendron mollis* x *sinensis*) unentbehrlich sind: im Frühjahr wegen des herrlichen Parfüms der Blüten (besonders die gelben Sorten duften köstlich!) und im Herbst wegen ihrer Färbung. Pflanzen Sie sie im Vordergrund Ihrer größeren Rhododendren, bildet die tiefrote Herbstfarbe einen schönen Kontrast zu dem wintergrünen Laub.

Hortensien sind klassische Begleiter für Rhododendren, geschätzt eher für ihre lange, späte Blüte als für ihre Herbstfärbung. Ich liebe die Art und Weise, wie sie am Ende des Sommers langsam verblühen und sich so unauffällig die Herbstpalette entwickelt, die nur von einem erfahrenen Aquarellkünstler festgehalten werden kann. Mein Favorit ist *Hydrangea quercifolia,* die Eichblatthortensie, deren attraktive, charaktervolle Blätter dunkelrot werden. Aber auch die unkomplizierte und robuste Rispenhortensie *Hydrangea paniculata* 'Wim's Red' entwickelt tief weinrotes Herbstlaub.

Auch die Heidelbeeren und deren Verwandte sind ein Segen für saure Böden. Von *Vaccinium corymbosum* gibt es viele Kreuzungen, deren blaue Beeren köstlich sind und sehr buntes Herbstlaub produzieren. Zur selben Familie gehört auch *Enkianthus*: *E. campanulatus*, die Prachtglocke, ist ein bezaubernder kleiner Baum und sehr zierlich, während *E. perulatus*, die Frühblühende Prachtglocke, einen dicht verzweigten Strauch bildet, der sich auch gut nach der Blüte in eine Kugelform schneiden lässt, wodurch sie ein interessantes Formschnittgehölz ist. Beide haben im Herbst eine sensationelle Wirkung!

Hamamelis und deren Verwandte

Auch diese Pflanzenfamilie bevorzugt einen Boden mit einem pH-Wert unter 6,5. Eine Hamamelisart, die ich öfter bei meinen Pflanzplänen berücksichtige, ist *Hamamelis x intermedia* 'Arnold Promise', deren eher trichterförmiger, aufrechter Wuchs an Standorten mit wenig Platz leichter zu integrieren ist. Sie blüht zuverlässig am Ende der Hamamelissaison, duftet gut und produziert eine schöne orangerote Herbstfärbung. Das heißt aber nicht, dass ich die anderen Sorten minderwertig finde. Ich würde sie alle pflanzen, hätte ich den Platz dafür! Diese wunderbare Pflanzengattung hat noch andere interessante Verwandte, u. a. den charaktervollen Eisenbaum, *Parrotia Persica,* der sich im Herbst weinrot verfärbt.

Cornus

Hartriegel sind eine dankbare, unkomplizierte Gattung mit mehreren wertvollen, pflegeleichten Gehölzen. Einerseits gibt es die Arten, die zu eleganten, edlen Bäumen heranwachsen, wie *Cornus kousa* und *Cornus alternifolia* und die Kornelkirsche. Dekorativ sind die Hartriegel, die im Winter eine schöne, bunte Rinde haben und damit wichtige Farbakzente setzen. Im Sommer sind sie meist eher unauffällig, mit Ausnahme von *Cornus alba* 'Elegantissima', deren weiße Blattränder einen schönen Kontrast zu anderen grünblättrigen

Gehölzen bilden. Ab Oktober werden sie recht interessant: Das Herbstlaub von *Cornus alba* 'Sibirica' wird weinrot, während *Cornus sanguinea* 'Midwinter Fire' sich in ein helles Gelb-Apricot verfärbt.

Viburnum

Die vielseitigste aller Gattungen, die Schneebälle, sind unentbehrlich für den Herbstgarten (siehe auch Kapitel III). Sowohl die *V. plicatum*-Typen als auch die winterblühenden Schneebälle verfärben sich zuverlässig rostorange bis rot.

Es gibt zahlreiche weitere traumhafte Sträucher, die unbedingt ein Plätzchen im Garten verdienen, und einer darf hier keinesfalls fehlen: der Perückenstrauch. Alle *Cotinus* sind eine leuchtende Sensation im Garten. Aus meiner Studienzeit am Botanischen Garten von Kew ist mir *Cotinus obovatus* als einer der auffallendsten Bäume (er ist tatsächlich ein Baum, kein Strauch) in Erinnerung geblieben. Im Frühherbst hat er immer wie Feuer geleuchtet. Nicht jeder hat Platz für ihn, aber auch in kleineren Gärten findet sich sicher ein Eckchen für den Perückenstrauch *C. coggygria*. Ob die normale Form, eine der leuchtend gelben Sorten wie 'Golden Spirit', oder eine der rotblättrigen Sorten wie 'Grace' (etwas größer als 'Royal Purple' und nicht ganz so dunkelrot) – sie gehören einfach dazu. Im Herbst leuchten sie in der Dämmerung wie eine Fackel.

Stauden für den Herbst: Astern & Co.

Es ist wichtig, das Jahr mit einem Paukenschlag zu beenden. Man darf nicht im September traurig in den Garten schauen, weil das Gartenjahr schon vorbei ist.

Wenn sich die Saison auf ihrer letzten Etappe vor dem Wintereinbruch befindet, kommt das große Staudenbeet in der Gartenakademie nochmal richtig in Schwung. Eingefasst von Sedum und Katzenminze, enthält das Beet zahlreiche Gruppen von Astern. Gräser sorgen für Fülle und Lebendigkeit. Zwischen all diesen Hauptakteuren finden sich einige andere Spätstarter wie Oktober-Margeriten, die lange blühende Japanische Schönaster sowie die Arkansas-Scheinaster, aber auch ausdauernde Sommerhelden wie *Althea cannabina* mit ihren kleinen rosa Malvenblüten und die nimmermüde Kleinblumige Sonnenblume *Helianthus microcephalus* 'Lemon Queen'.

Sedum telephium

Nur selten verlässt ein Pflanzplan meinen Tisch ohne hohes Fettblatt oder Fetthenne, dessen graugrüne Knospen sich ab August langsam öffnen. Genauso subtil verfärben sich die Blüten von dunkelrosa-rot zu braun, während sie sanft in den Spätherbst und Winter gleiten. Sedum mag nicht als besonders attraktiv gelten, ist aber sehr pflegeleicht und nützlich. Sedumpflanzen sind wertvolle Insektenmagneten, spätsommerliche Farbspender und schaffen einige der interessantesten Strukturen, die bis zum Ende des Winters halten. Sie sind anspruchslos. Die altbewährte Sorte 'Herbstfreude' ist ein unschlagbarer, zuverlässiger Freund, dem man vertrauen kann, dass er tut, was man von ihm erwartet. Wohlproportioniert steht er stolz im Garten, bis man ihn irgendwann zu Beginn des Frühjahrs zurückzuschneidet. 'Matrona' macht ihrem Namen alle Ehre: Wie eine autoritäre Matrone ist sie etwas größer und weniger wohlproportioniert, hat aber attraktiveres, grau-rot getöntes Laub und Stiele und eine blassere rosa Blütenfarbe. In den letzten Jahren sind einige interessante neue rotblättrige Sorten auf den Markt gekommen, wie 'José Aubergine' und 'Red Cauli', die jedoch beide nicht so gut stehen wie die anderen.

Sedums sind die Kamele der Pflanzenwelt, denn jedes Blatt ist ein lebenswichtiges Wasserspeicherorgan, mit dem sie längere Hitze- und Trockenperioden überstehen können.

Astern

Bei vielen Gartenbesitzern haben sie einen schlechten Ruf, da einige dazu neigen, sich auszubreiten und in wenigen Jahren ein Beet zu überwuchern. Andere leiden unter Mehltau, was das Laub kränklich und traurig aussehen lässt, wenn die Pflanze zur Blüte kommt. Glücklicherweise gibt es jedoch viele Sorten, die nicht wandern und auch nicht an Krankheiten leiden. Wenn Sie Mehltau fürchten, vermeiden Sie es, Glatt-Blatt-Astern zu pflanzen, da diese oft anfällig sind und zudem wandern. 'Le Vasterival' ist gesund, hat aber eher den Charakter der Glatten Aster, ist auch invasiv, aber so charmant, dass es sich lohnt, sie mit einer Wurzelsperre zu pflanzen. Sie produziert eine riesige Menge an nicht allzu großen, zartrosa Blüten.

Wenn Sie Wanderer (nicht nur Astern!) vermeiden wollen, beobachten Sie beim Kauf, wie die Pflanze im Topf steht: Wenn die Triebe alle schön gebündelt in der Mitte des Topfes wachsen, ist die Wahrscheinlichkeit groß, dass sie so weiterwachsen und im Laufe der Jahre langsam an Umfang zunehmen. Wenn Sie bemerken, dass sie sich eifrig an den Topfrand drücken, wissen Sie, dass sie in Ihrem Garten weiter nach außen wachsen werden. Beachten Sie aber, dass diese Wanderer eine bessere Überlebenschance haben, wenn Ihr Garten von Wühlmäusen geplagt wird: Abgehackte Wurzelstücke können ein neues Leben beginnen!

Auf einige feste Favoriten komme ich immer wieder gerne zurück:

Aster frikartii 'Mönch' unterscheidet sich nicht so sehr von anderen frikartii-Sorten, aber sie hat wunderschöne große blaue Blüten von Ende Juli bis in den Oktober hinein. Sie ist ein braver, wertvoller Vordergrundbildner, der am schönsten in Gruppen steht. Die kleinblütige Myrten-Aster produziert große Mengen an kleinen Blüten. 'Snowflurry' ist eine ungewöhnliche, niedrige, hängende weiße Sorte mit winzigen Blüten, die im September und Oktober wunderschön über Mauerkanten oder in Kaskaden über den Rand eines Topfes fallen.

Wenn Ihre herbstlichen Rabatten mit etwas Farbe aufgepeppt werden sollen, versuchen Sie die folgenden farbenfrohen Raublatt-Astern: Die höheren Sorten haben nicht nur einen etwas steifen Wuchs, sie haben zudem das Problem, dass ihre unteren Blätter braun werden, wenn sie in die Blüte kommen. Pflanzen Sie ein Sedum oder andere mittelhohe Stauden davor, um den ungepflegten Anblick zu verbergen. 'Andenken an Alma Pötschke' hat leuchtend magentafarbene Blüten und erreicht einen Meter Höhe. Etwas höher, aber mit dunkelvioletten Blüten ist 'Violetta'. Für den Vordergrund eignet sich der kräftig violette 'Purple Dome'.

Was diesen eher starren Pflanzen an Charme fehlen mag, hat die Blaue Wald-Aster 'Little Carlow' in Hülle und Fülle. Sie bildet wogende Wolken aus Hunderten von blauen Blüten. Die Waagerechte Aster 'Lady in Black' ist das Schlusslicht der Saison. Ihr rötliches Laub sorgt den ganzen Sommer über für einen tollen Blattschmuck. Im Laufe des Oktobers erscheinen die kleinen weißen Blüten mit roter Mitte, die bis weit in den November hinein blühen werden.

Herbst-Chrysanthemen

Diese Herbstklassiker bringen eine warme Note in den Garten. Beginnen Sie die Saison mit Sorten wie den winterharten Zawadskii-Hybriden 'Clara Curtis' in Rosa oder 'Mary Stoker' mit zahlreichen einfachen bronzegelben Blüten ab September. Die Indicum-Hybride 'Bienchen' bringt ab Ende September kleine pomponartige Blüten in einem fröhlichen Gelb mit terrakottafarbener Mitte hervor. Eine größere Sorte in zartem Silberrosa ist 'Nebelrose', die bis zu 1,20 Meter hoch wird. Erfrischend ist die exzellente Kautz-Züchtung 'Poesie', die sich zitronengelb öffnet und zu Weiß verblasst. Alle genannten Sorten sind winterhart und zuverlässig und werden am besten zu Beginn der Saison gepflanzt, damit sie sich etablieren, bevor sie mit der Bildung ihrer Blütenknospen beginnen, was geschieht, wenn die Tageslänge unter zwölf Stunden pro Tag fällt. Decken Sie sie im Herbst mit reichlich schützendem Kompostmulch ab.

Für den schattigen Garten

Unser schattiger Berliner Innenhofgarten hat gegen Ende der Saison mehr Blüten als im Früh- oder Hochsommer. Einige davon sind wertvolle Strukturpflanzen mit stolzen, aufrechten Blütenstängeln, während andere nützliche Immergrüne sind, die auch im tiefsten Winter, wenn der Garten schwarz und weiß erscheint, eine grüne Kulisse bieten. Besonders, wenn sich die Saison dem Ende zuneigt, wirkt der Garten müde und unordentlich. Die Frühblüher haben ihre Samen längst abgeworfen und kollabieren langsam. Deshalb schätze ich alle Pflanzen mit einer klaren Struktur, insbesondere solche mit einer vertikalen Linie und gutem Laub. Im Fall von *Cimicifuga* (jetzt auch als *Actea* bekannt), der Traubensilberkerze, bin ich oft hin- und hergerissen. Einerseits schätze ich den späten Einsatz von rotlaubigen Sorten wie *Actea simplex* 'Brunette' und 'Chocaholic' mit ihrem wunderbaren Honigduft im September und Oktober, aber die sehr schlanken, 1,80 Meter hohen spitzen Blütentrauben von *Actea racemosa* var. *coridfolia* (Lanzen-Silberkerze) im August/September machen mich ganz beschwingt. Auch die späten hohen Kerzenknöteriche *Bistorta amplexicaule*-Hybriden sind unentbehrlich, besonders die schlanke weiße Form 'Alba', die 1,20 Meter erreicht, mit zahlreichen aufrechten Blüten, die sehr lange blühen und wertvollen vertikalen Halt bieten. Zu einer großzügigen Masse von fünf oder mehr Pflanzen gruppiert, schaffen sie eine lebhafte Struktur im Garten. Die blassrosa 'Rosea' ist ebenfalls sehr wirkungsvoll. Sie bringt Licht in dunkle Ecken des Gartens. Die roten Knöterichsorten verschwinden vor einem dunkleren Hintergrund und können einen unordentlichen Eindruck machen. Sie blühen ab Ende August bis weit in den Herbst hinein.

Astern im Schatten

Kein Herbstgarten ist komplett ohne Astern, und auch für den schattigeren Garten gibt es zwei geeignete Arten. Die weiße Sommer-Wald-Aster (*Aster divaricatus*) ist meine bevorzugte Art, mit dünnen, dunkelviolettroten Stängeln und Büscheln von lockeren kleinen weißen Blüten. Wie viele Astern kann sie sich selbst aussäen, aber in beherrschbarem Maße. Die andere robuste Art, die sich in halbschattigen Bereichen wohlfühlt, ist *Aster ageratoides*. Sie neigt dazu,

Ausläufer zu bilden, was am richtigen Ort von Vorteil sein kann. Ich habe *Aster ageratoides* 'Ashvi' trotz Trockenheit als frischen weißen Teppich unter einer großen Birke gesehen.

Herbst-Anemonen gehören in spätsommerliche schattige Beete. Ihre hohen dünnen Blütenstängel tragen die flirrenden Schmeichelblüten hoch über dem Laub. *Anemone praecox* wie die rosafarbene 'Ouvertüre' blühen von Juli bis September, während *A. japonica*-Varianten wie die zart blassrosa 'Königin Charlotte' und weiße 'Honorine Jobert' von September bis Oktober blühen. *A. tomentosa* 'Robustissima' ist, wie der Name schon sagt, eine robuste, recht trockenheitstolerante hohe Sorte. Sie wird am besten im Frühjahr gepflanzt und sollte im ersten Winter mit einer schützenden, dicken Schicht Laub oder Kompost abgedeckt werden. Sie passt sich auch gut als Lückenfüller zwischen Sträuchern ein und füllt Freiflächen.

Purpurglöckchen

In den vergangenen Jahren wurden viele neue Purpurglöckchensorten gezüchtet, und obwohl sie sehr beliebt sind, finde ich die meisten eher verzichtbar. Ich setze farbiges Laub immer nur sparsam ein, um ein bestimmtes Farbschema zu unterstreichen, aber es darf nie dominieren. Und wenn, dann muss es monochrom sein. Ein paar rote Farbtupfer von *Heuchera micrantha* 'Palace Purple', *Actea simplex* 'Brunette' oder *Cotinus coggygria* 'Grace' erzeugen Harmonie. Viel spannender und wertvoller ist *Heuchera villosa* var. *macrorrhiza* und Sorten wie 'Felt Room', 'Autumn Bride' und 'Chantilly'. Die ersten drei haben große, filzartige, helle immergrüne Blätter und produzieren cremeweiße, bis zu achtzig Zentimeter hohe Blütenrispen. 'Chantilly' ist nur halb so hoch. Sie alle blühen ab August bis in den Herbst hinein.

VI. SPÄTHERBST

Anfang November bis Anfang Dezember

Das farbenfrohe Finale

Wenn sich das Jahresende nähert, merkt man, wie sich die Natur auf die kommenden schwierigen Monate vorbereitet. Aus meiner Kindheit in Belgien verbinde ich diese Jahreszeit mit feuchten, kalten, grauen Tagen. Wenig Sonnenlicht, eine immer kürzer werdende Tageslänge und Temperaturen, die rasant Richtung Winter rutschen. Als ich nach England zog, änderte sich dieses Empfinden. Das maritime Klima, das vom Atlantik hereinkommt, sorgt dafür, dass der Himmel häufiger wechselt, bewölkte, stürmische, regnerische Himmelslandschaften werden abgelöst von Wolkenfeldern, blauem Himmel und Sonnenschein. Ganz anders ist es in Berlin. Es kann viel kälter sein, mit strengem Frost und dickem Schnee, der aber meist erst später im Winter kommt. Obwohl es natürlich auch Regentage gibt, ist die relative Luftfeuchtigkeit in der Regel nicht so hoch und es gibt oft noch traumhaft sonnige späte Herbsttage. Die ungemütliche feuchte Kälte, die sich in Körper und Geist einschleicht, erlebt man hier kaum. Dieses trockenere Klima ist zwar angenehm, hat aber einen Nachteil: Schöner Raureif ist eine Seltenheit. Ich vermisse die knackig kalten Morgenstunden, wenn selbst das kleinste Detail einer Pflanze dank der pelzigen Umrisse der Eiskristalle zehnfach hervorgehoben wird.

Mit grauem Himmel und kurzen Tagen assoziiere ich Laub. Das letzte Farbspiel der feurigen Herbstfarben, die das fehlende Sonnenlicht ersetzen. Die goldene Farbe der Hainbuchensäulen, die den Besucher beim Betreten der Gartenakademie strahlend begrüßen, bilden einen schönen Kontrast zu den dunkelgrünen Eiben- und Buchsbaumhecken. Die kupferfarbenen Blätter der Rotbuchenhecken hinter der Staudenrabatte und der majestätischen Rotbuche, die das Wurzelhaus überragt, sind eine spektakuläre Kulisse und bilden einen feurigen Abschluss der langen, schönen Saison in der Gartenakademie.

Während die Hecken ihre Blätter bis zum Ende des Winters behalten, werfen die anderen Bäume und Sträucher ihre raschelnden Blätter in großen Mengen ab. Ich genieße die meditative Monotonie des Laubharkens. Beim Harken der Wege und des Rasens gibt man dem Garten seinen Stolz zurück.

Beim Zusammenrechen des Laubes zu großen Haufen hat man Zeit, über das ganze Wunder der Natur nachzudenken. Der Kreis schließt sich, wenn nach wenigen Jahren das Blatt langsam kompostiert und zu wunderbar weichem Laubkompost wird, der der nächsten Generation von Bäumen und Sträuchern zugutekommt. Zwischen den Pflanzen dürfen die Blätter liegen bleiben, um an Ort und Stelle zu kompostieren und der Pflanze das zurückzugeben, was sie braucht. Das saubere, klare Muster der Wege und die freie grüne Fläche des Rasens bringen Struktur und Kontrast in das Chaos des gefallenen Laubes.

Inzwischen blühen nur noch wenige Blumen. Ein paar durchnässte Rosen, eine blasse Version ihres früheren Selbst, weigern sich, sich der Kälte zu beugen. Die Waagerechte Aster 'Lady in Black' vollendet ihren charmanten Auftritt, während Dahlien und einjährige Pflanzen wie Kosmeen und Ziertabak sich weiter anstrengen, bis sie schließlich vor dem strengen Frost kapitulieren. Aber mir macht der Mangel an Blüten zu dieser Jahreszeit nichts aus. Ich finde, die Pflanzen haben alles gegeben und haben eine Pause verdient. Der Garten lebt jetzt von der Herbstfärbung, gespickt mit bunten Früchten und Beeren diverser Pflanzen. Warme rote Hagebutten in verschiedenen Formen und Größen, bunte Zieräpfel, lila Liebesperlen, und natürlich Stechpalmen, deren Beerenschmuck zur Weihnachtszeit unentbehrlich ist.

In der Gartenakademie ist dies die Zeit, in der wir die Gärtnerei auf den Winter vorbereiten. Die wenigen Pflanzen, die am Ende der Saison übriggeblieben sind, und die ersten Pflanzenlieferungen für den Beginn der neuen Saison werden behutsam weggeräumt und vor strenger Kälte und starkem Wind geschützt. Sie werden dicht an dicht gepackt, kuschelig eingemummelt mit Laub und Stroh. Empfindliche Stauden werden in einem kühlen Gewächshaus gelagert, wo sie ein wenig vor Frost, aber hauptsächlich vor übermäßiger Feuchtigkeit geschützt sind, die so viele Pflanzen im Winter eingehen lässt. Die großen Olivenbäume werden in einem geschützten Außenbereich untergebracht und locker in Vlies eingewickelt, während die frostempfindlichen Pflanzen wie Palmen, Bougainvilleen und herrlich duftenden Engelstrompeten in die Gewächshäuser einquartiert werden.

Während eine Saison zu Ende geht, beginnen wir mit den Vorbereitungen für die nächste. Wir besuchen Baumschulen, um Bäume und Sträucher für das nächste Jahr auszusuchen, es werden große Bestellungen bei Stauden-, Rosen-

und Obstbaumlieferanten aufgegeben sowie für Samen und Sommerzwiebeln und Knollen wie Nerines, Montbretien und Dahlien. Während die Gärtnerei für den Winter aufgeräumt wird, richten wir unsere Gedanken auf den ersten Advent und die Vorbereitungen für die Weihnachtszeit. Grünmaterial wird gesammelt, um Kränze und Girlanden zu binden. Die Weihnachtsbäume sind längst ausgesucht und bestellt.

Dieses jährliche Ritual verleiht der sonst eher tristen Jahreszeit einen tieferen Sinn. Die damit verbundenen Aktivitäten geben mir ein großartiges Gefühl der Zufriedenheit. Die Ernte ist abgeschlossen, die Erzeugnisse werden eingelagert, seien es Früchte oder Knollengewächse, Nutz- oder Zierpflanzen. Saatgut wird gesammelt, getrocknet und eingelagert und die Gedanken richten sich völlig auf das nächste Jahr.

Jetzt ist die Zeit, um Pläne zu schmieden: Welche Teile des Gartens müssen umgestaltet oder sogar komplett neu angelegt werden? Sollen Beete neu bepflanzt oder zumindest leicht verändert werden, um Schwachstellen auszuräumen? Welche Sträucher, Bäume und Hecken müssen verjüngt werden? Was soll neu gepflanzt werden? Während all diese Gedanken in meinem Kopf herumschwirren, zeigen sich draußen die ersten Anzeichen der neuen Saison, die mich anspornen, nach vorne zu schauen. Die kleinen grünen Nasen der ersten Schneeglöckchen, neue Blütenknospen von Helleborus, große, dicke, pelzige Knospen von Magnolien und die ersten schüchternen Blüten von Winterjasmin, winterblühendem Schneeball und *Prunus subhirtella* 'Autumnalis'. Das neue Gartenjahr fängt an!

Wichtige wintergrüne Akzente in unserem Garten

Da die letzten herbstlichen Farben aus der Landschaft verschwinden und die dunklen Silhouetten von Bäumen und Sträuchern ihre schöne Kontur vor dem winterlichen Himmel zeigen, beginne ich die immergrünen Noten im Garten wirklich zu genießen. In den Sommermonaten unterscheiden sie sich nicht von der übrigen Vegetation, aber jetzt setzen sie willkommene und wichtige Akzente im Garten, die nicht nur für Farbe sorgen, sondern auch zahlreichen Gartenvögeln einen wertvollen Schutz bieten.

Viele Gehölze, die während der Wintermonate ihr Laub behalten, reagieren empfindlich auf harten Frost. Solange die Temperaturen über dem Gefrierpunkt liegen, sind die chlorophyllhaltigen Blätter weiterhin aktiv. In frostigen Zeiten erwärmt die sanfte Wintersonne die Blattoberflächen, was die Pflanze zur Weiterführung der Photosynthese anregt. Sie kann aber nicht auf das dafür benötigte Wasser zugreifen. Bis zum Ende des Winters sind die Blätter vertrocknet.

Sie können zum Schutz Ihrer empfindlichen Pflanzen beitragen, indem Sie sie mit leichtem Vlies umwickeln. So können austrocknende Winde und die wärmenden Strahlen der Morgen- und Mittagssonne sie nicht beschädigen.

Leicht empfindliche, immergrüne Pflanzen

In unserem kleinen Berliner Innenhofgarten haben wir mehrere frostempfindliche, immergrüne Gehölze, die an diesem geschützten Standort gute Überlebenschancen haben. Die Nähe zu den Gebäuden schottet den Garten vor kalten Winden und starker Wintersonne ab. Unsere drei Hanfpalmen, *Trachycarpus fortunei,* mit ihren großen, rundlichen Blättern, sind ein großartiger Blickfang im Mittelpunkt des Gartens. Entlang des Zauns hat sich die *Nandina domestica* mit ihrem attraktiv geschnittenen Laub erstaunlich gut eingelebt, sichtbar an den roten Beeren im Herbst und den cremeweißen Blütenrispen im frühen Frühjahr. Durch den aufrechten, kompakten Wuchs ist sie ideal für kleinere Gärten. Dahinter hat eine stark duftende, früh blühende *Clematis armandii* in den letzten Jahren gekämpft, da ein unwissender Nachbar sie mehrmals zurückgeschnitten hat. Am Ende des Gartens bilden zwei große immergrüne *Magnolia grandiflora* eine beeindruckende Kulisse mit ihren großen, dunkelgrünen, glänzenden Blättern. Sie helfen, die Nachbarn abzuschirmen. Da die meisten dieser Pflanzen nun schon sechs oder sieben milde Jahre lang Zeit hatten, sich zu etablieren und zu wachsen, werden sie einen kalten Winter eher gut überstehen, als noch junge, empfindlichere Pflanzen es tun würden.

Mehr Sichtschutz in unserem Garten kommt von einer großen Gruppe Bambus. Sie sind eine Mischung aus unterschiedlichen Sorten *Phyllostachys*, von denen mein Favorit die *Phyllostachys aurea* ist, mit ihren attraktiven gelben Stämmen. Mittlerweile ist die Gruppe (sicher von einer starken Rhizombarriere umschlossen) auf eine Höhe von etwa vier bis fünf Meter angewachsen und bietet einen sehr effektiven Sichtschutz zum benachbarten Gebäude. Das gewöhnliche Efeu, das die leere Brandwand der Nachbarn mit seinen angenehm grünen, glänzenden Blättern bedeckt, ist gute sechs Meter hoch. Sowohl Efeu als auch der Bambus sind sehr wertvolle Pflanzen, da sie eine große, gesellige Kolonie von Sperlingen beherbergen. Jeden Abend kommen sie mit lautem, fröhlichem Geschwätz nach Hause und morgens sind sie besser als jeder Wecker. Glücklicherweise zwitschern sie im Winter erst gegen halb acht, einer zivilisierteren Zeit als im Hochsommer. Da wachen sie bereits kurz nach vier Uhr morgens auf. Auch Fledermäuse flitzen im Efeu herum und im Frühherbst brummt es von Insekten, die diese spät blühende Pflanze schätzen. Bis zum späten Winter werden die reifenden Beeren von hungrigen Vögeln dankbar angenommen.

Auf einer niedrigeren Ebene stehen andere wichtige immergrüne Strukturelemente: die *Ilex crenata*. Wir haben sie als geschnittene Kugeln gepflanzt, aber die Idee ist, dass sie mit der Zeit zu einer Wolkenhecke verschmelzen.

Gehölze im Kübel für Terrasse, Balkon oder Innenhof

Schön bepflanzte Kübel bringen ein wunderbares architektonisches Strukturelement in den Garten oder auf Terrasse und Balkon. Gerade jetzt, da die Saison fast vorbei ist und die nicht winterharten oder einjährigen Pflanzen zum Ende kommen, fängt die Kübelbepflanzung an, traurig und kahl auszusehen. Wintergrünes ist schwierig, da in kalten Wintern Gehölze im Kübel doch empfindlicher sind als die, die mit ihren Füßen in der Erde stehen. Bei hartem Frost, besonders an kalten, sonnigen Tagen, werden die Blätter aktiv und brauchen Wasser. Das können die Wurzeln der Pflanze nicht liefern, da sie in der Tiefkühltruhe stehen. Um ihre Überlebenschancen zu erhöhen, hält man die Pflanze während frostfreier Perioden feucht und schafft während der Kälteperioden Schatten und Windschutz.

Da sie oft als Sichtschutz am Sitzplatz stehen, genügt es meist, sommergrüne Gehölze zu pflanzen, aber achten Sie darauf, dass diese auch im Winter Farbe oder andere Akzente in den Garten bringen.

Bunte Rinde vom Hartriegel

Innerhalb der Hartriegelgattung *Cornus* gibt es mehrere Gehölze, deren Zweige in den Wintermonaten farbig leuchten, besonders, wenn die tief stehende Wintersonne sie anstrahlt. Fein, verzweigt und apricotfarben ist *Cornus sanguinea* 'Midwinter Fire'. Leuchtend rot ist *Cornus alba* 'Sibirica', grünlich gelb *Cornus stolonifera* 'Flaviramea', dramatisch, fast schwarz ist der Schwarzholz-Hartriegel, *Cornus alba* 'Kesselringii'. Diese drei Sorten können alle zwei bis drei Jahre hart zurückgeschnitten werden, da sie so schnell und kräftig wieder austreiben, dass innerhalb einer Saison die Lücke wieder geschlossen ist. Damit ist das farbenfrohe Element gesichert.

Es sind unproblematische robuste Gehölze, die an sonnigen Standorten eine tolle Herbstfärbung entwickeln. Je schattiger sie stehen, desto weniger dramatisch ist ihre Wirkung. Die weißen Blüten kommen auf altem Holz und sind relativ bescheiden, die Früchte sind bei Vögeln beliebt.

Bunte Zweige beim Japanischen Ahorn

Egal, ob sie eine größere Sorte als Baum setzen oder einen kleineren Schlitz-ahorn als Strauch pflanzen – sie entwickeln alle eine schöne Form und sind besonders geeignet für etwas schattigere Bereiche. Die meisten haben entweder grüne, rote, gelbe oder apricotfarbene Rinde wie *Acer palmatum* 'Sango Kaku' und *A. palmatum* 'Corallinum'. Mit seinen feinen, geschlitzten Blättern, entweder in Grün oder Rot, ist *Acer palmatum* 'Dissectum' eher ein Strauch mit ganz besonderem Charakter, der auch während der Wintermonate reizend anzusehen ist.

Interessante Gehölze mit besonderen Stielen

Ganz fein und zierlich ist mein Liebling, die Japanische Kirsche: *Prunus* 'Kojou-no-Mai'. Im Gegensatz zu allen anderen Japanischen Kirschen ist diese ein Strauch, sogar ein kleinerer Strauch mit entzückender Wuchsform, ganz frühen kleinen zartrosa, fast weißen Blüten und feurigroter Herbstfärbung. Ein Gehölz, das unheimlich viel zu bieten hat.

Flügelspindelstrauch, Korkspindel oder Korkflügelstrauch *Euonymus alatus* hat entlang seiner grünbleibenden Zweige dünne, korkähnliche Leisten, die diesem Strauch einen ganz eigenen Charakter verleihen. Die Blüten im Frühsommer sind klein und unscheinbar, das Hübsche, recht Bunte an ihm sind seine Früchte mit den kräftig pinken Fruchtkapseln, die sich im September öffnen, um rotorangene Früchtchen zu zeigen. Alles davon ist giftig, aber die Gefahr, dass man die Früchte isst, ist eher gering: Bei dieser Farbkombination sieht man schon von weitem, dass sie nicht zum Verzehr geeignet sind!

Charaktervoll für den Winter ist auch die Kletterhortensie *Hydrangea petiolaris*. Kastanienbraune abblätternde Rinde an dicken, knorrigen Stielen, die mit dem Älterwerden große Persönlichkeit entwickeln. Obwohl sie klettern kann, kann man sie auch als Strauch wachsen lassen. Sie ist eine der wenigen Kletterpflanzen, die auch für eine Nordfassade geeignet sind, an der sie sich ohne Hilfe eines Rankgerüstes hocharbeitet.

Ich bin auf mehreren Balkonen schon recht großen, älteren Ginkgobäumen begegnet, die es dort wohl zu lieben scheinen. Der Ginkgo ist ein großartiger, robuster Baum, mit leuchtend gelber Herbstfärbung und schöner Rinde. Er schafft Höhe, hat aber kein allzu dichtes Astwerk, so dass er nicht viel Schatten spendet.

Wenn Sie jetzt noch Gehölze pflanzen, stecken Sie gleich noch ein paar kleine, frühe Zwiebeln wie Winterlinge, Blausternchen oder Anemonen mit in den Topf, die vor dem Austrieb blühen.

Natürlich verdienen all diese Pflanzen auch ein Plätzchen im Garten, falls Sie einen haben!

Herabfallendes Laub

Wenn die meisten Bäume ihre Blätter abgeworfen haben, beginne ich das Laub einzusammeln, aber nicht überall. Im Gegenteil: Es gibt Bereiche, wo ich das Laub bewusst liegenlasse oder sogar überhaupt erst eine Laubdecke aufbringe. Wichtig ist in jedem Fall: Harken Sie Ihr Laub und benutzen Sie keinen Laubbläser! Obwohl es inzwischen wesentlich leisere Modelle gibt, stören sie wichtige Insekten und andere Organismen, die sich auf Ihrem Boden häuslich eingerichtet haben. Überdies wird fruchtbare, kostbare obere Erdschicht abgetragen und ihr Mikroklima zerstört.

Laub von Stufen und Terrassen fegen

Nasse Blätter und moosige Stellen können schnell eine Rutschgefahr werden. Daher ist es sehr wichtig, die Wege sauber zu halten. Unter den feuchten Blättern trocknet die Oberfläche zu dieser Jahreszeit nie aus. Die Flächen können schnell glitschig werden, besonders, wenn an der betreffenden Stelle Moos wächst. Holzflächen verrotten zudem schneller, weil sie wegen des Laubs nie abtrocknen können.

Auch Wasserstellen sollten Sie laubfrei halten. Ein kleines Vogelbad ist leicht zu säubern, aber in größeren Teichen wird es komplizierter, die Ansammlungen von alten Blättern zu entfernen, da diese auf den Teichboden absinken.

Blätter von Wegen harken

Obwohl ich es liebe, durch einen dicken Teppich aus knisternden Blättern zu laufen, harke ich regelmäßig die Wege. Zu dieser Jahreszeit gerät der Garten schnell in einen Zustand der Unordnung, da die visuell starken Formen von Farnen und Stauden zusammenbrechen. Deshalb ist es wichtig, dass die Struktur des Gartens, die sich im Sommer im Dschungel der Vegetation verliert, wieder sichtbar wird. Aber es ist nicht nur aus optischen Gründen wichtig, die Wege frei zu halten: Wenn sich dort eine Schicht organischer Materie aus kompostierenden Blättern aufbaut, fördert dies das Wachstum von Moos und Unkraut.

Mähen Sie Rasenflächen, um Laub zu entfernen

Obwohl ich Blätter in den Beeten und Rabatten befürworte, ist der Rasen die einzige Vegetationsfläche, die unbedingt geharkt werden muss. Wenn Blätter liegen bleiben, wird dem Rasen Licht und Luft entzogen, und es bilden sich Pilzkrankheiten. Durch das Harken wird der Rasen leicht vertikutiert – aber am schnellsten lassen sich die Blätter auf dem Rasen mit dem Rasenmäher einsammeln, was gleich zwei weitere Vorteile hat: der Rasen bekommt seinen letzten Schnitt der Saison und die Blätter werden zerkleinert und mit Gras vermischt. Da Gras ein guter Aktivator ist, beschleunigt es die Zersetzung der Blätter und macht sie zu einem idealen Mulch für Beete oder am Fuße von Hecken.

Befreien Sie die Wipfel immergrüner Sträucher vom Laub

Eine niedrige, in Wolken geschnittene Hecke aus *Ilex crenata* trennt unseren Garten von dem der Nachbarn. Auf diesen, wie auch auf den niedrigen Hecken, die teilweise die Rabatte umschließen, sammelt sich zwischen den harten kleinen Ästchen das Eichenlaub. Wie auf dem Gras verhindern diese kleinen Laubnester, dass Licht und Luft an die Pflanze gelangen, was die Gefahr von Krankheiten erhöht. Mit einer Harke können sie ausgeharkt oder einfach von Hand abgepflückt werden.

Wohin mit dem Laub?

Wenn möglich, lasse ich die Blätter gerne dort, wo sie hinfallen, da sie ein wichtiger Teil des natürlichen Recyclingsystems sind. Die Pflanzen sind auf diese organische Substanz als Bodenverbesserer und die darin enthaltenen Nährstoffe angewiesen. Obwohl Bäume einen Teil der Nährstoffe aus den Blättern resorbieren, bevor sie im Herbst fallen, bleiben einige, wie zum Beispiel Kalzium, im Blatt. Sobald der Kompostierungsprozess abgeschlossen ist, werden die Pflanzen in der Lage sein, diese lebenswichtigen Nährstoffe wieder aufzunehmen. Das Abdecken des Bodens verhindert zudem, dass er austrocknet.

Rosskastanienblätter sind die einzigen, die ich aus dem Garten entferne. Sie beherbergen die Larven der Kastanienminiermotte. Es ist wichtig, diese Blätter mitsamt den zerstörerischen Schädlingen vor Frühlingsbeginn zu entfernen und in die Kompostsammlung der Kommunen zu geben. Deren Kompostieranlagen sind groß genug, um die notwendige Wärme zu erzeugen, um die Larven, aber auch sonstige schädliche Krankheitserreger abzutöten.

Walnussblätter hingegen dürfen bleiben, obwohl sie wachstumshemmende Gerbsäuren enthalten. Wenn Sie einen Walnussbaum in Ihrem Garten haben, sammeln Sie die Blätter ein und lassen Sie sie mindestens sechs Monate lang kompostieren. Alternativ können Sie sie als natürliches Herbizid verwenden und als Mulch auf Unkrautflächen ausbringen.

Die Blätter der übrigen Bäume werden zum Mulchen der Beete verwendet. Ich harke auch immer eine dicke Packung an den Fuß der Bambusse, wo das Laub Feuchtigkeit und Nährstoffe liefert, um sie innerhalb ihrer Wurzelbarriere glücklich zu halten. Aber auch der japanische Ahorn und die Hortensien lieben Waldboden und profitieren sehr von einer guten Schicht Blattstreu. Sie hält den Boden in den heißeren Sommerperioden kühl und feucht.

Auch zwischen Farnen und Stauden lasse ich das Laub gerne liegen. Es schützt die Pflanzen und regt Amseln an, nach Insekten zu stöbern. Diese dünne Laubdecke kann mit einer Schicht Kompost abgedeckt werden, um sie an ihrem Platz zu halten. Das Ganze kompostiert viel schneller, als wenn man alles auf einem Haufen aufschichtet. Auch das Mischen von Grünmaterial wie Rasenschnitt beschleunigt den Prozess.

Winterschutz mit Laub

Auch an die Füße unserer drei Hanfpalmen (*Trachycarpus fortunei*) und immergrünen Magnolien (*Magnolia grandiflora*) packen wir eine dicke Laubschicht. Diese Bäume sind nicht vollkommen winterhart, vertragen aber etwas Frost. Bisher haben sie sich in unserem sehr geschützten innerstädtischen Hofgärtchen gut bewährt, und ich möchte ihnen einfach ein wenig zusätzlichen Schutz geben. Sollten sie starke Frostschäden erleiden, ist es wichtig, dass das Wurzelsystem unversehrt bleibt, damit die Pflanze von der Basis aus wieder austreiben kann.

Eine kuschelige Schicht aus trockenen Blättern am Fuß von Pflanzen, die in Töpfen auf der Terrasse stehen, bietet einen gewissen Schutz und verhindert, dass die Pflanzen austrocknen.

Die Liste der Bereiche, in denen die Blätter entfernt werden sollten, mag lang erscheinen, aber da drei Viertel unseres Gartens bepflanzt sind, bedeutet dies, dass das Harken und Fegen schnell erledigt ist und die Ergebnisse äußerst lohnend sind. Besonders um diese Jahreszeit ist es wichtig, die Struktur des Gartens wieder freizulegen.

Voll im Trend: Zimmerpflanzen

Die Nachfrage nach Zimmerpflanzen ist in den vergangenen Jahren rasant gestiegen. Sie sind zu einem hippen Wohnaccessoire in Wohnzimmern, Küchen oder auch Bädern geworden. Sie sollen das Arbeitsklima in Büros verbessern. In öffentlichen Bereichen wie Krankenhäusern oder Wartezimmern in Arztpraxen sollen sie eine beruhigende Wirkung auf die Patienten ausüben. Die Idee ist wohl nicht schlecht, aber sie scheitert oft an der Umsetzung und Pflege. Wenn sich jemand für sie zuständig fühlt, ein Händchen hat und sich kümmert, können Zimmerpflanzen gut aussehen – aber so oft stehen sie lieblos in eine dunkle Ecke verbannt, verdursten sie vor der Heizung, werden sie zu viel oder nicht genügend gegossen, und niemandem fallen die braunen Blätter auf. Diese Pflanzen tun mir leid, und ich verstehe nicht, wie Menschen ihnen einfach langsam beim Sterben zusehen können, ohne einzugreifen.

Lichtmangel

Oft werden meine Kollegen und ich gefragt, was wir von Zimmerpflanzen halten. Wenig. Nicht, dass wir etwas gegen die Pflanzen an sich hätten – wir haben einfach ein Problem mit Pflanzen im Zimmer. Keine Pflanze möchte wie ein

Hund im Zwinger in einem zu kleinen Topf gefangen sein und möchte ihr Leben in einer zu dunklen, trockenen Wohnung verbringen. Pflanzen wollen im Freien sein, und selbst wenn sie in ihrer natürlichen Heimat im Schatten von größeren Bäumen gedeihen, bekommen sie dort trotzdem mehr Licht, als wenn sie dekorativ auf dem Wohnzimmertisch herumstehen. Sobald sie auch nur einen Meter vom Fenster entfernt stehen, sinkt der Luxpegel dramatisch von fünfzig auf neunzehn Prozent dessen, was draußen zur Verfügung steht. Ohne Licht findet keine Photosynthese statt, die die Pflanzen brauchen, um gesund zu wachsen.

Luftfeuchtigkeit

Zu dem Problem mit fehlendem Licht kommt auch noch zusätzlich, dass in den Wintermonaten, wenn wir unsere Heizung mollig hochdrehen, die Luft in unseren Wohnungen sehr trocken ist.

Wenn Sie sich überlegen, dass viele unserer beliebten Zimmerpflanzen aus eher tropischen Regionen stammen und somit näher am Äquator beheimatet sind, wo im Sommer und Winter die Tageslänge ähnlich lang ist und wo die Luftfeuchtigkeit meist recht hoch ist, macht unser Klima es den Pflanzen bei uns auf der Nordhalbkugel nicht gerade leicht.

Wenn Sie also eine Zimmerpflanze kaufen oder geschenkt bekommen, dann denken Sie bitte daran, dass sie am Fenster stehen möchte, und investieren Sie in Luftbefeuchter für Ihre Heizkörper. Die feuchtere Luft ist auch für Sie nicht verkehrt.

Selbstverständlich müssen auch und gerade Zimmerpflanzen regelmäßig gegossen und ab und zu gedüngt werden. Da die Pflanzen von ihrem natürlichen Versorgungssystem abgekoppelt sind, tragen Sie die Verantwortung dafür, dass Ihre Pflanze das bekommt, was sie braucht, um sich wohlzufühlen. Wie viel Wasser und Dünger eine Pflanze benötigt, hängt von der Sorte, der Größe, der Jahreszeit, der Topfgröße und der Umgebung ab. Lassen Sie sich beraten und vertrauen Sie Ihrem Bauchgefühl. Stecken Sie den Finger in die Erde, bevor Sie gießen, um sicherzugehen, dass die Pflanze überhaupt Wasser braucht. Pflanzen, deren Blätter Wasserspeicherorgane sind, wie Kakteen oder Aloe, verbrauchen weniger Wasser als zum Beispiel ein buschiger Farn. An heißen Tagen trinken Sie schließlich auch mehr als an kühlen Tagen.

All unsere Zimmerpflanzen können ruhig die Sommermonate draußen verbringen (sie werden es genießen!). Achten Sie auf die natürlichen Ansprüche: Ein Kaktus wird Ihren Südbalkon lieben, der Farn verbringt den Sommer lieber auf der schattigen Terrasse. Wenn Sie einen Garten haben, graben Sie die Töpfe an geeigneten Stellen ein, dadurch stehen sie stabil und behalten kühle Wurzeln. Aber weiterhin das Gießen nicht vergessen! Man muss nur im Frühjahr aufpassen, dass die Blätter nicht bei den ersten Sonnenstrahlen verbrennen. Stellen Sie die Pflanzen an milden, bewölkten Tagen ein paar Stunden raus, am besten in den Schatten, und holen Sie sie abends wieder rein, damit sie sich langsam eingewöhnen können.

Wenn Gärten erwachsen werden

Ich besuche ausgesprochen gerne und immer wieder die von uns gestalteten Gärten. So auch den Garten einer Kundin, den wir 2014 angelegt haben und auf den ich mich in diesem Kapitel beziehen werde. Ich liebe es, Gärten dabei zu beobachten, wie sie durch unterschiedliche Phasen der Entwicklung gehen. Dan Pearson, der berühmte englische Gartengestalter und ein enger Freund, hat einmal gesagt, dass Gärten sich in Phasen von je drei Jahren entwickeln: Staudenbepflanzungen brauchen drei Jahre, um ihre Fülle zu bekommen, Sträucher sechs Jahre, und nach neun Jahren fängt man an, einen Baum als Baum wahrzunehmen.

Die Bäume

Außer einer Reihe hoher Zierapfel-Spaliere, als schleierähnlichen Sichtschutz zum Nachbarn, hatten wir im Garten der Kundin kaum Möglichkeiten, Bäume zu pflanzen. Die anderen Nachbarn haben sich vehement gegen den Vorschlag gewehrt, eine riesige, längst abgestorbene Konifere durch einen schönen, mittelgroßen Laubbaum zu ersetzen. Stattdessen steht dort jetzt ein Holunder (nichts gegen Holunder, ich liebe Holunder, aber etwas Baumartiges wäre besser gewesen). Weit genug vom Nachbargrundstück entfernt, so dass sich keiner beschweren kann, steht eine japanische Zierkirsche. Ich liebe sie als mehrstämmige Bäume. Damit sind sie während der Wintermonate so charaktervoll. Den einzigen Baum, den wir vom originalen Bestand erhalten haben, ist ein Apfelbaum. Er ist vielleicht nicht der hübscheste aller Apfelbäume, aber wie so oft bei älteren Bäumen zeigt er Persönlichkeit. Das mag ich immer gerne. Bei meiner letzten Begehung hatten wir beschlossen, dass dieser Apfelbaum nun aufgeastet werden soll, um ihm eine bessere Form zu geben und mehr Licht für die Unterpflanzung zu haben. Er hatte mehrere kleine Äste, die kreuz und quer Unruhe stifteten; sie mussten weichen, um dem Stamm eine klarere, skulpturalere Form zu geben.

Sträucher

Wie immer habe ich auch für den Garten dieser Kundin Sträucher ausgesucht, die in der Herbst-/Winter- und Vorfrühlingszeit Freude machen. Zwei echte Duftbomben für diese Zeit sind die winterblühende Heckenkirsche *Lonicera x purpusii*, die an einer geschützten Stelle mit ihren wunderbar duftenden, bescheidenen Blüten den Winter durchblühen kann, und *Sarcococca hookeriana*, die kleine wintergrüne Schleimbeere, eine Verwandte des Buchs, mit ihrem feinen Parfum. Magnolien passen auch in diese Kategorie, und zwar nicht nur, weil die nicht zu große Sternmagnolie so früh im Jahr blüht. Sie beschert mir bei jedem Rundgang durch den Garten mit ihren unwiderstehlichen dicken, kuscheligen Blütenknospen Vorfreude auf die Blüte. Man sieht ab Laubfall, welche Blütenpracht einen am Ende des Winters erwartet. Hortensien gehören ebenfalls zu meinem wichtigen Herbst-/Winterbild. Die verblühten Blüten bleiben auch im Winter noch eine Zeitlang attraktiv. Die kräftigen Stiele der Samthortensie haben eine interessante, abblätternde Rinde, die erst im Winter gut sichtbar wird.

Kletterer

Der Entwurf für diesen 250 Quadratmeter großen Garten ist inspiriert von den kleinen, in sich abgeschlossenen Klostergärten des Mittelalters. Wie bei einem Kreuzgang kann man einmal um den Garten herumgehen. Von hier aus gibt es mehrere Stufen, die in den mittleren Bereich des Gartens führen. Dort haben wir einen kleinen Senkgarten mit Buchsparterre angelegt (einer der letzten Gärten, wo wir noch Buchs verwendet haben; mittlerweile sehen wir des Buchsbaumzünslers wegen davon ab). Das Parterre ist teilweise mit Stauden bepflanzt, hat aber auch noch freie Flächen für Wechselndes wie Sommerblüher, Kräuter oder Gemüse. Die »Eingänge« zu diesem Senkgarten sind eingerahmt von einfachen Metallbögen, an denen Kletterrosen und Klematis ranken. Diese Bögen geben ein wunderbares Raumgefühl, ohne dass sie viel Platz oder Licht wegnehmen. Kletterrosen bekommen in jedem meiner Entwürfe eine Klematis als Begleiter. Hierfür greife ich gerne auf die Viticella-Typen zurück. Diese fangen meistens dann an zu blühen, wenn die erste Blühphase der Rosen sich dem Ende entgegenneigt, und blühen durch, bis die Rosen wieder mit ihrer zweiten Blüte loslegen.

Eine Mauer ist mit einem Trompe-l'œil-Holzgitter verkleidet. Dieses bietet natürlich auch noch reichlich Platz für weitere Kletterer, wie z. B. Geißblatt.

Stauden

Die formale Struktur dieses Gartens schenkt dem Auge immer wieder etwas Schönes. Die klaren, geraden Linien sind zwar während der Sommermonate kaum zu sehen, im Winter treten sie jedoch wieder hervor. Das informelle Gestaltungsmuster des Parterres lockert das strenge Winterbild wieder auf. Leuchtend gelborangene Pfeifengräser werden noch einige Monate schön sein und sorgen zudem für Leichtigkeit. Wie die Rosenbögen, schaffen auch diese transparente Höhe im Garten und tragen dazu bei, dass ein Raumgefühl entsteht. Einige der kurzlebigen Stauden wie die Duftnessel haben sich schon einige Jahre nach der Neugestaltung verabschiedet. Ich verwende sie öfter, da sie sich sehr schnell entwickeln und sehr lange blühen, so dass sie während der ersten Jahre, wenn einige andere langsamere Stauden noch ein wenig Zeit brauchen, um anzukommen, die Lücken füllen. Wir haben uns entschieden, neue Duftnesseln nachzupflanzen, da sie sehr vermisst wurden, was ich gut nachvollziehen kann – ich vermisse sie auch in meinem Beet.

Einige Pflanzen haben sich verselbständigt. Die zierliche Wiesenraute *Thalictrum delavayi* hat sich an einigen Stellen, an denen es ihr gut gefällt, ausgesät. Akelei und Vergissmeinnicht natürlich auch. Ich liebe es, wenn diese angenehmen Opportunisten sich auf diese Weise ansiedeln und dabei von Jahr zu Jahr das Gartenbild verändern.

Stauden teilen

Oft werde ich gefragt, wie häufig man Stauden teilen soll. Meine Antwort ist immer (bestimmt unbefriedigend für einige), dass sie sich melden, wenn es so weit ist. Im Garten unserer besagten Kundin waren es einige der Pfeifengräser, die nicht mehr allzu üppig gediehen, zudem die Schwertlilien, die schon geteilt wurden, weil sie aufgehört hatten zu blühen. Wenn Sie feststellen, dass Ihre Staude nicht mehr so gut gedeiht, dann ist es Zeit, sie auszugraben, zu teilen und mit frischem Kompost versorgt wieder einzusetzen. Wenn sich in der Mitte eine kahle Stelle entwickelt oder wenn Ihre Astern das halbe Beet in Beschlag nehmen, nicht mehr so hoch wachsen wie in früheren Jahren oder wenn die Sedums auseinanderfallen, wo sie immer so schön standen, dann ist es Zeit, einzugreifen.

Die Seele eines Gartens

Der beschriebene Garten ist definitiv ein Garten mit Herz und Seele. Doch was bedeutet das? Ein Garten muss nicht unbedingt perfekt gepflegt sein (obwohl dieser es definitiv ist). Ich kenne Gärten, die stehen am Rand des Untergangs, wo Brombeere und Nessel schon an der Hinterpforte vorbei sind, und die trotzdem eine magische Kraft haben. Umgekehrt habe ich auch schon öfter Gärten besucht, die von vorne bis hinten geleckt waren, denen aber komplett die Seele fehlte. »Beseelt« ist ein Garten dann, wenn seine Besitzer den Garten voller Hingabe angenommen haben, mit ihm und im Garten leben und sich mit diesem Garten identifizieren – selbst wenn sie nicht unbedingt alles selbst pflegen. Die ganz eigene, einem Garten innewohnende Schönheit entwickelt sich erst mit der Zeit. Es ist ähnlich wie bei einer guten, langjährigen Beziehung. Da gibt es auch Höhen und Tiefen, aber wenn man sich innig liebt, hat die Beziehung zu jeder Zeit eine spürbare Ausstrahlung.

Spätes Herbstfeuer und besondere Bäume für den Jahresausklang

Manchmal beginnt der Herbst fast über Nacht. Es ist ein Vergnügen zu beobachten, wie die Landschaft, egal ob urban oder ländlich, von Tag zu Tag bunter wird. Selbst entlang der belaubten Straßen Berlins gehen die zahlreichen Eichen und Ahornbäume in leuchtende Orange- und Rottöne über, während das buttergelbe Lindenblätter-Konfetti auf die Bürgersteige herunterflattert. Der letzte Stadtbaum (und übrigens auch der erste Straßenbaum, der grün wird) ist die Birkenpappel *Populus simonii*, deren sanft hängende Äste sich erst ganz zum Schluss gelb färben.

Der Zeitpunkt und die Intensität der Färbung variieren von Gattung zu Gattung, von Art zu Art und von Baum zu Baum. Darüber hinaus beeinflussen auch die Saison und der Standort die Gesamtwirkung. Einige Bäume erzeugen zuverlässige Farbexplosionen, andere halten sich eher zurück. Manche tragen vermeintlich buntes Herbstlaub, entpuppen sich aber als Enttäuschung. Ich hatte im Garten meiner Eltern einen Eisenbaum gepflanzt und ihnen ein Feuerwerk versprochen – doch der Baum verfärbte sich bestenfalls mittelmäßig gelb und übersprang die Technicolor-Farbpalette, die er unter anderen Bedingungen meist zuverlässig zeigt.

Sonnenschein beeinflusst die Intensität der Färbung, die sich am Blatt zeigt, wenn das grüne Chlorophyll im Herbst verschwindet, aber auch die genetische Varianz spielt bei samengezüchteten Pflanzen eine Rolle. Die vier Obelisken der Hainbuche, die als Wächter am Eingang der Gartenakademie stehen, sind bis in den November hinein noch tiefgrün, wohingegen einer, der vor meinem Büro als Spalier steht, bereits im Oktober vollständig gelb ist. Warum? Sie haben unterschiedliche Gene: Einer ist der normale Typ *Carpinus betulus*, die Obelisken *Carpinus betulus* 'Fastigiata' haben eine aufrechte Form, und sie wachsen auch unter verschiedenen Bedingungen: einer steht in einem großen Kübel, die anderen in der Erde.

Obwohl die Pflanzen, die sich früh verfärben, auch schneller ihre Blätter verlieren, genieße ich immer sehr den Kontrast ihrer knalligen Farben gegen den noch grünen Hintergrund der späten Färber. Es ist auch wichtig, Pflanzen nach ihrer Farbvielfalt auszusuchen. Einige werden leuchtend gelb, anderen orange- oder sogar tief bordeauxrot.

Die Felsenbirne ist früh dran mit leuchtend orangeroten Tönen. Dieser dankbare kleine Baum rundet hiermit seine lange Saison ab, nachdem er schon im Frühjahr mit einem bronzefarbenen Austrieb beginnt, gefolgt von einer weißen Blütenwolke, und im Sommer die Vögel mit köstlichem Beerenschmuck beglückt.

Ahorn

Ahorn ist zuverlässig hinsichtlich seiner Herbstfärbung, und nicht nur die zierlichen japanischen Sorten zeigen ihre Farbenpracht. Es ist eine vielseitige Gattung: Obwohl einige zu recht großen Bäumen heranwachsen und ideal für Parks und große Gärten geeignet sind, gibt es auch viele Sorten für den kleineren Garten. *Acer aconitifolium* ist einer meiner Favoriten: ein schön geformter

Baum mit breit gefächerten Blättern, die sich im Herbst traumhaft verfärben. Aber es ist nicht der einzige Ahorn, den ich mag.

In unserer Baumschule haben wir zahlreiche japanische Ahorne, die eine große Variation hinsichtlich Rinde und Blattwerk zeigen. Sie bevorzugen alle einen leicht schattigen Standplatz. Als Blickfang in einer Sichtachse, als Ankerpunkt an einer Sitzecke, als Spiegelbild im Wasser – ihr eleganter Wuchs macht sie zu idealen Bäumen. Das federartige Laub von dem kompaktwüchsigen, eher strauchartigen *Acer palmatum* 'Dissectum' färbt sich im Herbst in ein wunderschönes Orange und passt auch gut auf Terrassen. Ebenfalls kompakt ist *Acer palmatum* 'Shaina' mit dunkelroter Rinde und tiefrot leuchtenden Blättern, die im Herbst feuerrot werden. Wenn Sie sich einen aussuchen, achten Sie auf Blattform und Farbe, Rinde und die zu erwartende Größe, bevor Sie sich entscheiden. Sie werden nicht enttäuscht sein.

Judasbäume

Ich bin sehr angetan von Form und Farbe der runden herzförmigen Blätter der Judasbäume – mit ihren glatten Rändern und abgerundeten, großzügigen Herzen haben sie ein gefälliges Aussehen. Der chinesische Judasbaum *Cercis chinensis* 'Avondale' ist eine kompaktere Form, die circa zwei Meter hoch wird, was ihn ideal für den kleineren Garten macht. Er ist besonders reich blühend und wird dies schon in jungen Jahren unter Beweis stellen. *Cercis canadensis* 'Royal White' benötigt mehr Platz. Gewöhnlich weit verzweigt, kann er etwa sieben Meter hoch und breit werden, was ihn auch zu einem guten Schwerpunktbaum macht, wenn der Platz es erlaubt. Die reinweißen Blütenbüschel erscheinen, bevor die Blätter kommen. Wenn Ihr Garten groß genug ist, um geeignete, die Landschaft prägende Bäume unterzubringen, sollten Sie *Cercidiphyllum japonicum* anpflanzen. Dieser große Baum mit stattlich aufrechtem Wuchs verzaubert mich nicht nur jeden Herbst mit seinen fast transparenten gelben Blättern, sondern besticht immer wieder durch seinen sehr ausgeprägten Duft, den man auch im Frühjahr riechen kann und der dem Baum auch seinen Namen geschenkt hat: Kuchenbaum. Wenn Ihre Nase dem köstlichen Duft von Zuckerwatte hinterherschnuppert, wissen Sie, dass es in der Nähe einen Kuchenbaum gibt. Ein schönes altes Exemplar, das neben der Gartenakademie im Universitätspark wächst, ist am Ende seines Lebens angelangt und hat in den vergangenen Jahren sehr früh seine Blätter abgeworfen, aber das junge Exemplar im Japanischen Garten ist gerade dabei, seinen Teil dazu beizutragen, und sein unverwechselbarer Duft begrüßt mich, wenn ich mich morgens meinem Büro nähere. Er steht neben dem schönen *Prunus yedoensis* und gegenüber einem *Amelanchier lamarckii*, die beide im Herbst orange leuchten.

Hartriegel

Obwohl ich schon über *Cornus*-Sträucher geschrieben habe (siehe Kapitel V: Frühe Herbstfärbung und die schönsten Sträucher für die feurige Saison) dürfen zwei wichtige Bäume hier nicht fehlen: *Cornus alternifolia* und *C. kousa*. Der Blüten-Hartriegel stammt aus Japan, Korea und Zentralchina. Die hübschen weißen »Blütenblätter« sind zwar nur Tragblätter, die die Insekten zu den Blüten locken, sie bleiben jedoch so lange dekorativ, bis die himbeerähnlichen Früchte sich im Spätsommer entwickeln. Auf den Fruchtschmuck folgt dann der Blattschmuck mit seiner rötlichen Verfärbung. Dagegen ist der Blütenschmuck des Etagen-Hartriegels (*C. alternifolia*) geradezu langweilig: er produziert im Sommer köstlich duftende, fluffige, jedoch nicht sehr auffällige Blüten. Stattdessen hat er einen sehr beeindruckenden Wuchs, schiebt seine Äste waagerecht von sich weg, so dass er wirklich wie in Etagen wächst. Er bekommt auch eine großartige dunkelrote Herbstfärbung. Diese beiden Bäume sind ein wunderbarer Blickfang, wenn Sie etwas Besonderes suchen.

Der Eisenbaum

Ein Herbstfarbenklassiker ist *Parrotia persica*. Normalerweise ein breitwüchsiges Gehölz, doch 'Bella' und 'Select' (auch bekannt als 'Vanessa') sind beide Selektionen, die nicht ganz so viel Platz einnehmen wie die ursprüngliche Sorte und eher in die Höhe wachsen und größere Bäume werden. Sie werden prachtvolle, charaktervolle Gehölze, die im Vorfrühling mit dunkelroten kleinen Blütenbüscheln blühen und im Herbst das ganze Farbspektrum von Grüngelb über Orange und Rot bis hin zum tiefsten Dunkelrot durchlaufen.

Große Bäume

Die meisten der oben beschriebenen Bäume eignen sich für den kleineren Garten, aber einige von Ihnen haben vielleicht Platz für etwas Großes, einen Baum, der kommende Generationen beglücken wird. Zu meiner großen Freude haben die örtlichen Behörden mehrere Amberbäume oder *Liquidambar styraciflua* neben der Straße gepflanzt. Ihr aufrechter Wuchs lässt sie schlank und elegant aussehen, und sie sind mit die beste Wahl, wenn man eine späte Herbstfärbung möchte. Die Blätter gehen von Grün zu Gelb über und durchlaufen dann die gesamte Palette der Orange- und Rottöne, um mit tiefsten Violetttönen wie ein vollmundiger, köstlicher Rotwein zu enden. Darüber hinaus ist er einer der Bäume, der verspricht, dem Klimawandel zu trotzen, da er heiße, trockene Sommer gut meistert. Ein weiterer zäher Baum, den Hitze, Kälte und Trockenheit nicht zu stören scheinen, ist der Fächerblattbaum. Er entwickelt eine üppige gelbe Herbstfarbe: fast neongelb steht der Ginkgo-Baum auf dem Nachbargelände der Gartenakademie. *Ginkgo biloba* 'Obelisk' hat eine dicht belaubte, aber schlanke, säulenförmige Form, und er wächst zwar hoch, bleibt aber schmal.

Ein faszinierender, prächtiger Baum, der schön gelb wird, ist *Liriodendron tulipifera*. Seine zartorangen und grünen tulpenförmigen Blüten im Frühsommer geben ihm seinen Namen: Tulpenbaum. Daraus wird ein großer, stattlicher Baum mit tief gerillter Rinde. Seine großen, markanten Blätter haben ein einzigartiges Merkmal: es fehlt die Spitze (anscheinend hat der Teufel sie abgebissen, da er auf diesen einfach perfekten Baum eifersüchtig war!).

Bäume für die nächste Generation pflanzen

Nicht jeder hat den Platz, um einen großen Baum zu pflanzen, aber es gibt auch viele kleinere Bäume, die gut in Ihren Garten passen könnten. Es ist so wichtig, Bäume zu pflanzen. Nicht nur, weil sie CO_2 binden. Sie sind einfach schön, bieten Blüte, Duft, Herbstfarbe und Früchte. An heißen Sommertagen spenden sie willkommenen kühlen Schatten. Sie sind unsere grüne Lunge, absorbieren Lärm und Staub und bieten Lebensräume für so viele Organismen, die alle zu dem großen Ökosystem beitragen, auf das wir so stark angewiesen sind. Es mag sein, dass ich mich wiederhole, aber es ist einfach ein so wichtiges Thema, und im Herbst ist die beste Zeit, die nächste Generation von Bäumen zu pflanzen, die später unsere Landschaften prägen wird.

Fruchtschmuck für den herbstlichen Garten – über Zierfrüchte

Sie sind dekorativ und viele von ihnen sind zudem essbar, wenn auch meist nur für die Tiere, die in unserem Garten leben. Einige brauchen Frost, bevor sie verzehrt werden können. Einige, wie die Eibe, enthalten ein giftiges Saatkorn, aber das Fruchtfleisch ist genießbar und hat ein attraktives Rot, damit Vögel die Beeren fressen und das Saatkorn unbeschädigt weit entfernt von der Mutterpflanze deponieren. Je besser die Früchte schmecken, desto schneller werden sie gefressen. Vögel wissen genau, an welchem Tag die Frucht perfekt gereift ist. So ist es immer ein Wettlauf, wer ernten kann. Wir gewinnen ihn nur selten.

Früchte und Zierfrüchte bringen Farbe und Leben in den Garten zu einer Zeit, in der sonst wenig los ist. Es gibt eine große Auswahl an Bäumen und Sträuchern, die in dieser Saison zwei Vorteile bieten: Sie haben eine gute Herbstfärbung und punkten zudem mit bunten Früchten. Wenn Sie sich gerne etwas länger an ihren Früchten erfreuen möchten, können Sie die Vögel austricksen, indem Sie Sorten mit gelben Früchten wählen. Sie warten darauf, dass die Beeren rot werden, und brauchen länger, bis sie entdecken, dass die gelben oder orangenen Früchte schon essbar sind. Bei der Stechpalme (*Ilex*) und der Mehlbeere (*Sorbus*) gibt es mehrere gelb-fruchtige Sorten, ebenso bei *Vibur-*

num opulus 'Xanthocaprum'. Die meisten Stechpalmen sind zweihäusig und brauchen eine männliche Pflanze, um die weiblichen Pflanzen bestäuben zu können. *Ilex aquifolium* 'J.C. Van Tol' ist eine der wenigen, die es ohne Unterstützung schafft, ihre fröhlichen, zur Weihnachtszeit so beliebten roten Beeren zu formen.

Eine Pflanzenfamilie gibt in Sachen Fruchtschmuck besonders viel her: die Familie der Rosen, »Rosaceae«. Sie umfasst nicht nur Tausende schöner Rosen, von denen auch viele leuchtende Hagebutten produzieren – zu ihr zählen auch unsere wichtigsten Obstgehölze, die, nachdem sie uns schönsten Blütenschmuck gegeben haben, auch noch folgende Früchte zu bieten haben: Apfel, Birne, Pfirsich, Aprikose, Pflaume, Mirabelle, Kirsche, Brombeere, Himbeere, Erdbeere, aber auch Quitte, Mispel, Mandel und Schlehe – alles Früchte, die wir (und die Vögel) sehr gerne essen. Dazu kommen zudem eine Menge Gehölze, die auch schönen Fruchtschmuck bieten und bei den Vögeln sehr beliebt sind: Felsenbirne, Zierquitte, Mehlbeere, Weißdorn, Eberesche, Zierkirsche, Zierapfel und Feuerdorn. Die Familie der Rosengewächse gehört zu den sechs ökonomisch wichtigsten Pflanzenfamilien überhaupt.

Zieräpfel und ihre Verwandten

Die Zieräpfel sind nicht gerade für ihre tolle Laubfärbung bekannt, aber im Kontrast zu den kleinen roten Äpfeln ergibt sich ein schöner Effekt, wie bei *Malus* 'Adirondack'. Dieser kleine aufrechte Baum eignet sich besonders für kleine Gärten, da er im Frühling üppig blüht.

Ähnlich wertvoll sind die Weißdorn-Arten, insbesondere der Pflaumenblättrige *Crataegus prunifolia*. Lassen Sie sich nicht von seinen schwarzen Dornen abschrecken, denn er ist ein breitkroniger Baum, der Ihnen viel Freude bereiten wird. Seine weiße Blütenpracht im Frühling ist sehr auffällig, die leuchtend roten Früchte im Herbst sind attraktiv und bei Amseln äußerst beliebt, und die Blätter sehen im Herbst aus, als stünden sie in Flammen. Bei den *Sorbus*, meist Vogelbeere genannt, liebe ich die weißen (*Sorbus cashmiriana* und *S. koehneana*) und rosa Beeren (*Sorbus vilmorinii*), die einen ungewöhnlichen Farbton ins Gartenbild bringen.

Nicht nur die Rosenverwandten bringen schönen Fruchtschmuck hervor –

die *Cornus*-Gattung tut es auch, auf ganz unterschiedliche Art: Im Spätsommer kommen die himbeerroten Früchte des Asiatischen Blüten-Hartriegels, gefolgt von den schwarzen, wesentlich kleineren, aber zahlreichen Früchten des Wechselblättrigen und des Roten Hartriegels. Die länglichen roten Früchte der Kornelkirsche halten nur bis August.

Zu Berberitzen habe ich ein schwieriges Verhältnis, da sie alle so wahnsinnig stachelig sind. Daher sind sie sehr beliebt im öffentlichen Grünbereich, wo sie wie natürlicher Stacheldraht eingesetzt werden. Aber eigentlich sind es wertvolle Gartenpflanzen mit insektenfreundlichen Blüten, meist sehr guter Herbstfärbung und leuchtenden Beeren, die im Nahen Osten sehr geschätzt werden. Pfaffenhütchen mit ihren dekorativen rosa und orangenen Früchten habe ich zuvor schon erwähnt, aber ein noch beeindruckenderer Show-Stopper ist der Liebesperlenstrauch (*Callicarpa bodinieri*). Die lilafarbenen, runden Früchtchen, die sich dicht an dicht an den Stielen ansammeln, haben eine wunderbare Farbe.

Dekorative Hagebutten

Den meisten Gartenbesitzern ist es wichtig, dass Rosen remontierend oder mehrfachblühend sind. Mir ist wichtiger, dass eine Pflanze auch noch Farbe ins Gartenbild bringt, wenn die Blüte vorbei ist. Auf die einfachen, bescheidenen Blüten der Wildrosen folgen immer zierliche, oft sehr attraktive Hagebutten, die den Garten noch lange Zeit optisch beleben, während die meisten anderen Sommerblüher im Herbst nichts mehr zu bieten haben. Meine beiden Favoriten sind die Hecht- oder Rotblatt-Rose *Rosa glauca* mit runden Früchten, die sich von Braun zu Orange verfärben, und die Mandarin-Rose *Rosa moyesii* 'Geranium' mit ihren langen, großen orangeroten Früchten. 'Tottering By Gently' ist ein großer Strauch, der auch viele einzelne hellgelbe Blüten produziert, gefolgt von Hagebutten im Herbst, sowie der ungewöhnlich kupferrote 'Morning Mist', der zu einem beachtlichen Strauch heranwächst, der große Hagebutten für die Wintermonate hervorbringt. Auch die Rugosa-Hybriden sind sehr wertvolle Herbstdekopflanzen. 'Fru Dagmar Hastrup' ist besonders schön.

Viele der Ramblerrosen sind im Herbst übersät mit kleinen orangeroten Hagebutten. *Rosa helenae* ist sehr üppig, 'Kew Rambler' und 'Francis E. Lester' sind zwei, die besonders lange ihre kleinen Früchte tragen, so dass sie zuverlässige Weihnachtsschmuckkandidaten sind.

Mit vielen dieser herbstlichen Schmuckelemente kann man – zusammen mit Ziergräsern oder den dekorativen Saatständen der Stauden und Schlingpflanzen – in der dunklen, kalten Jahreszeit seine Wohnung verschönern. Einige von ihnen werden sich vielleicht nicht bis Weihnachten halten, andere hingegen sind im Frühjahr immer noch schön. Doch wenn dann draußen im Garten das Leben erneut beginnt, ist die Zeit der Trockenblumen ohnehin wieder vorbei.

Winterschutz

Unterschiedliche Pflanzen haben unterschiedliche Kältetoleranzen. Manche, beispielsweise Dahlien, vertragen wirklich keinerlei Frost. Der Großteil der Pflanzen jedoch übersteht einige Nächte bei Minustemperaturen, jedoch nicht zu viele und allzu eisig darf es generell nicht sein.

Mediterrane Pflanzen

Zitrus, Oleander und Olivenbäume halten einiges aus. Auch in Italien oder sogar Griechenland gibt es immer wieder mal einen Wintereinbruch, den die Bäume trotz Schnee und frostiger Temperaturen überleben. Allerdings sind diese Kälteperioden immer nur kurz und nicht so heftig wie in Berlin. Hier brauchen sie schon ein wenig Schutz. Sie in der Wohnung zu überwintern, geht nicht. Unsere Zimmer sind im Winter zu warm, zu trocken und einfach zu dunkel. In dieser finsteren Jahreszeit brauchen auch die Pflanzen eine Pause. Sie sollten kühl, nicht zu nass und an einem hellen Ort stehen, zum Beispiel in einem ungeheizten Wintergarten, einem Gewächshaus mit Frostwächter oder in einer hellen Garage. Solange es noch nicht stark friert, können sie auch draußen bleiben, im Schutz von wintergrünen Gehölzen oder in der Nähe des Hauses. Ein leichtes Vlies wird das Laub vor Wind und Sonne schützen. Achten Sie darauf, dass die Pflanzen während milderer Perioden nicht austrocknen.

Wintergrüne Gehölze

Viele wintergrüne Gehölze wie Kirschlorbeer und Bambus sind in unseren Breiten nicht hundertprozentig frosthart. Es gibt immer wieder mal einen langen, kalten Winter, in dem sie größere Frostschäden erleiden können. Mein Vater hatte eine große Rhododendrensammlung, deren Pflanzen unterschiedlich frosttolerant waren. Die einzelnen Exemplare bekamen jeden Winter ihr eigenes Windschutzzelt: An der Ost- und Südseite der Pflanzen wurde an drei Pfosten ein dicht gewebtes Netz oder Vlies gespannt, das die Morgen- und Mittagssonne vom Laub abhielt und vor kaltem Ostwind schützte. Die schlimmsten Schäden entstehen, wenn bei Minusgraden die Sonne auf die tiefgefrorene Pflanze scheint. Die Sonne taut die Blätter auf, die allerdings keinen Zugang zum nötigen Wasser haben und dabei vertrocknen.

Staudenbeete

Viele haben gelernt, dass im Herbst alle Stauden zurückgeschnitten und die Beete mit Koniferenzweigen abgedeckt werden sollten. Am Ende des Winters muss man dann in Windeseile alles abräumen, bevor Stauden und Zwiebeln anfangen zu wachsen, sonst werden die zarten Triebe und die ersten Frühlingszwiebeln beim Entfernen der Zweige verletzt. Dieses Procedere ist zeitaufwändig und im Grunde nicht wirklich notwendig. Ich schneide die Stauden im Herbst nicht zwangsläufig herunter und verteile zudem eine dünne

Kompostschicht auf den Beeten. Pflanzen, die etwas empfindlicher sind, bekommen eine extra dicke Schicht, eventuell auch noch eine aus kuscheligem Laub.

Rosen

Während eines Praktikums im Botanischen Garten von Montreal war ich entsetzt, als ich erfuhr, dass dort jeder Rose im recht umfangreichen Rosengarten im Winter als Schutz ein Styroporkegel übergestülpt wird. Die Rosen würden sonst eingehen, hieß es. Der Gedanke, dass Rosen nicht winterhart sein könnten, war mir neu. Inzwischen habe ich auch schon einige Frostschäden erlebt, aber zum Glück hielten sie sich immer in Grenzen. Meine zwei besonderen Chinarosen haben ihre geschützte Nische, in der sie sich wohl fühlen. Der winterliche Haufen von Mist oder Kompost schützt den Fuß der Pflanze. Und genau das ist der entscheidende Punkt: Die Veredelungstelle darf nicht erfrieren. Deshalb ist es wichtig, die Pflanze tief genug einzupflanzen, damit diese sicher unter der Erde sitzt. Mit einer Schicht Mist oder Kompost im Herbst hat die Rose gute Überlebenschancen. Üblicherweise hat man sie mit Erde angehäufelt, die man im Frühjahr wieder abträgt. Erde bietet zwar den nötigen Schutz, aber Kompost oder Mist sind wichtige Bodenverbesserer für Ihre hungrigen Rosen. Hochstammrosen sind schwerer zu schützen, da die empfindliche Veredlungstelle auf Augenhöhe ist. Da lohnt sich dann doch, eventuell etwas Vlies oder anderes schützendes Material wie immergrüne Zweige um die Krone zu wickeln. Extreme Kälte wird dies allerdings kaum abhalten. Nach sechs Wochen bei minus fünfzehn Grad wird der Frost auch in eine dick eingepackte Rose eindringen. Falls Sie am Ende des Winters merken, dass es Ihre Rose doch erwischt hat, sollten Sie beherzt handeln: Greifen Sie zur Schere und schneiden Sie die Rose stark zurück. Hoffentlich treibt sie oberhalb der Veredlungstelle wieder aus. Achten Sie nur darauf, dass es Ihre gewünschte Edelrose ist, die austreibt, und nicht die Wildrose.

Feuchtigkeit

Über die Jahre habe ich gelernt, wie wichtig es ist, dass Pflanzen im Winter genügend, aber nicht zu viel Wasser bekommen. Mediterrane Pflanzen wie Lavendel hassen nasse Füße und lange, feuchte Winterperioden. In Belgien haben wir immer wieder Lavendel verloren, weil er im Winter verfaulte. In der Gartenakademie stehen, geschützt von einer Fichte, seit mehreren Jahren ein großer Rosmarin und andere empfindliche Pflanzen. Der Baum nimmt ihnen zwar einen Teil des Sonnenlichts weg, aber nicht zu viel. Unter seiner Krone stehen diese Pflanzen geschützt und haben es im Winter sehr trocken, was ihnen gut gefällt. Sie haben schon viele Winter problemlos überlebt.

Gerade auch gegen Ende des Winters sollte man unbedingt darauf achten, dass wintergrüne Pflanzen nicht vertrocknen. Prüfen Sie regelmäßig, wie feucht der Boden ist, und geben Sie zur Not einige Gießkannen Wasser oder wässern Sie gar mit dem Schlauch. Oft wurde ich um Rat gefragt, als nach recht milden Wintern Eiben oder andere wintergrüne Kübelpflanzen eingegangen waren – es war nicht die Kälte, sondern die Trockenheit, die sie umgebracht hat. Solange es nicht friert, werden Ihre Pflanzen auch im Winter immer kleine Mengen Wasser brauchen.

VII. WINTER

Anfang Dezember bis Anfang Februar

Schwarz-weiß

Mit der Ankunft des Dezembers ist das Gartenjahr fast vorbei und das kostbare Fleckchen Erde, das uns durch all diese Monate getragen hat, rückt etwas in den Hintergrund. Unser Lebensmittelpunkt verlagert sich durch die Weihnachtsvorbereitungen und das kalte, ungemütliche Wetter nach drinnen. Für mich als Gärtnerin ist der Höhepunkt dieser Zeit der 21. Dezember: die Wintersonnenwende. Der kürzeste Tag des Jahres. Auch wenn ich die sehr subtile Zunahme der Tageslänge meist erst Mitte Januar bemerke, ist das für mich der Wendepunkt. Obwohl der Winter zu diesem Zeitpunkt gerade erst beginnt und wir noch Wochen oder sogar Monate mit trübem und kaltem Wetter rechnen können, merkt man, dass die Pflanzen auf die zunehmende Tageslänge positiv reagieren.

Gemeinhin gehen die meisten Gartenbesitzer davon aus, dass der Garten im Winter nichts zu bieten hat. Wenn der wohlige Mantel aus Blättern verschwunden ist und die letzten Blüten verblüht sind, mag man tatsächlich denken, es sei für dieses Jahr vorbei. Um diese Jahreszeit kann man natürlich keine Blütenpracht erwarten, aber es ist trotzdem möglich, ein paar schöne, subtile Farbakzente zu setzen. Es ist die Zeit, in der Form und Textur extrem wichtig sind. Schöne Bäume, glatt geschnittene Hecken, wintergrüne Pflanzen.

Neben einigen immergrünen Pflanzen integriere ich bei meiner Pflanzplanung auch gerne Bäume und Sträucher mit attraktiver Rinde, die gerade im Winter erst so richtig zur Geltung kommt. Neben Birken gibt es auch andere Gattungen mit schön gefärbter und texturierter Rinde, z. B. mehrere Ahornarten oder auch einige Zierkirschen. Wenn Sie keinen Platz mehr für einen weiteren Baum in Ihrem Garten haben, schauen Sie sich Hartriegel und Weiden an. Sie bringen viele Gelb-, Orange-, Rot- und Violetttöne ins Bild, die alle gut mit einem immergrünen Hintergrund kontrastieren. Die Weiden stehen besonders schön am Rande von Wasser, wo sie die Feuchtigkeit genießen. Ein jährlicher Rückschnitt, spätestens alle zwei bis drei Jahre, fördert einen kräftigen, neuen, attraktiven Wuchs. Wenn das Holz älter wird, wird es glanzlos und grau. Gegen Ende des Winters können sie entweder tief unten, knapp über dem Boden, oder auf einen Stamm zurückgeschnitten werden, um Kopfweiden zu ziehen.

Mit dieser Jahreszeit verbindet man nicht gerade üppige Blütenpracht, aber jede Pflanze, die jetzt – und wenn auch noch so bescheiden – blüht, wird plötzlich zu einer Heldin. Diese Pflanzen verdienen eine Medaille für ihre Tapferkeit, da sie der unfreundlichsten Zeit des Jahres trotzen. Ende Dezember, Anfang Januar ist die Zeit, in der die Zaubernuss ihre schmalen Blütenblätter entrollt und kleine Büschel köstlich duftender Blüten zeigt, in der Hoffnung, mutige, früh bestäubende Insekten anzulocken. An sonnigen Tagen kann man ihren Duft schon von weitem riechen. Sie ist mein absolutes Lieblingsgehölz: Ihre Blüte markiert für mich den Beginn des neue Gartenjahres. Da ich in einem Garten mit alkalischem Boden in Oxfordshire gegärtnert habe, wusste ich, dass sie hier kaum eine Chance hatte zu gedeihen. Stattdessen pilgerte ich immer in den wunderbaren botanischen Garten in Oxford, um mich an ihrem herrlichen Duft zu erfreuen. Am liebsten würde ich jeden Winter nach Kalmthout fahren, um im dortigen Arboretum – *dem* Mekka für Zaubernussliebhaber – die riesige Sammlung wunderschön gewachsener Pflanzen zu genießen, aber dafür fehlt mir leider oft die Zeit. Es gibt aber auch andere winterblühende Pflanzen mit herrlichen Düften, wie den wachsartigen *Chimonanthus praecox* oder die subtile, aber charmante *Lonicera x purpusii*. Wenn das Wetter mitspielt, kommen ab Mitte Januar die Schneeglöckchen zum Vorschein, dicht gefolgt von Winterlingen, *Scilla mischtschenkoana* und *Cyclamen coum*. Auch die Nieswurz fügt sich wunderbar in diese frühe Farbenpracht ein.

Doch beim Gärtnern geht es nicht nur um Blumen. Ein gut gestalteter Garten kann sich auch zu dieser Jahreszeit sehen lassen. Das ist die Saison, in der man eine gute Struktur wirklich zu schätzen weiß und in der man die Linien lesen kann, die während des Sommers verlorengegangen sind, weil sie von einer Masse an Vegetation verdeckt wurden. Klare Linien, scharf gezeichnete Strukturen und gut lesbare Formen machen den Garten auch im Winter zu einem Genuss. Gut geschnittene Hecken, messerscharfe Rasenkanten und gepflegte Wege tragen wesentlich zu diesem Winterbild bei. Raureif oder eine Schneedecke setzen den Garten in ein völlig neues Bild.

Machen Sie sich Gedanken über eine strukturgebende Bepflanzung mit Bäumen und Sträuchern, da diese zu dieser Jahreszeit besonders auffällig und wichtig sind. Während sie im Sommer eher als grüner Hintergrund für die Blütenbühne dienen, stehen sie im Winter ziemlich nackt und exponiert im Garten. Kombinieren Sie Immergrüne mit Pflanzen, denen eine starke, attraktive Struktur zugrunde liegt, die sich auch im Winter gut lesen lässt. Achten Sie darauf, dass Hecken und Formgehölze scharfe Konturen haben. Deshalb ist es wichtig, dass Sie Ihre Hecken im Spätsommer oder im Frühherbst noch einmal schneiden, falls Sie sie zu früh geschnitten haben und sie stark nachgewachsen sind. Stechen Sie die Rasenkanten vor Wintereinbruch schön sauber ab, damit Sie die klare Abgrenzung zwischen glattem Grün und undefiniertem Bewuchs genießen können.

Je weiter der Winter fortschreitet, desto kleiner wird die Auswahl an dekorativen Früchten. Die leckeren werden von den Vögeln gepflückt, die weniger schmackhaften bleiben als Notration, falls der Winter sehr streng wird und es wirklich nichts mehr zu fressen gibt. Wenn sie ungefressen bleiben und schließlich auf den Boden fallen, werden sie von Mäusen, Füchsen und anderen vierbeinigen Gartenbewohnern verspeist. Die Natur verschwendet nichts.

Die Festtage sind die Zeit der Freude und des Miteinanders. Kümmern Sie sich um Ihre Mitmenschen, aber vergessen Sie nicht die zahlreichen wertvollen Gartengäste. Schaffen Sie in einer ruhigen Ecke unter alten Zweigen Überwinterungsmöglichkeiten für Igel und andere kleinere Säugetiere. Erlauben Sie ein paar Brennnesseln, unberührt stehen zu bleiben, als Brutplatz für Schmetterlinge. Für Vögel gibt es mehr zu tun, als gelegentlich eine Handvoll Futter zu streuen. Pflanzen Sie fruchttragende Gehölze. Wählen Sie Stauden, die Samen produzieren, die lange nach der Blüte stehenbleiben. Vögel werden sie im Laufe des Winters ernten, während die leeren Kapseln und hohlen Stängel wertvolle Überwinterungsplätze für Insekten bieten. Vögel brauchen Orte, von denen aus sie das Futtergebiet beobachten und wo sie sich vor Feinden verstecken können, Plätze für den Nestbau im Frühjahr und Pflanzen, die ihnen Nahrung bieten. Alle brauchen auch einen Platz zum Trinken und möglicherweise Baden. Diese Aufmerksamkeit wird im Frühjahr und Frühsommer reichlich belohnt, wenn die Bestäuber dafür sorgen, dass Sie etwas zu ernten haben werden, aber natürlich auch dadurch, dass die Vögel den Insekteninvasionen, die Ihre wertvollen Pflanzen bedrohen, die Stirn bieten.

Die Faszination des Samens

Das kühle, feuchte Wetter ermutigt mich um diese Jahreszeit nicht gerade, viel Zeit im Garten zu verbringen. Stattdessen lockt es mich, Saatgut zu sichten. Bevor ich mir erlaube, Listen verschiedener Saatgutanbieter zu durchforsten, mache ich eine Bestandsaufnahme der verschiedenen Samen, die ich in den vergangenen Monaten geerntet habe. Ein Sortiment von Schälchen, Papiertüten und Umschlägen hat sich angesammelt und will geordnet und nach Aussaatzeit sortiert werden.

Sie mögen klein und unbedeutend erscheinen, aber sie sind so wertvoll. Sie verkörpern Kontinuität, Hoffnung und Fülle. Dank ihrer kann das Leben weitergehen. Es bedeutet, dass man Lebensmittel produzieren kann, die in der nächsten Saison auf den Tisch kommen. Für einen Gärtner bedeutet es, dass er Pflanzen züchten kann, die er verkaufen kann und damit sein Einkommen erzielt. Dass er sich auf mehr von diesen wunderbaren Blumen freuen kann, die er in der vorherigen Saison schon so genossen hat. Für freigiebige Hobbygärtner bedeutet es, dass sie etwas Wertvolles verschenken und teilen können.

Saatgut reinigen

Während meiner Ausbildung habe ich viele Stunden damit zugebracht, Samen zu ernten und zu reinigen. Im Arboretum von Kalmthout in Belgien wurde ich in die magische Welt der Baumsamen, wie *Halesia monticola*, des Schneeglöckchenbaums, eingeweiht. Ich war fasziniert von ihrer architektonischen Struktur. In Wisley verbrachte ich viele regnerische Nachmittage in der Samenbibliothek mit dem Reinigen und Eintüten von Samen für deren Saatguttauschprogramm. Von meinen Tagen im Alpine Yard in Kew erinnere ich mich besonders an die faszinierenden Kapseln von *Cyclamen*. Die runden, zusammengerollten Kugeln der Alpenveilchen, die sich in ihren spiralförmigen Stängeln einnisten. Aber auch an die verregneten Nachmittage mit den wunderschön gearbeiteten Sets kleiner Messingsiebe, die helfen, die Schalen und den Staub von den eigentlichen Samen zu trennen. In Schottland, bei Jack Drakes Alpine Nursery, saß ich wochenlang in der Dachkammer mit Blick auf die Gärtnerei und siebte und sortierte die Ernte von Schätzen wie Scheinmohn, Etagen-Primeln, Waldlilien (*Trillium*) und anderen Kostbarkeiten für die Gärtnereiproduktion der nächsten Saison und für den Direktverkauf an die Kunden. Manche Kommilitonen haben diese Tage gefürchtet. Ich liebte sie. Das Einzige, was ich (zusammen mit allen anderen in Kew) fürchtete, waren die Samenbestimmungstests. Im Rahmen der je vierzehntägigen Pflanzenidentifikationstests gab es mindestens einmal im Jahr auch eine Samenidentifikation. Das bedeutete, dass man mit zahlreichen kleinen Schalen mit Samen konfrontiert wurde, die man bestimmen musste, wobei man den vollen botanischen Namen, einschließlich der Pflanzenfamilie, anzugeben hatte. Das konnte alles sein, von Salatsamen bis hin zu den charakteristischen Formen eines Ahorns.

Keimung

Saatgut fasziniert mich. Ich liebe es, die ausgeklügelten Mechanismen zu studieren, die Mutter Natur im Laufe der Zeit immer mehr verfeinert hat, und den Grund für die unterschiedlichen Streumethoden zu verstehen, die jede Pflanze entwickelt zu haben scheint. Jeder Samen hat die optimale Chance, zu überleben und sich zu verbreiten, je nach seiner spezifischen Umgebung. Einige müssen sofort ausgesät werden, da sie eine kurze Lebensdauer haben. Zu dieser Kategorie gehören viele frühlings- und frühsommerblühende Stauden wie Primeln und *Meconopsis*. Sie haben den ganzen Sommer und Herbst über Zeit, sich zu kräftigen Pflänzchen zu entwickeln, bevor der Winter einbricht. Andere haben eingebaute Mechanismen, die sie daran hindern, im Herbst zu keimen. Frisch gekeimte Sämlinge hätten kaum eine Chance, den Winter zu überleben. Um dies zu vermeiden, keimen sie erst nach einem oder sogar mehreren Kälteeinbrüchen. Der ungeduldige Gärtner kann dieses Problem der Keimruhe umgehen, indem er die frisch gesäten Samen für mehrere Wochen in den Kühlschrank legt, was als »Stratifizierung« bezeichnet wird. Dann gibt es solche, die zuerst ein lebensfähiges Wurzelsystem bilden, bevor sie oberirdisch erscheinen. Päonien beispielsweise neigen dazu, erst im zweiten Jahr zu erscheinen, nachdem sie das erste Jahr damit verbracht haben, Wurzeln zu bilden. Unsere Deutschen Eichen wurzeln fast sofort, wenn sie im Herbst auf den Boden fallen, und nutzen die lange, kühle Jahreszeit, um ihre Wurzeln weiter auszubilden. Aber erst im Frühjahr erscheinen ein kleiner Stamm und die ersten Blätter. Sie verlassen sich auf die Zunahme der Wärme und der Tageslänge. Am entgegengesetzten Ende der Skala stehen diejenigen, die der Hitze eines Buschfeuers ausgesetzt werden müssen, bevor sie keimen können, weil sie wissen, dass sie erst dann ausreichend Platz und Licht haben, um ein neues Leben zu beginnen. *Romneya coulteri* ist eine der Pflanzen, die eine Wärmebehandlung benötigen, bevor sie loslegen.

Sinnliches Vergnügen mit Samen

Es ist nicht nur die mechanische Seite, die mich an Saatgut fasziniert. Der ästhetische und sinnliche Aspekt ist ebenso reizvoll. Manche Samen sind herrlich duftend, andere stinken. Samen und Samenkapseln sind schön gebaut und haben die unterschiedlichsten Texturen. Manche fühlen sich seidig an, wie die glänzenden schwarzen Samen von Bitterwurz (*Lewisia*), während andere von einer klebrigen Masse umhüllt sind. Löwenzahn und Schwarzwurzel kommen mit perfekten kleinen Fallschirmen daher, damit der Wind sie weit forttragen kann, während *Galium aparine* (Labkraut oder Klebkraut) eine klettähnliche Textur hat, und dann gibt es welche mit winzigen Haken, damit sie sich im Fell von Tieren verfangen können. Manche setzen einfach auf brutale Gewalt. Sie können sich in die Nachbarschaft katapultieren. An warmen, sonnigen Sommertagen kann man das »Knacken« hören, wenn die Samenkapseln von *Euphorbia characias* explodieren. Wer schon einmal das Kribbeln erlebt hat, wenn die Samenkapseln des Drüsigen Springkrauts in der geschlossenen Hand explodieren, oder die flüssige Samenmasse gesehen hat, die aus der Spritzgurke herausspritzt, der weiß, dass in jedem Erwachsenen noch ein Kind steckt. Sie sind einfach unwiderstehlich.

Denken Sie daran:
* Schreiben Sie immer den Namen der Pflanze auf sowie das Datum, an dem Sie die Samen gesammelt haben, und gegebenenfalls auch, woher sie stammen. Es ist schön, sich an einen guten Freund oder ein Familienmitglied durch Pflanzen zu erinnern, die aus deren Gärten stammen.
* Vermeiden Sie es, Samen in luftdichten Behältern wie Marmeladengläsern

oder Plastikboxen aufzubewahren: Wenn sie nicht ganz trocken sind, schimmeln sie. Verwenden Sie Papiertüten oder Briefumschläge und lagern Sie sie in einer Keksdose, an einem kühlen und trockenen Ort.

- Nehmen Sie NIEMALS Samen aus anderen Gärten mit, ohne vorher zu fragen. Das ist Diebstahl und ebenso ärgerlich, wie wenn jemand Ihr silbernes Lieblings-Papiermesser mitgehen lässt. Fragen Sie immer. Es ist viel schöner, wenn man etwas geschenkt bekommt, als wenn man es heimlich genommen hat.

- Bringen Sie keine Samen (oder Pflanzen) aus dem Urlaub mit. Sie könnten unwissentlich einen bisher unbekannten Schädling oder eine Krankheit einschleppen (so wie z. B. der Buchsbaumzünsler eingeschleppt wurde) oder eine Pflanze, die sich zu einem invasiven Unkraut entwickelt (so geschehen beim Japanischen Staudenknöterich).

- Viele Samen haben eine lange Lagerfähigkeit. Es lohnt sich immer, Saatgut auszusäen, obwohl es schon längere Zeit herumliegt. Die Keimungsrate ist vielleicht nicht mehr so gut, aber es besteht immer die Hoffnung, dass etwas daraus wird.

- Wenn Sie nicht sicher sind, welche Bedingungen die Samen zum Keimen brauchen, streuen Sie sie in einem Topf auf Aussaaterde, bedecken Sie sie mit einer Schicht gesiebter Erde oder Sand, die so dick ist wie der Samen. Stellen Sie den Topf in eine geschützte, schattige Ecke des Gartens, wo Sie ihn im Auge behalten können, damit die Erde nicht austrocknet. (Eventuell decken Sie ihn mit einer Glasscheibe ab, um die Feuchtigkeit zu halten.) Einige Stauden und Gehölze brauchen einfach ihre Zeit. Lassen Sie Töpfe mindestens zwei Jahre stehen, bevor Sie die Hoffnung aufgeben!

Zeit zum Planen und Forschen

Jetzt ist auch die perfekte Zeit, um sich hinzusetzen und zu planen. Draußen ist das Wetter zu kalt und zu ungemütlich, um viel zu tun. Der Garten schläft; normalerweise fordert er permanent unsere Aufmerksamkeit, aber im Moment können wir uns entspannen und uns Zeit nehmen, um zu planen und an Projekten zu arbeiten, über die wir schon seit Jahren nachdenken.

Nicht jeder gärtnerische Erfolg ist auf Glück oder gute Pflege zurückzuführen, sondern auch auf eine gute Planung. Je besser die Planung, desto besser funktioniert eine Bepflanzung, desto leichter sollte sie zu pflegen sein. Wenn eine Pflanze an dem Ort, an dem sie wächst, glücklich ist, dann gibt es normalerweise sehr wenig, was Sie tun müssen. Wenn Sie sich die Zeit nehmen, darüber nachzudenken, welche Pflanzen gut zusammen aussehen würden, hilft das auch, den »Gulasch«-Effekt zu vermeiden, der oft dadurch entsteht, dass Pflanzen willkürlich dort in den Boden gestopft werden, wo gerade eine Lücke ist.

In Ihrem Garten gibt es sicherlich einen oder mehrere Bereiche, mit denen Sie nicht zufrieden sind. Ich weiß, dass ich stets ein paar dieser Ecken habe, in denen die Bepflanzung nicht ganz stimmig ist, und ich lege mir Listen mit Pflanzen an, die in jede dieser Ecken passen könnten, in der Hoffnung, dass der Garten mit ihnen in der kommenden Saison besser aussehen wird als in der Vergangenheit.

Vielleicht gibt es auch bestimmte Pflanzengruppen, die in letzter Zeit Ihre Aufmerksamkeit erregt haben und die für Ihren Garten geeignet sein könnten? Jetzt ist die Zeit, sich hinzusetzen und sich eingehender mit ihnen zu befassen. Es kommt regelmäßig vor, dass ich eine Pflanze »entdecke«. Sie können tatsächlich neu für mich sein, wie vor einigen Jahren, als ich in der großartigen Staudengärtnerei von Hans Kramer in den Niederlanden zum ersten Mal Baptisien entdeckte. Aber es können auch altbekannte Gesichter sein, deren Wert für eine bestimmte Bepflanzung oder einen bestimmten Standort ich erst spät erkannt habe. *Arisaema* ist eine dieser Gattungen. Sie ist keine »hübsche« Pflanze, aber sie hat großes architektonisches Potenzial, und es gibt einige winterharte Arten, die sich als perfekt für meine trockenen, schattigen Rabatten erwiesen haben.

Jemand hat mich kürzlich gefragt, ob ich immer noch in Büchern nachschlage oder ob ich sie durch das Internet als Informationsquelle ersetzt habe. Ich nutze beides. Ich liebe nach wie vor die Haptik von Büchern und finde es einfacher und lohnender, in ihnen zu blättern, mir Seiten zu notieren und zwischen mehreren hin und her zu wechseln. Im Laufe der Jahre habe ich mir zuhause eine beeindruckende Bibliothek von Büchern über Pflanzen und Gärten aufgebaut, und schätze dieses geballte Fachwissen enorm. In meinem Büro habe ich nur einige wenige Bücher. Das Internet hingegen ist dort verfügbar, wo ich Zugang dazu habe, was heutzutage ja so ziemlich überall der Fall ist, und ist eine schnelle Möglichkeit, etwas nachzuschlagen. Die Gefahr besteht darin, dass es mit (Falsch-)Informationen aus zweiter Hand überladen ist, so dass man es sorgfältig durchsieben muss. Wann immer es möglich ist, nutze ich die Websites von Baumschulen oder Gärtnereien, um mich über Pflanzen zu informieren. Der Vorteil dieser Onlinekataloge ist, dass sie immer aktuell sind.

Eine meiner bevorzugten Quellen für Informationen über Gehölze ist W. J. Bean's *Trees and Shrubs Hardy in the British Isles*. Es ist seit vielen Jahren eines meiner Lieblingsreferenzbücher über Bäume und sozusagen das britische Pendant zu Gerd Krüssmanns Opus magnum über Gehölze. William Jackson Bean (1863–1947) war Kurator des Arboretums im Botanischen Garten von Kew und veröffentlichte die erste Ausgabe dieser mittlerweile fünfbändigen Reihe über Bäume und Sträucher, deren letzte Überarbeitung 1988 von Desmond Clarke herausgegeben wurde. Seitdem hat die Internationale Gesellschaft für Dendrologie (IDS) es ermöglicht, dieses wertvolle Werk online zu stellen. Nicht nur, dass das gesammelte Wissen der Buchausgabe online verfügbar ist; Baumspezialisten wie John Grimshaw vom Yorkshire Arboretum arbeiten kontinuierlich an seiner Aktualisierung. Da die Forschung nie stillsteht, entdecken Botaniker ständig neue Pflanzen und ordnen sie neu ein. Baumschulen selektieren weiterhin neue, verbesserte Formen, so dass es wunderbar ist, diese großartige Quelle mit ganz aktuellen Informationen zur Hand zu haben. Der einzige Nachteil: Der gesamte Katalog ist auf Englisch, aber für diejenigen unter Ihnen, die sich damit schwertun, wäre mein Tipp, ein Übersetzungsprogramm zu nutzen. Das Ergebnis wird sicher nicht in geschliffenem Deutsch sein, aber es wird Ihnen die wichtigsten Informationen liefern.

Gehen Sie hinaus in Ihren Garten und schauen Sie sich jeden Bereich genau an. Erinnern Sie sich daran, wie es im Laufe der Jahreszeiten aussah. Schauen Sie sich Fotos aus der Vergangenheit an. Vielleicht sehen Sie die Schwachstellen, und Sie werden auch Pflanzen entdecken, die verschwunden sind oder früher besser dastanden. Erstellen Sie eine Liste, was Sie brauchen (Pflanzentyp, Höhe, Farbe, Blütezeit, Form, Boden-/Lichtanforderungen etc.) und recherchieren Sie dann, welche Pflanzen für genau diesen Standort geeignet sind und Ihren Vorstellungen entsprechen. Es gibt sie. Die Auswahl ist riesig, es stehen tausende von Pflanzen zur Verfügung – und es gibt bestimmt mindestens eine, die genau passt.

Winterblühende Schwertlilie

Vor Weihnachten öffnen sich die köstlich duftenden, cremefarbenen Blüten der *Lonicera x purpursii* oder Winter-Heckenkirsche. Und jeden Morgen, wenn ich das Haus verlasse, laufe ich unter einer Wolke von Schneeflocken der winterblühenden Zierkirsche *Prunus subhirtella* 'Autumnalis' hindurch. Natürlich haben auch die rosa *Viburnum x bodnantense* 'Dawn' sowie *Jasminum nudiflorum* mit ihrer Kaskade gelber Blüten und zahlreiche entzückende Zaubernüsse (*Hamamelis*) schon lange zu blühen begonnen.

Wenn man den Blick nach unten richtet, entdeckt man die ersten Schneeglöckchen, die nach und nach ihre weißen Blütenblätter ausbreiten, wie eine

Ballerina, die elegant, aber bedächtig ihre Arme hebt. Auch die frechen kleinen rosa Knospen des *Cyclamen coum* entfalten sich langsam. Glückseligkeit!

Die milden Winter, die wir in den vergangenen Jahren genossen haben, haben mich dazu ermutigt, eine Pflanze auszuprobieren, von der ich vor zehn Jahren noch ausgeschlossen hätte, dass sie hier durchhält. Ich hatte aus dem Garten meiner Eltern in Belgien einen Horst einer meiner Lieblingsschwertlilien mitgebracht, die allerdings nicht winterfest sein soll. Wir teilten den Horst und pflanzten die einzelnen Teile in einer Reihe entlang eines schmalen Beetes an der Südostfassade des Wurzelhauses der Gartenakademie. Dies ist einer jener typisch schwierigen Trockenstreifen, wo die meisten Pflanzen Mühe haben, da sie wenig Platz haben, ihre Wurzeln auszubreiten, und wo es meist sehr trocken ist, da der Regen dort nicht immer ankommt. Zudem steht die Terrasse dort in den Sommermonaten voller Pflanzen, die viel Schatten werfen, und man kann dabei zusehen, wie alles, was auf diesem Streifen zu wachsen versucht, allmählich verkümmert.

Iris unguicularis

Im Englischen als Algerische Schwertlilie, im Deutschen als Kretische Schwertlilie bezeichnet, stammt sie, wie diese beiden Namen zeigen, aus dem östlichen Mittelmeerraum und Nordafrika. In ihrer Heimat wächst die *Iris unguicularis* in lichten Wäldern oder auf felsigen Klippen. Sie produziert relativ schmale graugrüne Blätter, die immergrün und etwa fünfzig Zentimeter lang sind. Diese können in den Sommermonaten, in denen sie eine Ruhephase einlegt, etwas ungepflegt aussehen, obwohl ihr Rhizom es ihr ermöglicht, lange Perioden mit wenig oder gar keinen Niederschlägen zu überstehen. Erwarten Sie keine große Blütenpracht. Zwischen November und März erscheinen, verborgen zwischen den Blättern, nacheinander einzelne Blüten. Solange kein starker Frost auftritt, zeigen sich in den Wintermonaten die größeren, lila-blauen Blüten und duften köstlich. Sie sind jedes Mal eine herrliche Überraschung. Statt eines richtigen Blütenstiels haben sie eine sehr lange, bis zu fünfundzwanzig Zentimeter lange Kronröhre, die aus der Wurzel herauskommt, aber trotzdem für die Vase gepflückt werden kann.

Was braucht diese Pflanze? Gar nichts! Sie gedeiht auf verwahrlostem und schlechtem Boden. Bei uns scheint sie ihren neuen Standort unter dem Fenster des Wurzelhauses zu lieben, wo die Erde mager und oft trocken ist und wo ihr in den Sommermonaten wertvolle Sonnenstrahlen vorenthalten werden. In Ländern, in denen die Sommer heiß und trocken sind, wachsen sie auf felsigem Boden. Auch in lichten Wäldern gedeihen sie und scheinen sich sehr wohl zu fühlen. Ihre bescheidenen, aber entzückenden Blüten produzieren sie nach und nach. Vermeiden Sie sehr windige Stellen, denn die relativ großen Blütenblätter sind sehr zart und können schnell von Regen und Wind zerschlagen aussehen. Auch kleine Nacktschnecken können ein Schädling sein und an diesen Köstlichkeiten knabbern! Dass die Iris dennoch so tapfer immer wiederkommen, zeigt, wie zäh sie sind. In dieser dunklen Jahreszeit überraschen und erfreuen mich diese kleinen Wunder der Natur immer wieder aufs Neue. Mögen diese zarten Schwertlilien noch lange meine Wintertage erhellen!

Vögel im Garten

In den meisten touristischen Orten sind in den Wintermonaten die Pensionen geschlossen. In meiner herrscht gerade Hochsaison. Ich habe es immer geschafft, meine Gärten so zu gestalten, dass sie sich innerhalb weniger Jahre zu Vogelparadiesen entwickelt haben. Nicht nur die Vielfalt an Vegetation ist wichtig – die Art, wie man gärtnert, hat einen weitaus größeren Einfluss. Zwei Dinge können schon ganz viel ausmachen: Stauden nach dem Verblühen bis zum Frühjahr stehen lassen und das Laub unter und zwischen die Sträucher harken. Viel steht im Winter zwar nicht mehr in unserem Gärtchen, aber das hat eher damit zu tun, dass nur wenige Schattenstauden schöne Wintersilhouetten bilden. Die meisten kollabieren spätestens im Herbst. Die lange blühende Wiesenraute *Thalictrum* 'Splendide White' ist immer noch dekorativ, der wunderbare getrocknete Geißbart *Aruncus* 'Horatio' und die Blütenrispen der *Rodgersia* wirken auch noch sehr skulptural im winterlichen Gartenbild.

Amseln

Ich liebe Amseln. Trotz Dunkelheit und Kälte singt die Amsel in den frühen Morgenstunden ihr zauberhaftes Lied. Egal, wie früh es ist, auch mitten in der Stadt, sie ist schon zugange, wenn die meisten Menschen noch im Tiefschlaf sind. Sie ist der fröhliche Begleiter, der mich draußen schon um vier oder halb fünf, wenn ich auf den Großmarkt fahre, voller Lebenslust begrüßt. Erfüllt von etwas Selbstmitleid, gehe ich morgens aus der Haustür in die nächtliche Dunkelheit hinein, wo mich diese gut gelaunte Begrüßung dann unmittelbar in gute Stimmung versetzt.

In unserem englischen Garten sorgten sie immer für großes Kino, wenn sie sich während der Wintermonate um die winzig kleinen gelben Äpfel an meinem Lieblingszierapfel *Malus transitoria* stritten. Er stand direkt vor meinem Arbeitszimmerfenster, was mich öfter mal ablenkte.

Daher verzeihe ich es ihnen, wenn sie auf der Suche nach kleinen Leckereien meine Beete unordentlich hinterlassen, nachdem sie sich durch Mulch und Laub gepickt haben. Sie fressen nicht nur Regenwürmer, sie mögen auch Insekten. Hoffentlich auch unerwünschte Schädlinge.

Haussperlinge

Die anderen Gartenbesucher, die mir enorm viel Freude bereiten, sind unsere Spatzen. Wir sind gesegnet mit einer großen Gruppe, die im Efeu an unserer Brandwand lebt. Jeden Morgen begrüßen sie sich lautstark (im Sommer leider schon recht früh) und zerstreuen sich dann, um sich abends wieder zu versammeln. Dann berichten sie sich gegenseitig mit großer Aufregung von den Erfolgen des Tages und streiten sich darüber, wer wohl welches Ästchen für die Nacht besetzen darf. Vormittags tauchen sie öfter auf, um zu baden. Unsere Wasserbecken (eigentlich umfunktionierte Feuerschalen) werden dann Schönebergs Freiluftbadeanstalt. Im untiefen Bereich baden die Sperlinge, etwas weiter drinnen sitzen genügsam die Amseln und in den recht tiefen Bereich wagen sich die dicken Tauben. So hat jeder sein Plätzchen.

Meisen

Die Meisen bilden eine große Familie, deren unterschiedliche Mitglieder immer Unterhaltung bieten, seien es Kohlmeisen, Blaumeisen, gelegentlich Sumpfmeisen und natürlich auch die Schwanzmeisen. Sie sind alle echte Akrobaten. Wie sie sich an Meisenknödel hängen oder – noch besser – an am Band aufgereihten Erdnüssen herumturnen, ließe den kunstfertigsten Artisten des *Cirque du Soleil* vor Neid erblassen.

Zaunkönige

Zaunkönige sind regelmäßige Besucher oder sogar Bewohner unserer Gärten. Sie leben gerne in alten, dicht verzweigten Hecken und sind um diese Jahreszeit oft zu sehen, wie sie durch die trockene Vegetation der Staudenbeete hüpfen. Diese kleinen, energetischen Gestalten mit kurzem Stummelschwanz sind auch Gute-Laune-Bringer im Garten. Trotz ihrer kleinen Gestalt und der bräunlichen Farbe sind sie sehr sicht- und hörbar im Garten, da sie viel Zeit in Bodennähe verbringen.

Rotkehlchen

Der absolute Gärtnerfreund! Wer hat noch nicht unter den neugierigen Blicken eines Rotkehlchens gegärtnert. Sie sind nicht wirklich interessiert an unserer gärtnerischen Tätigkeit, wissen aber, dass beim Wühlen und Buddeln immer wieder mal ein Leckerbissen in Form eines dicken Regenwurms oder einer fetten Larve für sie rausspringt.

Vögel als natürliche Schädlingsbekämpfung

Viele unserer gefiederten Mitbewohner stellen ihre Nahrung am Ende des Winters um. Bis dahin haben sie sich von Saat und Früchten ernährt, wovon meistens kurz vor Frühlingsanfang nichts mehr übrig ist. Das ist der Zeitpunkt, wo sie anfangen, die kostenfreie Logis mit Frühstück, die Sie ihnen die ganzen Wintermonate zur Verfügung gestellt haben, zurückzuzahlen.

Sobald die Temperaturen wieder nach oben gehen, explodiert die Zahl der Schädlinge im Garten geradezu – Blattläuse, Raupen und Maden werden aktiv. Das ist der Zeitpunkt, wo Vögel wieder auf eiweißreiche Kost umstellen und auch ihre Jungen damit füttern. Ich habe Meisen beobachtet, die ganz systematisch auf der Suche nach Raupen waren, die sich gerade an Zieräpfeln zu schaffen machten. Offensichtlich stand an diesem Tag Raupe auf dem Speiseplan, und so flogen die Meisen zwischen Zierapfelbaum und Nest hin und her, bis nichts mehr zu finden war. Dann war der nächste Baum dran. Auch die Mengen an Blattläusen, die auf zarten Rosenknospen sitzen, fallen irgendwann einem gefiederten Mitbewohner zum Opfer. Mit der Zeit entdecken sie auch die Exoten. Die Miniermotte in Kastanien scheint doch zu schmecken und der gefürchtete Buchsbaumzünsler wurde auch irgendwann als exotische Leckerei erkannt.

Denken Sie an Ihre Mitbewohner und stellen Sie ihnen eine Wasserschale zum Trinken und Baden hin und hängen Sie Futter auf, falls es im Garten nicht mehr viel gibt.

Den Naschgarten planen

Wir sind so verwöhnt! Ohne sich viel dabei zu denken, setzt man sich heutzutage vor seinen Computer und wenige Klicks später werden Obst und Gemüse wunschgemäß bis an die Wohnungstür geliefert. Praktisch? Vielleicht – aber inspirierend ist es nicht, und der Mensch entfernt sich dabei noch einen Schritt weiter von der Überlegung, woher das, was er isst, eigentlich kommt. Wie wurde es produziert? Und gehört es zu unserem saisonalen Speiseplan, der unseren Körper mit den Nährstoffen versorgt, die wir gerade brauchen?

Saisonal & regional

Im Supermarkt einzukaufen, macht es nicht unbedingt leichter nachzuvollziehen, was wirklich saisonal und aus der Region ist. Auch im Winter gibt es Tomaten, Paprika, Zucchini, Eisbergsalat und natürlich Erdbeeren aus Spanien. Im Mai gibt es Spargel aus Südamerika und im September Äpfel aus Neuseeland. Besser, Sie kaufen woanders ein. Der Wochenmarkt hilft, sich ein Bild davon zu machen, was saisonal und auch regional ist, da die lokalen Produzenten nur das verkaufen, was sie gerade geerntet haben. Lediglich bei einigen Produkten geht es leider nicht anders: bei Zitrusfrüchten zum Beispiel. Sie sind schwierig, da die wenigsten Gartenbesitzer die Bäumchen ohne ein Gewächshaus oder einen Wintergarten gesund und glücklich durch den Winter bringen können. Von Avocados oder Mangos ganz zu schweigen.

Aus dem eigenen Garten

Nein, Sie müssen jetzt nicht gleich Ihren ganzen Garten in eine hocheffiziente Produktionsfläche umwandeln und ab sofort zum Selbstversoger werden. Aber wäre es nicht eine Überlegung wert, einiges selbst anzubauen und eigenes Gemüse zu ernten? Unser kleines Hochbeet hat uns im Laufe des Sommers mit Gurken, Salat, Zucchini, Tomaten, Erbsen, Radieschen, Roter Bete, Mangold,

Palmkohl, Rotem Grünkohl und natürlich auch mit Kräutern mehrere Mahlzeiten gerettet.

Am besten konzentriert man sich auf besondere, ungewöhnliche oder alte Sorten, die attraktiv und schmackhaft sind, und bevorzugt Gemüsepflanzen, die eine lange Ernte garantieren, wie zum Beispiel Bohnen, Zucchini oder Mangold. Schnell wachsendes Gemüse wie Radieschen, Salat, Kerbel und Koriander sollte regelmäßig nachgesät werden, damit immer wieder Frisches zu ernten ist.

Legen Sie sich möglichst nicht zu breite Beete an – Sie sollten sie bequem von beiden Seiten bis in die Mitte bearbeiten können, egal, ob es Hochbeete sind oder nicht. Eine formale Einfassung bringt Struktur zu einer Zeit, in der Gemüsebeete nicht besonders attraktiv aussehen. Wichtig ist, dass Sie Ihr Gemüse an einer sonnigen Stelle anbauen. Sonne, Nährstoffe und Wasser sind die drei wichtigsten Elemente, um eine Ernte zu sichern. Vermeiden Sie es, das gleiche Gemüse jedes Jahr an dieselbe Stelle zu pflanzen. Am besten teilen Sie Ihr Gemüse ein in Starkzehrer, die eine nährstoffreiche Erde brauchen, z. B. angereichert mit Mist und Kompost (u. a. Kohl), Mittelzehrer (u. a. Blattgemüse wie Salat und Spinat sowie Wurzelgemüse wie Möhren und Zwiebeln) und Schwachzehrer (u. a. Bohnen und Erbsen).

Ernten aus dem Naschgarten

Die Kunst des Kochens besteht darin, aus dem, was man hat, das Beste zu machen, ohne die Hälfte zu entsorgen. Eingelegtes Gemüse, Marmeladen, Gelees und Chutneys sind köstliche Ergänzungen während der Zeit, in der die Auswahl eher dürftig ist. Ich war zwar nie komplett Selbstversorgerin, aber seit meiner Kindheit habe ich fast immer mit einem Obst- und Gemüsegarten gelebt und gekocht. Nichts ist schöner, als voller Stolz sein selbst produziertes, geerntetes und gekochtes Gemüse und Obst mit Freunden und Familie teilen zu dürfen!

Farbe im Garten planen

Im Winter ist unsere Landschaft und sind auch unsere Gärten oft auf Schwarz und Weiß reduziert. Der immer neue Schnee sorgt dafür, dass alle schlammigen Spuren über Nacht überdeckt werden und alles makellos aussieht. Die Schneedecke kaschiert bequem Unvollkommenheiten, sie versteckt die Problemzonen unseres Gartens, hebt aber auch Konturen und Formen hervor, während sie die Welt dämpft. Das befriedigende Knirschen unter den Füßen, wenn man durch knackigen Neuschnee läuft, ist köstlich. Allerdings verlässt mich dieses Vergnügen auf spiegelglatt vereisten Gehwegen sehr schnell. Ich mache mir auch Sorgen um das Wohlbefinden vieler Pflanzen, die diese niedrigen Temperaturen nicht mögen. Ein kurzer Kälteeinbruch ist die eine Sache; eine längere Periode mit hartem Frost hingegen kann ernsthafte Schäden und Verluste verursachen. Was den Pflanzen allerdings hilft, ist eine schützende Schneedecke.

In den vergangenen Jahren kam der Wintereinbruch recht spät. Gerade an dem Punkt, an dem es im Garten schon langsam losgeht, kann es immer passieren, dass sich nochmal alles verschiebt. Dann ist die Ungewissheit groß, und ich befürchte dann immer, dass der Frühling, wenn er dann endlich kommt, viel zu schnell einsetzt, so dass plötzlich die Temperaturen in die Höhe schießen und die Pflanzen sich ins Wachstum stürzen.

Ich fühle mich im Winter nicht nur der Lebenszeichen im Garten beraubt – ich bin hungrig nach Farbe. Nach jeder Farbe. Ich liebe sie alle. Ich finde, dass es für jede Farbe einen Platz im Garten gibt, und ich schätze mich glücklich, dass ich in den Bepflanzungsplänen unserer Kunden so viele verschiedene Kombinationen unterbringen kann.

Jetzt in der Winterzeit können Sie sich schon Gedanken darüber machen, welche Farben Sie in Ihrem Garten haben wollen. Farben sind eine sehr persönliche Angelegenheit. Es ist wichtig, dass Sie Ihrem Instinkt folgen, denn Sie müssen mit Ihrem Garten leben, sich darin wohlfühlen und glücklich sein. Vergessen Sie nicht, dass es im Garten – im Gegensatz zu einem Balkon oder einer Terrasse, wo Sie nach jeder Saison das Farbschema wechseln können – um eine langfristige Planung geht. Ein neues Beet wird Sie mehrere Jahre begleiten.

In unserem eigenen schattigen Garten dominiert die Farbe Grün, da wir viele großartige Laubpflanzen wie Schaublatt, Farne, Funkien, Kobralilien, Geißbart und Wiesenraute gepflanzt haben. Die meisten tragen auch irgendwann in der Saison Blüten, aber die betrachte ich als Bonus. Im Schatten sind die Farben eher sanft. Es gibt viel Weiß, aber auch cremige Gelbtöne, zartes Rosa, blasses Blau und Flieder. Ich mag die weißen Töne in meinem Garten immer mehr. Sie sind sichtbarer und vermitteln Ruhe, die ich in dieser kleinen grünen Oase mitten in einer hektischen Stadt, umgeben von so vielen Nachbarn, unheimlich wertvoll finde.

Weißtöne im Garten

Weiß ist sehr beliebt. Nur einmal hatte ich einen Kunden, der ausdrücklich keine weißen Blumen in seinem Garten haben wollte. Hingegen gibt es viele Kundinnen und Kunden, die sich ausschließlich weiß blühende Pflanzen wünschen. Der berühmte weiße Garten von Sissinghurst hat viele Nachahmungen hervorgebracht, von denen nur wenige so gelungen sind wie das Original. Oft wirken weiße Gärten fade und kontrastarm. Die Kunst besteht darin, verschiedene Weißtöne herauszusuchen und sie mit diversen Grüntönen zu kombinieren. Es gibt reines Weiß, aber auch cremiges Weiß, bläuliches oder rosa angehauchtes und sogar grünliches Weiß. Beim Laub gibt es das satte Dunkelgrün von Rosen und Pfingstrosen, aber auch silbernen Wermut, grauen Wollziest, das bläuliche Grün von Schwertlilien und *Centranthus ruber* 'Albus' sowie das helle Grün von Taglilien.

Weiß blühende Pflanzen zu finden ist einfach, da es von fast jeder Pflanze eine genetisch rezessive weiße Variante gibt.

Die Farbe Blau

Jeder liebt Blau. Das Problem mit Blau ist, dass es nur sehr wenige wirklich blaue Blumen gibt, und die, die es sind, sind schwierige Kandidaten. Die Nummer eins der Diven in der Gartenwelt ist der Rittersporn. Wenn Rittersporne glücklich sind, zeigen sie eine sensationelle Blütenpracht. In Wirklichkeit schmollen sie jedoch in etwa fünfundneunzig Prozent der Gärten vor sich hin. Der schwer fassbare Blaue Himalaya-Mohn, *Meconopsis betonicifolia*, vereint das Beste aus beiden Welten. Er hat die typische offene, mohnförmige Blüte mit Blütenblättern aus zartester seidiger Textur, ist aber himmelblau! Leider hasst diese Pflanze unser Klima, sie liebt es im Norden Schottlands und Skandinaviens, wo eine winterliche Schneedecke die Winternässe abhält und die Sommer kühl und feucht sind. Dann sind da noch die Enziane. Auch sie sind wählerische Gäste, die ich in meiner Studienzeit in den alpinen Gärten von Kew und Wisley und später in der Gärtnerei von Jack Drake im Norden Schottlands kennengelernt habe. In meinem ersten Garten pflanzte ich voller Stolz Schwalbenwurz-Enzian. Er stand dort bis zu meiner Rückkehr von einem Urlaub am Tegernsee, wo ich wilde Bestände dieses atemberaubenden Enzians auf dem Wallberg entdeckte und sah, wie er eigentlich aussehen sollte. Zurück in England, warf ich meine traurige Pflanze sofort auf den Komposthaufen.

Bei den Bart-Iris gibt es einige gute Blautöne, und es gibt ein paar Salvias, obwohl die meisten der True-Blues nicht wirklich winterhart sind. *Salvia uliginosa* könnte für diejenigen unter Ihnen, die in milderen Gegenden gärtnern, gerade noch ausreichen. Ich habe auch *Salvia azurea* ausprobiert – mit Erfolg. Alle anderen Salvia-Blautöne sind nicht wirklich blau und können leicht mit echten Blautönen kollidieren, da sie unterschiedliche Mengen an Rot beigemischt haben, was ihnen einen lila-violetten Farbton verleiht.

Die Farbe Gelb

Die unbeliebteste Farbe von allen. Warum eigentlich? Ich weiß es nicht. So oft werde ich von Kunden gebeten, in ihren Pflanzplan bitte kein Gelb einzuplanen. In einigen Fällen kann ich die Kunden davon überzeugen, zumindest cremefarbene oder die grünlichen Gelbtöne von Wolfsmilch und Frauenmantel zuzulassen, aber für manche sind selbst diese zu viel. Ich kann mir nur vorstellen, dass diese Aversion von einer Gelb-Überdosis im Spätsommer ausgelöst wird. Gegen Ende Juli, bis in den Herbst hinein, gibt es eine große Anzahl von gelbblühenden Korbblütlern. Sonnenhut, Sonnenbraut, Sonnenblume, Mädchenauge ... um nur ein paar zu nennen. Die meisten von ihnen haben satte, warme, buttergelbe Farben, die zu den heißen Sommertagen passen, an denen der Himmel vor Hitze schimmert. Wenn nicht sorgfältig dosiert wird, kann es leicht zu einer Überdosis dieser Gelbtöne kommen. Ich stelle mir das immer so vor, als würde man ein riesiges Stück eines sehr reichhaltigen und süßen Schokoladenkuchens serviert bekommen. Nach zwei Gabeln streikt der Körper. Es ist schade, wenn Leute Gelb kategorisch aus ihrem Garten verbannen, denn es ist eine wichtige Farbe. An sonnigen Tagen vielleicht weniger, aber an grauen, tristen Tagen bringt ein Hauch von Gelb Sonne in den Garten und erhellt ihn.

Es muss nicht viel sein, und es muss auch kein sattes, warmes Gelb sein, aber es sollte nicht fehlen. Achten Sie auf zitronige, scharfe Gelbtöne wie *Achillea* 'Moonshine', *Correopsis* 'Moonbeam' und *Helianthus* 'Lemon Queen', und natürlich auf das aufhellende Chartreusegrün von Wolfsmilch und Frauenmantel – diese können mit großem Erfolg zu jeder anderen Farbe eingesetzt werden.

Die Farbe Orange

Wie auch Blau ist Orange eine Farbe, die in unserer Palette winterharter Blühpflanzen nicht allzu oft vorkommt. Zu jeder Jahreszeit gibt es ein paar orangefarbene Blüten, aber nicht genug, um daraus ein Thema zu machen. Tulpen, Azaleen, *Geum*, Rosen, ein paar Mohnblumen, Montbretien, Sonnenbraut und Chrysanthemen – wobei die beiden Letzteren eher eine verbrannte Kupferfarbe haben als ein klares, sauberes Orange.

Wenn Sie sich entscheiden, ein Beet in warmen Farben zu bepflanzen, ist es wichtig, Orangetöne einzubeziehen. Sie stiften eine harmonische Verbindung zwischen den sonst sehr dominanten Gelb- und Rottönen.

Die Farbe Rot

Keine Farbe ist so kraftvoll wie Rot. Die Farbe des Blutes, die Farbe der Liebe. Rote Rosen werden als Symbol der Liebe gekauft, nicht nur zum Valentinstag. Doch viele scheuen die Farbe, wenn es um ihren Garten geht. Ich habe Rot schon immer geliebt und habe sehr schöne Erinnerungen an die roten Gartenrosen aus meiner Kindheit. Die inzwischen selten gewordene Floribunda-

Rose 'Cappa Magna' blühte trotz sehr schlechten Bodens und regelmäßiger Reh-Attacken üppig und natürlich, die prächtigen roten Mohnblumen ebenso (sowohl der zarte wilde Klatschmohn als auch die großen, »lauten«, orientalischen). Aber ich gebe zu, dass ich ein großer Farbsnob war, als ich vor über dreißig Jahren anfing, Pflanzpläne zu erstellen. Ich liebte es, kühle Farbschemata zu entwerfen, Blau, Mauve, Rosa. Bis ich an einem trüben, verregneten Sommertag Hidcote besuchte. Die Red Border, die ich bei meinem ersten Besuch ein paar Wochen zuvor kaum registriert hatte, sang und tanzte und erweckte den ganzen durchnässten Garten zum Leben. Ich stand da und betrachtete das Schauspiel, erfüllt von Freude, und verwarf meine Farbvorurteile endgültig.

Es gibt warme Rottöne und kühle Rottöne, je nachdem, auf welcher Seite des Spektrums sie liegen. Die wärmeren Töne gehen in Richtung Gelb und harmonieren gut mit Orangetönen. Mit höheren Blauanteilen wirkt Rot eher kühl und lässt sich gut mit Lila kombinieren. Besonders in den Sommermonaten liebe ich die warmen, kupfernen, samtigen Töne der zahlreichen Sonnenbräute, aber auch der feurigeren Montbretien. Sie verleihen Beeten eine tolle Struktur.

Und natürlich: Rosa

Weich und pudrig oder kräftig und lebendig? Wenige Farben können eine so unterschiedliche Wirkung haben, je nachdem, welche Schattierung man einsetzt. Ich genieße es, kleine elektrische Schocks im Garten zu kreieren, indem ich kräftige magentafarbene Rosatöne wie *Erodium manescavii* (Pyrenäen-Reiherschnabel) mit dem scharfen, zitronigen Gelb von *Achillea* 'Moonshine' kombiniere. Ich verwende diese kräftigen Farben auch gerne, um ein Schema aufzupeppen. Kombiniert mit tiefem Violett und samtigem Rot können sie in Kombination so intensiv wirken wie ein Perserteppich.

Kombinieren Sie blasse Rosatöne mit Weiß und blassem Flieder, um ein weiches, erfrischendes Schema zu erhalten, das Sie an heißen Sommertagen abkühlen wird. Ich finde es manchmal schwierig, Rosatöne untereinander zu kombinieren. Einige sind warm, mit einem unterschwelligen Hauch von Orange, andere haben einen bläulichen Unterton. Ich persönlich finde, dass sie überhaupt nicht miteinander harmonieren.

Die Farbe Lila / Violett

Reichhaltiger und intensiver als Flieder, verwende ich sie gerne, um Stimmungen zu erzeugen. Salbei gehört zu meinen absoluten Favoriten, besonders 'Caradonna', da bei dieser Sorte die Farbe bereits im Blütenstiel erscheint. Es gibt auch einige Glockenblumen, Lupinen, Rittersporn, *Vernonia crinita* und Astern wie 'Violetta', die eine wunderbare Intensität in ein Beet bringen. Diese dunklen, stimmungsvollen Farbtöne, kombiniert mit satten, samtigen Rottönen und ein paar magentafarbenen Rosatönen, wirken zusammen ganz wunderbar.

... und Grün

Bei Grün denke ich selten an eine Blütenfarbe. Aber auch das Laub ist wichtig. Keine Pflanze wird die ganze Saison über eine kontinuierliche Blütenpracht liefern. Die meisten blühen vier bis sechs Wochen. Den Rest der Saison verlassen wir uns auf das Laub einer Pflanze. Helle Grüntöne, gelbliche Grüntöne, Grautöne, Silbertöne, dunkle Grüntöne; Gelbtöne und Rottöne; mit weißer, silberner, cremefarbener, gelber oder sogar mit rosa Panaschierung. Hübsche, kräftige Blätter, wie die von Funkien, schaffen in verschiedenen Grüntönen friedliche Landeplätze für das unruhige Auge.

Dafür gibt es aber wenig grüne Blüten. Als Einjährige können Sie Amaranth, *Nicotiana langsdorfii*, Muschelblume (*Molucella*) und *Zinnia* 'Envy' ziehen. Für den Garten gibt es eine ungewöhnliche *Rosa viridiflora*, faszinierende Kobralilien und natürlich *Helleborus foetidus* und einige Lenzrosen. Die Rispenhortensie *Hydrangea paniculata* 'Limelight' beginnt grün und verblasst mit der Reife der Blüten zu Weiß. Floristen bieten oft grüne Chrysanthemen, Nelken und Gladiolen an. Grün ist wahrscheinlich die letzte Farbe, die man auf der Agenda für den Garten hat, aber sie ist wirklich die wichtigste!

Die Farbkünstler –
Nori und Sandra Pope und Hadspen Garden

Ich kann nicht über Farbgestaltung schreiben, ohne zwei Menschen zu er-
wähnen, die viele Gärtner mit ihrer Farbkunst inspiriert haben und mir viel
über Farben und deren Verwendung beigebracht haben. Nori und Sandra Pope
zogen 1986 von Kanada nach England und verbrachten zwanzig Jahre damit,
in ihrem Garten in Hadspen in Somerset die fabelhaftesten Farbrabatten zu
kreieren.

Diese großartigen Farbenkünstler pflegten die Blütenblätter zu zerquet-
schen, um zu sehen, welche Farbe einer Blume eigentlich hinterlegt war. Wenn
eine rosa Begonienblüte zerquetscht wird, bekommt sie eine warme orangene
Note, während die rosafarbene Gaura einen klaren Violettton hervorbringt.
Erst dann haben sie sie miteinander verglichen. Einige Blumenkombinationen,
die ich persönlich nie riskiert hätte, kamen nur dank dieser Technik zustande.
Hadspens Haupt-Border war eine fließende Abfolge von cremigen Apricot-
tönen über Orange zu leuchtendem Rot, das mühelos in schwarz-rote Töne
überging. Von dort aus bewegte sich das Blütenmeer in die violetten Schwarz-
töne, arbeitete sich allmählich die Skala entlang zu magentafarbenen Rosatönen, sanfterem Rosa und endete mit Lachs. An keinem Punkt konnte man
erkennen, wo eine Farbe in die nächste überging. Dieses Schema zog sich durch
die gesamte Saison, wobei jeweils eine Pflanze gewählt wurde, die in vielen
Schattierungen erhältlich war und die die gesamte Rabatte optisch zusammen-
hielt. Für die Frühlingssaison wurden Tulpen eingesetzt, dann orientalischer
Mohn und Schwertlilien, Taglilien und Rosen, im Spätsommer Dahlien. Beim
Betreten des alten ummauerten Gartens wurde man von einer doppelten gelben Rabatte empfangen. Dank der Verwendung von feinem, federleichtem,
hellgrünem Fenchelgrün und der Beimischung von Limetten- und Creme-
tönen mit wenigen blauen Akzenten behielt die Rabatte die ganze Saison über
eine frische Leichtigkeit, die man bei einer solchen Mischung selten sieht. Sandra und Nori haben ihr Wissen in einem Buch festgehalten:

• *Colour by Design.* Sandra und Nori Pope, Conran Octopus 1998 (dt. Ausgabe:
   Gärten in Weiß, Gelb, Rot oder Blau; Sandra und Nori Pope, Callwey Verlag
   1999)

Farbe ist eine sehr persönliche Angelegenheit. Es ist wichtig, dass Sie Ihrem Instinkt folgen, denn Sie müssen mit Ihrem Garten leben, sich darin wohlfühlen und glücklich sein. Ignorieren Sie also bitte all die guten Ratschläge und Meinungen von wohlmeinenden Freunden und Journalisten!

Frühling gesichtet!

Kaum ist die letzte Weihnachtsdeko weggeräumt, heißen wir in der Gartenakademie Anfang Februar die ersten Frühjahrsblüher im Gewächshaus willkommen. Es tut so gut, durch das Frühlingshaus zu schnuppern und die herzerwärmenden bunten, fröhlichen Farben der ersten Blüten zu sehen. Wie üblich sind die dominanten Farben zu Saisonbeginn Gelb, Blau und Weiß, obwohl wir auch einige schöne Primeln und Hornveilchen in Dunkelrot, Orangerot und Rosa haben.

Die ersten Zwiebeln legen los

Im Laufe des Herbstes haben wir einige unserer Zwiebeln getopft und in ein frostfreies Gewächshaus gestellt. Die ersten Puschkinien und Krokusse fangen an zu blühen und natürlich legen Winterlinge, Anemonen und Schneeglöckchen auch schon los. Der große Vorteil, wenn man einige dieser Zwiebeln in Töpfe pflanzt, ist, dass man sie so besser beobachten kann, als wenn sie weit entfernt im Beet gerade mal eine Nase aus dem Boden stecken. So sind die Knospen von *Crocus fuscotinctus* immer bezaubernd. Das satte Ockergelb mit seinen feinen rötlichen Streifen wie bei einem Zebra gefallen mir immer besonders gut. Im Garten erkennt man Details nicht so genau. Kleine Iris haben um diese Zeit im Gewächshaus auch schon fette Knospen und werden bald ihre ersten elektrisierenden Blüten zeigen.

Ich weiß, das ist geschummelt, diese Blumen sind vorgetrieben und kommen alle aus beheizten Gewächshäusern und dürfen noch nicht gleich raus. Aber eine geschützte Balkonecke oder, besser noch, die alten Berliner Doppelfenster, wo gerade genug Platz zwischen den beiden Scheiben ist, um einige Töpfchen zu platzieren, sind genau der richtige Ort für frühe Zwiebeln und Frühjahrsblüher.

Duft und Farbe für drinnen

Einige Primeln, wie die Becherprimel, können gut drinnen blühen, solange man sie nicht vertrocknen lässt. Sie sind nämlich ganz schnell beleidigt. Einmal trocken, sind sie bereit für den Komposthaufen. Am besten stehen sie an einem nicht zu warmen Ort wie dem Flur, im Gäste-WC oder auf der Schlafzimmerfensterbank. Die Duftnarzissen und Hyazinthen sind natürlich auch besonders schön im Haus, da ihr wunderbarer Duft den ganzen Raum erfüllt. Frühe Farbe für drinnen gibt es um diese Jahreszeit auch von Aschenblumen oder Zinerarien. Schon als kleines Kind habe ich diese Blumen geliebt. Als Dreijährige bin ich nach meinem ersten Tag im Kindergarten nach Hause gekommen und habe stolz erzählt, dass meine Erzieherin eine Zinerarie hatte. Damals haben mir diese anspruchsvollen Pflanzenarten offensichtlich keine Angst gemacht. Ihre leuchtenden Farben haben mich in dieser oft tristen Jahreszeit fasziniert. Wie die Primeln sind sie trockenheitsempfindlich, mögen allerdings keine Staunässe. Am besten tauchen Sie sie in handwarmes Wasser, um sie dann abtropfen zu lassen, bevor sie wieder im Übertopf verschwinden. Vermeiden Sie einen Platz direkt über der Heizung!

Lebenszeichen draußen: Winterblühende Gehölze

Eine kleine Runde während eines windstillen Sonnenstrahlenaugenblicks am Ende des Winters zeigt, dass einiges schon wach ist. Im Innenhof vor unserer Wohnung blüht *Prunus subhirtella* 'Autumnalis' mit ihren fröhlichen kleinen weißen Blüten, die anmuten wie ein Schneegestöber. Seit Wochen warte ich auf diesen Moment: Wenige Tage vor Weihnachten waren die Knospen schon dick und grün und standen kurz vor der Explosion. Im Garten meiner Familie in Belgien entrollen sich die ersten Zaubernussblütenblätter und der Winterjasmin zeigt seine gelbe Blütenkaskade. An der Gartenakademie haben die winterblühenden Heckenkirschen auch schon ihre ersten Blüten. Neu für mich sind die zarten lila-weißen Blüten vom sonst ähnlichen *Lonicera standischii*. Beide sind bescheiden in ihrer Blütenpracht, aber ihr Duft gewinnt jeden Preis.

Blühende Zwiebeln

Eine Etage tiefer geht es auch schon los. Die ersten Alpenveilchen der Saison fangen an: Leuchtend pinke Knospen von *Cyclamen coum* zeigen sich unter den vielseitig markierten Blättern. Zwischen den wunderbar gemusterten Blättern der Herbst-Alpenveilchen *Cyclamen hederifolium* stehen Schneeglöckchen parat und kurz vor der Blüte: Die dicken weißen Knospen brauchen nicht mehr lange, bevor sie sich entfalten. Zahlreiche Zwiebeln haben ihre Blätter schon kräftig aus der Erde geschoben.

Die ersten Stauden

Die fleißige *Helleborus*-Gattung hat losgelegt. *Helleborus niger*, die Christrose, ist immer die Erste, die blüht. In vielen unserer Gärten tut sie sich etwas schwer, da sie eine kalkliebende Pflanze ist und meckert, wenn der Boden zu sauer ist. Weniger empfindlich sind die anderen *Helleborus*-Sorten, wie die Lenzrose *H. orientalis* und *H. sternii*. In den vergangenen Jahren haben Züchter sich intensiv mit diesen Sorten befasst. Dadurch sind mehrere Hybride entstanden, die die guten Eigenschaften kombinieren, so dass es kräftigere Pflanzen gibt, die auch im Garten schon um die Weihnachtszeit anfangen zu blühen.

Um diese Zeit ist damit zu rechnen, dass noch böses Wetter auf uns zukommt, aber diese ersten Frühlingsgefühle möchte ich nicht missen. Das Wissen, dass die Tage langsam wieder länger werden, sorgt dafür, dass dieser sonst so lange dunkle Monat plötzlich kürzer und heller erscheint! Holen Sie sich auch die ersten Frühlingsboten ins Haus: Sie machen das Träumen von all dem Schönen, das auf uns wartet, leichter!

Plädoyer für eine neue Gartenkultur

Auch Gärten beziehungsweise ihre Gestaltung unterliegt Moden. Es ist spannend zu beobachten, welche Veränderungen seit einigen Jahren in unseren Gärten stattgefunden haben. Doch es ist nicht so sehr die Gestaltung oder neue Pflanzensorten, die den großen Wandel der vergangenen Jahre ausmachen, sondern wir haben uns verändert: sowohl unsere Einstellung den Gärten gegenüber – was sie für uns bedeuten, welchen zentralen Platz sie in unserem Leben einnehmen – als auch ihr wichtiger Beitrag zu unserer Umwelt und unserem Ökosystem insgesamt. Es ist unser Bewusstsein, das sich in relativ kurzer Zeit stark gewandelt hat.

Ein Garten ist nicht mehr das erstrebenswerte Statussymbol, das er früher mal war. Die Kulisse für das Haus, der grüne Rahmen, der die Gebäude zur Geltung brachte und hübsch anzusehen war. Seit Jahrhunderten dienten Gärten dazu, Eindruck zu schinden – sei es das grandiose Versailles von Louis XIV. oder die Villen umgebenden Gärten in Hamburger Vororten. Es ging lange Zeit vor allem darum, Besucher, Freund oder Feind, zutiefst zu beeindrucken und vielleicht auch ein wenig neidisch zu stimmen.

Auch der Schrebergarten hat sich verändert. Die Zeit der als piefig geltenden Laube, in der meist Rentner ihre Zeit verbringen, um Karotten, Kohl und Kartoffeln anzubauen, neigt sich langsam dem Ende zu. Wie der Hausgarten ist auch die Laube mittlerweile ein begehrenswertes, fast schon »hippes« Objekt geworden. Familien und gartenliebende Großstadtbewohner nehmen dafür lange Wartezeiten in Kauf. Der Schrebergarten hat wieder seine ursprüngliche Funktion gefunden. Mitte des 19. Jahrhunderts sollten es Orte sein, an denen sich Kinder an frischer Luft frei bewegen können. Heute sind es oft junge Familien, die dort Salatpflänzchen ziehen und sorgsam die Blumen gießen, während die Kinder herumtoben. Jetzt geht es mehr um uns, unsere eigenen Bedürfnisse, um Individualismus und Haltung, zum Beispiel der Umwelt gegenüber.

Der Garten ist nicht mehr nur reines »Vorzeigeobjekt«, ein dekorativer Rahmen für das Eigenheim, sondern er ist ein wichtiger »Lebensraum« für die ganze Familie geworden. Wir gärtnern hier nicht nur, sondern wir kochen, essen und – im Fall der sommerlichen Laube – schlafen dort. Wacklige Gartentische und dreibeinige Grills sind durch vollständige Outdoorküchen ersetzt worden, begleitet von Lounges größer als das Wohnzimmermobiliar. Wir verbringen unsere Freizeit hier und laden Familie und Freunde ein. Egal, wie man seinen Garten nutzt – er ist vor allem ein geschützter, privater Ort, an dem die Seele zur Ruhe kommen kann. Ein Ort, an dem wir uns geborgen fühlen können.

Der Garten ist ein sicherer Bereich, wo die Kinder sich austoben dürfen. Er ist zugleich auch eine sehr wertvolle Speisekammer, ein Ort, um köstliches, gesundes Gemüse anzubauen, frische Kräuter zu ernten und sonnengereiftes, leckeres Obst zu pflücken. Das alles frei von Chemie, frisch vom Beet auf den Teller, für wenig Geld. Es ist auch ein wichtiger Ort, an dem Kinder Flora und Fauna kennenlernen. Wo sie erfahren, dass Äpfel am Baum und Erdbeeren in Bodennähe zu ernten sind, man Möhren aus der Erde zieht, Kürbisse größer als Medizinbälle werden können und Zucchini sich zu Monstern entwickeln, wenn man sie nicht rechtzeitig erntet. Und das alles zu bestimmten Jahreszeiten. Gärtnern ist nicht nur wichtig und gut für den Geist und die Seele, es ist genauso wichtig für den Körper. Beim Gärtnern dehnt und streckt man sich, man gebraucht Muskeln, die sonst nie in Anspruch genommen werden, auch nicht beim regelmäßigen Besuch in einem Fitnessstudio.

Doch nicht nur als Ort für die Familie, sondern auch als Ort, wo Menschen aus der Nachbarschaft mit ganz unterschiedlichem Hintergrund zusammenkommen, werden Gärten immer wichtiger, gerade in Großstädten haben Gemeinschaftsgärten wie der Berliner Prinzessinnengarten Konjunktur. Im Vordergrund steht dabei das Gärtnern mit anderen, das gemeinsame Arbeiten und »Fachsimpeln«, aber auch häufig das gemeinsame Ernten und Kochen. Überhaupt ist Selbstversorgung ein großes Thema geworden: Gerade auch in Hinblick auf Globalisierung und Klimawandel ist es immer mehr Menschen ein Anliegen, zu wissen, wo ihre Nahrung herkommt und womit sie behandelt wurde – Fragen, die sich bei selbstgezogenem Gemüse gar nicht stellen. Und ohnehin macht kaum etwas so glücklich wie ein Essen aus eigenem Anbau!

Mit unseren Gärten können wir auch einen Beitrag für unsere Umwelt leisten und für das große ökologische Ganze, in dem wir leben und von dem unsere Gärten ein wenn auch kleiner, aber doch ein Teil sind. Studien zeigen, wie wichtig Gärten, aber auch Balkons, Terrassen und Dachgärten sind. Sie bieten einen wertvollen Lebensraum für eine große Diversität an Lebewesen. Ein Berliner Imker erzählte mir, dass seine Völker in der Stadt einen wesentlich höheren Ertrag liefern als die, die auf dem Land stehen, da es hier eine größere Vielfalt an Nahrungsquellen gibt, dank all der Straßenbäume, Parks, Gärten, aber auch Balkons und Terrassen. Dort blüht es über einen längeren Zeitraum als zum Beispiel an Ackerrändern, wo kaum noch etwas wachsen darf. Aber nicht nur die Honigbiene findet in der Stadt das, was sie braucht. An der Gartenakademie schwirrt eine große Vielfalt an Wildbienen, Schmetterlingen, Insekten und Vögeln umher, die dort ihren Lebensraum gefunden haben. Den wunderbaren Gesang der Nachtigall habe ich erst in Berlin kennen und schätzen gelernt.

Der Erhalt von Biodiversität durch möglichst viele unbebaute Flächen ist das eine – der damit untrennbar verbundene Schutz unseres gesamten Klimas das andere. In den vergangenen Jahren haben wir global zunehmend extremes Wetter erlebt – Auswirkungen des Klimawandels, die durch Bepflanzung zumindest lokal gemildert und erträglicher gemacht werden können.

Vegetationsflächen, nicht versiegelte Flächen und extensive Dachbegrünung sind wichtige Schwämme, die große Mengen Regenwasser absorbieren und es wiederum für unsere Bäume zur Verfügung stellen. Tiefer gelegene Bereiche und Gräben können größere Wassermengen auffangen, um sie dann langsam in den Boden abzugeben, so dass bei Trockenheit mehr Grundwasser zur Verfügung steht.

Urbane Siedlungen brauchen Bäume und Sträucher als grüne Lunge, die nicht nur CO_2 aufnimmt und Sauerstoff abgibt – sie sind auch wichtig als Lärmschutz und absorbieren Staub. Sie verbessern auch das lokale Klima, da die Mengen an Feuchtigkeit, die ein Baum abgibt, die Temperatur um mehrere Grad reduzieren kann. Es gibt nichts Schöneres, als an heißen Sommertagen unter einem Baum zu sitzen.

Unsere innerstädtischen Gärten, Balkons und Terassen bilden, im Zusammenspiel mit öffentlichen Grünflächen, wichtige grüne Korridore für unsere Fauna.

Es ist bemerkenswert, wie viele Menschen inzwischen bewusst insektenfreundliche Pflanzen für ihre Balkone und Gärten auswählen. Die Mode der dicht gefüllten Blüten, an deren Pollen, wenn er überhaupt da ist, Insekten nur mit großer Mühe herankommen, ist vorbei.

Einheimische Pflanzen sind wichtig für viele unserer Insekten, aber angesichts der sich stetig wandelnden klimatischen Bedingungen kommen manche in unseren Breiten immer schwerer zurecht. Gerade in den zunehmend heißen, trockenen Sommern benötigen viele Pflanzen Unmengen an Gießwasser – das aber in Zukunft vermutlich nicht mehr in diesem Maß verfügbar sein wird. Wir müssen also umdenken und Pflanzen anbauen, die den neuen Wetterbedingungen gut standhalten. Obwohl einige Insekten auf ganz spezielle Pflanzen angewiesen sind, erweisen sich einige von ihnen doch als flexibel und weichen auf Alternativen aus. Genau in diesem Bereich wird derzeit viel geforscht.

Rasen ist mittlerweile für viele ein Tabu: Der grüne Teppich vor der Terrasse ist pflegeintensiv und leistet kaum einen Beitrag für das Ökosystem. Immer öfter wird er gänzlich oder zumindest teilweise ersetzt durch Blumenwiesen oder eine prärieähnliche Staudenbepflanzung mit vielen Gräsern. Allerdings gibt es Gärten, in denen die ruhige, grüne Fläche gestalterisch wichtig ist, und letztendlich ist Rasen immer noch besser als Kies. Selbst wenn ein nicht gegossener Rasen in trockenen Sommern verdurstet und braun wird, bin ich immer wieder erstaunt zu sehen, wie schnell er sich nach den ersten herbstlichen Regengüssen wieder erholt.

Kiesgärten sind ein absolutes ökologisches Desaster: Sie verschandeln »Vorgärten« – die mit Gärten nicht mehr viel gemein haben – und zerstören das Mikroklima. Gerade im Sommer zeigt sich ein weiterer Nachteil: An heißen Tagen absorbiert der Stein die Sonnenwärme und gibt sie nachts wieder ab. Bepflanzung kühlt ein Haus, indem sie Schatten spendet, aber senkt auch die Temperatur merklich. Laub absorbiert keine Wärme und kühlt die Luft durch die Feuchtigkeit, die es abgibt. In immer mehr Kommunen und Bundesländern sind diese Kies«gärten« mittlerweile zum Glück verboten.

Doch es gibt auch andere Kiesgärten. Beth Chatto, die britische Gartenikone, hat auf dem sehr trockenen, schwierigen Gelände, das einst ihr Parkplatz war, äußerst erfolgreich einen sehr interessanten Kiesgarten angelegt. Sie wählte sonnenliebende, trockenheitstolerante Pflanzen und legte informelle Beete an, die sie tief mit Kies mulchte. Zwischen den bepflanzten Bereichen schlängeln sich Gehwege, auf denen sich die Pflanzen ungehindert ansiedeln und selbst aussäen können. Einige trockenheitsliebende Pflanzen, die aus Regionen stammen, wo es natürlicherweise viele Steine gibt, lieben solche

Habitate. Ihre Wurzeln finden einen Weg tief in die Erde hinein. Der Kies hält den Boden kühl und feucht, und wenn er tief genug liegt, verhindert er das Keimen von Unkräutern. In Deutschland gibt es im Weinheimer Hermannshof, wo der Landschaftsarchitekt und Staudengärtner Cassian Schmidt und sein Team sehr erfolgreich mit solchen Bepflanzungen experimentieren, ebenfalls äußerst pflegeleichte, sehenswerte Bepflanzungskonzepte.

Noch gibt es viele Gartenbesitzer, die einen Garten pflegen wie ein Haus. Für sie ist er ein Ort, der sauber gehalten werden muss. Da wird gefegt und geputzt, als wäre es das Wohnzimmer, bis alles tadellos und ordentlich aussieht. Da wird gemäht, geharkt und gefegt, wahrscheinlich sogar gesaugt. Wenn etwas Fremdes, Unerwünschtes die Harmonie im grünen Paradies bedroht, seien es Blattläuse, ein Maulwurf oder Giersch, wird gleich zu schwerem Gerät gegriffen und gekämpft, bis der Feind besiegt ist. Dass die eingesetzten Mittel auch anderes vernichten, spielt dabei eine untergeordnete Rolle; entscheidend ist das Gefühl, dass man den Feind vernichtet hat. Zum Glück wurden inzwischen viele der bislang handelsüblichen Pestizide vom Markt entfernt und auch der Einsatz von Herbiziden in privaten Haus- und Kleingärten wird nicht mehr allerorts toleriert beziehungsweise ist beispielsweise in Berlin mittlerweile verboten.

Inzwischen ist glücklicherweise bereits bei vielen Gärtnern die Einsicht gewachsen, dass die Natur in unseren Gärten kein Feind ist, gegen den es quasi auf Leben und Tod zu kämpfen gilt, und dass eine tadellose Optik beim Gärtnern nicht allein maßgeblich ist. Wir müssen lernen, uns als Wärter der Natur zu begreifen und nicht gegen sie, sondern mit und in ihr zu gärtnern – und zu leben. Das bedeutet nicht, dass Sie Ihren Garten einfach verwahrlosen lassen sollen. Hinter so manchem als »Naturgarten« gepriesenen Garten steckt schlicht ein Gärtner, der einfach alles wuchern lässt, sei es aus Bequemlichkeit oder aus Zeitmangel. Doch das ist auch keine Lösung, jedenfalls für die meisten nicht. Sie dürfen schon einen ordentlich gepflegten Garten haben, mit gemähtem Rasen, traumhaft blühenden Staudenrabatten und produktiven Gemüsebeeten – aber Sie sollten auch »entspanntere« Ecken zulassen, bestückt mit einigen einheimischen Pflanzen, mit Platz für Mitbewohner, die sich wiederum um Ihre »Problemfälle« kümmern. Der Mäusebussard und der Fuchs freuen sich über Ihre Wühlmäuse, die Drossel und der Igel vernaschen Ihre Schnecken. Das ärgerliche Herbstlaub schützt Ihren Boden, während die Würmer seinen Zersetzungsprozess vorantreiben, und die Maulwürfe erfreuen sich wiederum an den Würmern. So wird Ihr Boden wunderbar gelüftet und kann wiederum mehr Regenwasser aufnehmen und speichern.

Auf vieles haben wir keinen Einfluss. Am allerwenigsten auf das Wetter. Kälte, Hitze, Trockenheit oder Regen sind alles Faktoren, die unsere Gärten prägen. Nicht nur wie schnell und gut alles wächst, wie üppig Pflanzen blühen oder Früchte reifen, wann es im Frühjahr beginnt und wann es im Herbst vorbei ist. Das Wetter steuert das Wachstum und den Ertrag unserer Pflanzen, aber es beeinflusst auch deren Gesundheit und Anfälligkeit für Krankheiten. Es steuert den Lebenszyklus der Insekten, die wiederum eine Rolle spielen für das Wohlergehen der Vögel und kleineren Säugetiere. Einige Jahre sind »besser« als andere. Es gibt Jahre, in denen Rosen stärker von Pilzkrankheiten befallen sind als in anderen, Jahre, in denen die Tomaten schneller verfaulen, der Rasen länger grün bleibt oder die Äpfel mehr und gesündere Früchte tragen. Solange Sie Ihr Bestes getan haben, können Sie mit gutem Gewissen stolz sein auf Ihr grünes Paradies. Auch wenn es nie so perfekt sein wird, wie Sie es gerne hätten.

Mit ein wenig Geduld und Toleranz werden Sie merken, wie sich Ihr Garten über die Jahre langsam, aber stetig wandelt, zu einem Kleinod wird, in dem nicht nur Sie sich wohlfühlen. Wenn Sie lange genug still sitzen, werden Sie ein unglaubliches Kommen und Gehen beobachten: Vögel, Insekten oder vielleicht sogar ein Igel werden sich zu Ihrer Pflanzenpracht gesellen. Pflanzen werden an neuen Orten auftauchen und damit zeigen, dass sie sich in Ihrem Garten wohlfühlen. Es ist der Punkt, an dem Sie sich entspannen können in dem Wissen, dass immer mehr von Ihren gärtnerischen Tätigkeiten von diesen Mitbewohnern übernommen werden. Sich komplett zurücklehnen darf man allerdings nie. Es wird sich immer der eine oder andere Opportunist einschleichen, dem man doch rechtzeitig zeigen muss, wer im Garten das Sagen hat.

Aber das eigentliche Ziel soll der Einstieg in den Kreislauf der Natur sein, und mit einem wachsamen Auge kann so eine gesunde, natürliche Balance gefunden werden. Das ist die große Belohnung für Ihre Mühe, mit der Natur zu gärtnern, zu pflanzen und zu pflegen, aber auch für die notwendige Gelassenheit, der Natur auch mal ihren Lauf zu lassen.

Jedes Stückchen Erde ist kostbar und ist es wert, bepflanzt und liebevoll gepflegt zu werden. Wer das große Glück hat, ein solches zu besitzen, trägt auch die Verantwortung dafür. Fangen Sie gleich damit an, wenn Sie nicht schon dran sind – Sie werden es nicht bereuen!

Dank

Als Nina Sillem im Herbst 2020 Kontakt mit mir aufnahm, um mich zu fragen, ob ich daran interessiert sei, meine Blogbeiträge in ein Buch zu verwandeln, war ich überrascht, geschmeichelt und erfreut. Sie wischte meine Sorgen über mein alles andere als perfektes Deutsch beiseite und bot mir an, als Agentin zu fungieren und mich bei der Konzeption des Buches und der Zusammenstellung der Texte zu unterstützen. Sie war überzeugt, einen guten Verlag dafür zu finden. Das tat sie, und das sehr schnell. Katharina Dittes vom Suhrkamp/Insel Verlag zeigte sich auf Anhieb von dem Projekt begeistert und wir kamen schnell überein, dass das Buch im Insel Verlag veröffentlicht werden sollte. Ich hatte anfangs überhaupt nicht damit gerechnet, dass mir die Arbeit an diesem Buch Vergnügen bereiten würde. Doch mit der beruhigenden Gewissheit, diese beiden wunderbaren Frauen im Rücken zu haben, die mich mit genau dem richtigen Maß an sanftem Stupsen, das sich nie wie Druck anfühlte, durch dieses Projekt gelotst haben, war es genau das: ein Vergnügen. Ich danke Ihnen beiden für Ihre wunderbare Unterstützung und Geduld. Die Überlegungen, wer das Buch illustrieren könnte, fanden bald ein Ende, als Katharina Dittes die perfekte Person fand: Vielen Dank an Kathy Allnutt, die für jede der sieben Jahreszeiten die bezauberndsten Illustrationen kreiert hat, die die Essenz der jeweiligen Jahreszeit einfangen, wobei sie sich von Fotos aus meinen Gärten – u. a. im englischen Coleshill, in dem ich bis zu unserem Umzug nach Berlin 2008 gärtnerte – inspirieren ließ. Ebenso dankbar bin ich meiner Partnerin Gabriella Pape, die es mir mit ermöglicht hat, meine Gedanken über das Gärtnern zu veröffentlichen. Ohne den ständigen Ideenaustausch und ihre Unterstützung und Anregungen gäbe es keinen wöchentlichen Blog. Ich danke auch unserem wunderbaren Team der Gartenakademie: Kay Penslak und Franziska Tahedl für ihre Hilfe beim Übersetzen und den letzten Feinschliff sowie das Einstellen auf unsere Website und natürlich Thea Carlin, unserer Chefgärtnerin, deren Arbeit mich immer wieder inspiriert.